古典精粹

淮南鴻烈

上册

［漢］劉安 編

［漢］許慎 注

中國書店

圖書在版編目（CIP）數據

淮南鴻烈：全二册 /（漢）劉安編 ；（漢）許慎注
.— 北京：中國書店，2019.9
ISBN 978-7-5149-2175-5

Ⅰ．①淮… Ⅱ．①劉… Ⅲ．①雜家－中國－
西漢時代 Ⅳ．①B234.4

中國版本圖書館CIP數據核字(2018)第215033號

淮南鴻烈（全二册）

[漢] 劉安　編　[漢] 許慎　注
責任編輯：趙文傑

出版發行：中國書店
地　　址：北京市西城區琉璃廠東街115號
郵　　編：100050
印　　刷：藝堂印刷（天津）有限公司
開　　本：787毫米×1092毫米　1/16
版　　次：2019年9月第1版　2019年9月第1次印刷
印　　張：41.75
書　　號：ISBN 978-7-5149-2175-5
定　　價：198.00元（全二册）

出版説明

『古典精粹』叢書收録了耳熟能詳的中國古代典籍，注重趣味性、可讀性。中國古代圖籍内容豐富，涉及門類廣泛，精刻本校勘謹嚴。選擇其中的經典本影印，可爲當代研究提供準確的資料，也可爲普通讀者接觸古籍提供機會。

《淮南鴻烈》即《淮南子》，是西漢淮南王劉安召集門客集體編寫的一部哲學著作，現僅存内篇二十一卷。劉安（前一七九—前一二二），漢高祖劉邦之孫，受封淮南王，西漢思想家、文學家。他對《楚辭》《莊子》都有專門的研究，著有《離騷傳》《莊子略要》等，主持編寫《淮南子》，著有詩歌《淮南王賦》《群臣賦》《淮南歌詩》《淮南雜星子》《淮南萬畢術》等。

《淮南鴻烈》作於漢景帝、漢武帝交替之時，於西漢建元二年（前一三九）獻於漢武帝，當時黄老思想盛行。全書以道爲宗，糅合了陰陽、墨、法與部分儒家思想，内容涉及哲學、政治、經濟、軍事、天文、地理、農學、生物、音律、神話等。整部書結構統一、篇目規整、理事相連、言辭精審，梁啓超稱其爲『西漢道家言之淵府』，『其書博大而有條貫，漢人著述中第一流也』。

《淮南鴻烈》現存最早的本子爲北宋小字本，清代劉履芬據此影抄一部，曾藏於上海商務印書館的涵芬樓，現藏於國家圖書館。此本題東漢許慎注。除宋刊本以外，存世本多以明清刊本爲主。現存明刊本中，以明正統十年（一四四五）《道藏》本爲最早，不過正統《道藏》本將《原道》《俶真》《天文》《地形》《時則》《主術》《氾論》七篇分爲上下卷而成二十八卷本。二十八卷本還有明吳仲刻本、明弘治間王溥刻本、明嘉靖間黄焯刻本、明嘉靖九年（一五三〇）王鎜刻本、明萬曆九年（一五八一）葉近山刻本、明王元賓刻本等。二十一卷本更爲通行，有明萬曆八年（一五八〇）茅一桂刻本、明崇禎張烒如集評本、明萬曆十八年（一五九〇）汪一鸞刻本、明萬曆二十二年（一五九四）張維城刻本、明萬曆間顧氏刻本、明烏程閔氏刻朱墨套印本、明張象賢刻本、明末東吴俞安期刻本等。

此次影印出版所用的底本即爲清代劉履芬影抄北宋小字本。

中國書店出版社

二〇一九年五月

目録

上册

下册

淮南鴻烈解敘

淮南王名安厲王長子也長高皇帝之子也其母趙氏女爲趙王張敖美人高皇帝七年討韓信於銅鞮信亡走匈奴上遂北至樓煩還過趙不禮趙王趙王獻美女趙氏女得幸有身趙王不敢內之於宮爲築舍于外及貫高等謀反發覺幷逮治王盡收王家及美人趙氏女亦與焉吏以其得幸有身聞上上方怒趙王未理也趙美人弟兼因辟陽侯審食其言之呂后呂后不肯白辟陽侯亦不強爭及趙美人生男恚而自殺吏奉男詣上上命呂后母之封爲淮南王暨孝文皇帝即位長弟上書願相見詔至長安日從游宴驕蹇如家人兄弟怨辟陽侯不爭其母於呂后因椎殺之上非之宍祖北闕謝罪奪四縣還歸國爲黃屋左

毒縣稱東帝坐徙蜀嚴道死於雍上閔之封其四子爲列侯時民歌之曰一尺繒好童童一升粟飽蓬蓬兄弟二人不能相容上聞之曰以我貪其地邪乃召四侯而封之其一人病薨長子安襲封淮南王次爲衡山王次爲廬江王太傅賈誼諫曰怨讎之人不可貴也後淮南衡山卒反如賈誼言初安爲辯達善屬文皇帝爲從父數上書召見孝文皇帝甚重之詔使爲離騷賦自旦受詔日早食已上愛而祕之天下方術之士多往歸焉於是遂與蘇飛李尚左吳田由雷被毛披伍被晉昌等八人及諸儒大山小山之徒共講論道德總統仁義而著此書其旨近老子淡泊無爲蹈虛守靜出入經道言其大也則燾天載地說其細也則淪於無垠及古今治亂存亡禍福世間詭異瓌奇之事

其義也著其文也富物事其類無所不載然其大較歸之於道號曰鴻烈鴻大也烈明也以爲大明道之言也故夫學者不論淮南則不知大道之深也是以先賢通儒述作之士莫不援采以驗經傳以父諱長故其所著諸長字皆曰脩光禄大夫劉向校定撰具名之淮南又有十九篇者謂之淮南外篇自誘之少從故侍中同縣盧君受其句讀誦舉大義會遭兵災天下棊峙亡失書傳廢不尋脩二十餘載建安十年辟司空掾除東郡濮陽令覩時人少爲淮南者懼遂陵遲於是以朝餔事畢之間乃深思先師之訓參以經傳道家之言比方其事爲之注解悉載本文并舉音讀典農中郎將弁揖借八卷刺之會揖身喪遂亡不得至十七年遷監河東復更補足淺學寡見未能備悉其所

不達注以未聞唯博物君子覽而詳之以勸後學者云爾

淮南鴻烈解卷第一

太尉祭酒臣許愼記上

原道訓

原道訓原本也本道根眞包裹天地以歷萬物故曰原道因以題篇

夫道者覆天載地道无形而大也廓四方柝八極廓張也柝開也八極八方之極也言其遠柝讀重門擊柝之柝也高不可際深不可測際至也度深曰測一曰尽也包裹天地稟授無形稟給也授予也无形万物之未形也皆生於道故曰稟授无形源流泉滂沖而徐盈混混汩汩濁而徐清原泉之始所出也滂涌也沖虛也始出虛徐流不止能所盈滿以喻於道亦然也汩讀曰骨也故植之而塞于天地橫之而彌于四海施之無窮而無所朝夕植立也塞滿也弥猶絡也施用也用之无窮竭也无所朝夕盛衰也舒之幎於六合卷之不盈於一握舒散也幎覆也孟春与孟秋爲合仲春与仲秋爲合季秋与季春爲合孟夏与孟冬爲合仲夏与仲冬爲合季夏与季冬爲合故曰六合言滿天地間也一曰四方上下爲六合不盈一握言微妙也約而

能張幽而能明言道能小能大能昧能明弱而能強柔而能剛道之性也橫四維而含陰陽橫讀桄車之桄紘宇宙而章三光紘綱也若小車蓋四維謂之紘繩之類也四方上下曰宇古往今來曰宙以諭天地章明也三光日月星甚淖而滒甚纖而微滒亦淖也夫饘粥多瀋者謂滒滒讀歌謳之歌山以之高淵以之深獸以之走鳥以之飛日月以之明星歷以之行麟以之游鳳以之翔以用也游出也大飛不動曰翔也泰古二皇得道之柄立於中央二皇伏羲神農也指說陰陽故不言三也神與化游以撫四方撫安也四方謂之天下也是故能天運地滯輪轉而無廢運行也滯止也廢休也水流而不止與萬物終始風興雲蒸事無不應應當也雷聲雨降並應無窮窮已也鬼出電入龍興鸞集鬼出言无蹤迹也電入言其疾也鈞旋轂轉周而復匝鈞陶人作瓦器法下轉旋者一日天也已彫已琢還反於樸無爲爲之而合于道無爲言之而通乎德言二三之化无爲爲之也而言合於道也无所爲言之而適自通於德也恬愉無矜而得于和恬愉无所好憎也无

矜不自大也有萬不同而便于性万事不同能於便性者性不欲也神託于秋毫之末言微妙也而大與宇宙之總宇宙諭天地總合也其德優天地而和陰陽優柔也和調也節四時而調五行五行金木水火土也呴諭覆育萬物羣生呴諭溫恤也育長也潤于草木浸于金石禽獸碩大毫毛潤澤羽翼奮也奮壯角觡生也角鹿角也觡麋角也觡讀曰格獸胎不殰鳥卵不殈胎不成獸曰殰卵不成鳥曰殈言不者明其成父無喪子之憂兄無哭弟之哀言无犬死童子不孤婦人不孀无父曰孤寡婦曰孀也虹蜺不出賊星不行賊星妖星也含德之所致也含懷夫太上之道生萬物而不有不以爲已有者也成化像而弗宰宰主也跂行喙息蠉飛蝡動待而後生莫之知德不因德之待之後死莫之能怨不怨虐之得以利者不能譽用而敗者不能非收聚畜積而不加富收斂畜積国有常賦也不加富者爲百姓不以爲已有也布施稟授而不益貧布施稟授匡困乏予不足也以公家之資

（故不益負也）旋縣而不可究，纖微而不可勤。（縣猶小也。勤猶盡也。）累之而不高，隮之而不下，益之而不衆，損之而不寡，斲之而不薄，殺之而不殘，鑿之而不深，塡之而不淺。忽兮怳兮，不可爲象兮；怳兮忽兮，用不屈兮。（忽怳无形貌也，故曰不可爲像也。屈，竭也。怳讀人空頭扣之怳，屈讀秋雞无尾屈之屈也。）幽兮冥兮，應無形兮；遂兮洞兮，不虛動兮。（洞，達也。道動有所應，故曰不虛動也。）與剛柔卷舒兮，與陰陽俛仰兮。（卷舒猶屈申也。俛仰猶升降也。）昔者馮夷、大丙之御也，（夷或作遲也，丙或作白。昔古之得道能御陰陽者也。）乘雲車，入雲蜺，游微霧，（以云蜺爲其馬也。游，行也。微霧，天之微氣也。）騖怳忽，歷遠彌高以極往。（騖，馳也。怳忽，无之象也。往，行也。）經霜雪而無迹，照日光而無景，（行霜雪中无有迹，爲日所照无影柱也。）扶搖抮抱羊角而上，（扶，攀也。搖，動也。抱，了戾也。扶搖如羊角，轉如曲縈行而上也。抮讀与《左傳》憾而能眕者同也。抱讀《詩》克岐克嶷之嶷也。）經紀山川，蹈騰崑崙，排閶闔，淪天門。（徑，行也。紀，通也。蹈，蹋也。騰，上也。崑崙，山名也，在西北，其高万九千里，河之所出。排，猶斥也。淪，入也。閶闔，始升天之門也。天門，上帝所居紫

微宮門也馮夷之御其能如此也大丙末世之御雖有輕車良馬勁策利鍛不
能與之爭先勁強也策箠也末之感也言不能与馮夷大丙爭在前也鍛讀炳燭之炳是故大丈
夫恬然無思澹然無慮以天爲蓋以地爲輿四時爲馬陰
陽爲御騶御乘雲陵霄與造化者俱大丈夫諭體道者也造化天地一曰道也霄讀消息
之消縱志舒節以馳大區區宅也大宅謂天也可以步而步可以驟而
驟令雨師灑道使風伯掃塵雨師畢星也詩云月離于畢俾滂沱矣風伯箕星也月離于箕
風揚沙也雹以爲鞭策雹激氣也故以爲鞭策雷以爲車輪雷轉氣也故以爲車輪上
游于霄雿之野下出于無垠之門霄雿高峻貌也无垠无形狀之貌霄讀紺綃雿讀翟
氏之翟劉覽偏照復守以全劉覽回觀也劉讀留連之留非劉氏之劉也經營四隅還
反於樞隅猶方也樞本也故以天爲蓋則無不覆也以地爲輿則无
不載也四時爲馬則無不使也陰陽爲御則無不備也陰陽
次叙以成万物无所跌也故曰无不備是故疾而不搖遠而不勞四支不動聰

明不損（損減也）而知八紘九野之形埒者何也（八紘天之八維也九野八方中天也）。執道要之柄而游於無窮之地是故天下之事不可爲也（爲治之）因其自然而推之（推求也牵也）萬物之變不可究也秉其要歸之趣（趣亦歸也）夫鏡水之與形接也不設智故而方圓曲直弗能逃也（智故巧飾也鏡水不施巧飾之形人之形好醜以宝應之故曰方圓曲直不能逃也）是故響不肆應而景不一設叫呼仿佛默然自得（得叫呼仿佛人之声狀也）

生而靜天之性也感而後動性之害也物至而神應知之動也（物事也）知與物接而好憎生焉（接交也情欲也）好憎成形而知誘於外不能反己而天理滅矣（形見也誘感也不能反己本所受天清靜之性故曰天理滅也猶衰也）故達於道者不以人易天（天性也不以人事易其天性也說曰天身也不以人間利欲之事易其身也）外與物化而內不失其情（言通道之人雖外貌与物化內不失其無欲之本情也）至無而供其求時騁而要其宿（言天時自騁道要其宿會也）小大脩

短各有其具具猶備也萬物之至騰踴肴亂而不失其數不失其數各應其度是以處上而民弗重居前而衆弗害言民戴仲而愛之也天下歸之姦邪畏之以其無爭於萬物也故莫敢與之爭夫臨江而釣曠日而不能盈羅雖有鉤箴芒距距爪也讀距守之距也微綸芳餌加之以詹何娟嬛之數猶不能與罔罟爭得也詹何娟嬛古善釣人名數術也射者扜烏號之弓彎棊衛之箭扜張也彎引也棊美箭所出地名也衛利也烏号柘桑其材堅勁烏跱其上及其將飛枝必橈下勁能復起巢烏隨之烏不敢飛号呼其上伐其枝以為弓因曰烏号之弓也一說黄帝鑄鼎於荆山鼎湖得道而僊乘龍上其臣援弓射龍欲下黄帝不能也烏於也号呼也於是抱弓而号因名其弓為烏号之弓也重之羿逢蒙子之巧以要飛鳥猶不能與羅者競多羿古諸侯有窮之君也逢蒙羿弟子皆攻射而百發百中故曰之巧要取競逐也何則以所持之小也張天下以爲之籠因江海以爲罟又何亡魚失鳥之有乎罟魚罔也詩云施罟濊濊故夫不若繳繳不若無形之像言其大也夫釋

大道而任小數無以異於使蠏蜅鼠蟾蠩捕蚤不足以禁姦塞邪亂乃逾滋以艾灼蟹匡上內置穴中迺熱走竊穴適能禽一鼠也詹諸蝦也跳行舒遲捕蚤亦不能悉得故曰不足以禁姦也諭盜益甚也昔者夏鯀作三仞之城諸侯背之海外有狡心鯀帝顓頊五世孫禹之父也八尺曰仞鯀作城郭以其役勞故諸侯背之四海之外皆有狡猾之心禹知天下之叛也乃壞城平池散財物焚甲兵施之以德海外賓服四夷納職四夷海外也職貢也合諸侯於塗山執玉帛者萬國塗山在九江當塗縣玉圭帛玄纁也故機械之心藏於胸中則純白不粹神德不全機械巧詐也藏之於胸臆之內故純白之道不粹精神專一之德不全也粹讀禍祟之祟也在身者不知何遠之所能懷懷來也是故華堅則兵利城成則衝生言攻戰之備於此生也若以湯沃沸亂乃逾甚是故鞭噬狗策蹏馬而欲教之雖伊尹造父弗能化伊尹名摯殷湯之賢相也造父周穆王之臣也而善御雖此二人不能化之欲害之心亡於中則飢虎可尾何況狗馬之類乎故體道者逸

而不窮任數者勞而無功夫峭法刻誅者非霸王之業也箠策繁用者非致遠之術也（繁數也）離朱之明察箴末於百步之外（離朱者黃帝臣明目人也）不能見淵中之魚師曠之聰合八風之調（師曠晉平公樂師子野也八風八卦之風声也）而不能聽十里之外故任一人之能不足以治三畝之宅也循道理之數因天地之自然則六合不足均也（均平也）是故禹之決瀆也因水以爲師神農之播穀也因苗以爲教（禹鯀之子名文命受禪成功曰禹因以水性自下決使東流以爲後世師法也神農少典之子炎帝也農植嘉穀神而化之故号曰神農也播布也布種百穀因苗之生而長育之以爲後世之常教也）夫萍樹根於水（萍大蘋也）木樹根於土鳥排虛而飛獸蹠實而走（蹠足也實地也蹠讀据撫之撫）蛟龍水居虎豹山處天地之性也（蛟水蛟其皮有珠世人以為刀劔之口是也蛟讀人情性交易之交緩氣言乃得耳）兩木相摩而然金火相守而流（流釋也）員者常轉窾者主浮自然之勢也（員輪丸之屬也窾空也舟舡之屬也故曰自然）

之勢也竅讀利條之科也是故春風至則甘雨降生育萬物明堂月令曰膏風至則穀雨是也育長也風或作分合羽者嫗伏毛者孕育嫗伏以氣剖卵也孕者懷胎有生也草木榮華鳥獸卵胎莫見其爲者而功既成矣既已也秋風下霜到生挫傷草木首地而生故曰到生挫傷者凋落也鷹鵰搏鷙昆蟲蟄藏鷙讀什伍之什草木注根魚鱉湊淵莫見其爲者滅而無形滅沒也形見也木處榛巢水居窟穴聚木曰榛禽獸有芄芄蓐人民有室陸處宜牛馬舟行宜多水匈奴出穢裘匈奴獫狁北胡也干越生葛絺干吳也絺細葛也各生所急以備燥溼各因所處以御寒暑並得其宜物便其所由此觀之萬物固以自然聖人又何事焉事治也九疑之南陸事寡而水事衆九疑山名也在蒼梧虞舜所葬也於是民人被髮文身以像鱗蟲被翦也文身刻書其軆內黥其中爲蛟龍之狀以入水蛟龍不害也故曰以像鱗蟲也短綣不絝以便涉游短袂攘卷以便刺舟因之也卷卷臂也因之因水之宜也鴈門之北

狄不穀食賤長貴壯俗上氣力人不弛弓馬不解勒便之也（不穀食肉酪而已北狄鮮卑也弛舍也便習也）故禹之裸國解衣而入衣帶而出因之也（裸国在南方聖人治礼不求与俗故曰因之也）今夫徙樹者失其陰陽之性則莫不枯槁（失猶易也）故橘樹之江北則化而為枳鴝鵒不過濟貈度汶而死（見於周礼故春秋傳曰鴝鵒来巢言非中国之禽所以為魯昭公仁異也）形性不可易勢居不可移也是故達於道者反於清靜（反本也天本發人清靜之性故曰反也）究於物者終於無為（无為者不為物為也）以恬養性以漠処神則入于天門所謂天者純粹樸素質直皓白未始有與雜糅者也所謂人者偶䁟智故曲巧僞詐所以俛仰於世人而與俗交者故牛岐蹏而戴角馬被髦而全足者天也絡馬之口穿牛之鼻者人也循天者與道游者也（循隨也游行也）隨人者與俗交者也○夫井魚不可與語大拘於隘也夏蟲不可與

語寒言蜩蟬不知寒雪也篤於時也曲士不可與語至道拘於俗束於教也故聖人不以人滑天不以欲亂情天身者不以人事滑亂其身也不以欲亂其清濁之性者也不謀而當不言而信不慮而得不爲而成詩云不識不知順帝之則故曰不謀而當不慮而得也精通于靈府與造化者爲人爲治也夫善游者溺善騎者墮各以其所好反自爲禍禍害也是故好事者未嘗不中中傷也好爲情欲之事者未嘗不自傷也爭利者未嘗不窮也昔共工之力觸不周之山使地東南傾共工以水行霸於伏羲神農閒者也非堯時共工也不周山崑崙西北傾猶下也天文言天傾西北地傾東南先言傾高也此言東南後言傾明其下也與高辛爭爲帝高辛帝嚳有天下之号也嚳黃帝之曾孫遂潛于淵宗族殘滅繼嗣絕祀謂共工也越王翳逃山穴越人熏而出之遂不得已止也翳越太子也賢不欲爲王逃於出山穴之中越人以火熏出而立之故曰遂不得已在春秋後故不書于經也由此觀之得在時不在爭治在道不在聖治爲也雖聖不得爲故曰在道孔子是也土

處下不爭高故安而不危水下流不爭先故疾而不遲昔舜耕於歷山朞年而田者爭処墝埆以封壤肥饒相讓（歷山在濟陰成陽也一曰濟南歷城山也墝埆讀人相墝椽之墝）釣於河濱朞年而漁者爭處湍瀨以曲隈深潭相予（漁讀告語湍瀨水淺流急少魚之処也曲隈崖岸委曲深潭回流饒魚之処潭讀葛覃之覃）當此之時口不設言手不指麾（口不設不信之言也手不指麾小妄有所規擬也）執玄德於心而化馳若神（玄天也馳行也若神若有神化之也）使舜無其志雖口辯而戶說之不能化一人（志王天下之志也一曰人心之志也）是故不道之道莽乎大哉（道不可道故曰不道之道）夫能理三苗朝羽民（三苗堯時所放渾敦窮奇饕餮之等理治也羽民南方羽國之民使之朝者德以懷遠也）從裸國納肅慎未發號施令而移風易俗者其唯心行者乎（裸國在南方鳥所入也從化也肅慎北方遠也傳曰肅慎燕亳吾北土也惟仁化為能然也）法度刑罰何足以致之也（言不足以致之也明不如仁心化之為大）是故聖人內修其本而不外飾其末保其

清神偃其智故漠然無爲而無不爲也[能无爲故物无不爲之化]澹然無治也而無不治也所謂無爲者不先物爲也所謂不爲者因物之所爲[順物之性也]所謂無治者不易自然也所謂無不治者因物之相然也[然猶宜也]萬物有所生而獨知守其根[根本也]百事有所出而獨知守其門[門禁要也]故窮無窮極無極照物而不眩響應而不乏此之謂天解[眩惑也天解天之解故也言能明天意也]故得道者志弱而事強[弱柔也強无不勝也]心虛而應當[當合也]所謂志弱者柔毳安靜藏於不敢行於不能恬然無慮動不失時與萬物回周旋轉不爲先唱感而應之[感動也應和也]。是故貴者必以賤爲號[貴者謂公王侯伯稱孤寡不穀故曰以賤爲号]而高者必以下爲基[基始也大築京臺先從下起也]託小以包大在中以制外行柔而剛用弱而強轉化推移得一之道而以少正多[而能也能以寡統衆]所謂其事強者遭變應卒排患扞難力無不勝敵無不凌應化揆時莫能害之是故欲剛者必以柔守之欲強者必以弱保之積於柔則剛積於弱則強觀其所積以知禍福之鄉 鄉方也 強勝不若已者至於若已者而同 夫強者能勝不如已者同等也至於如已者則等不能勝也言強之爲小也道家所不貴也 柔勝出於已者其力不可量 夫能弱柔勝已者其力不可訾也言柔之爲大也道家所貴 故兵強則滅木強則折革堅則裂齒堅於舌而先之斃 兵猶火也強則盛盛則衰故曰則滅以火喻也木強則折不能徐屈也革堅則裂齒是也斃盡也齒堅於舌而先舌盡 是故柔弱者生之榦也 榦質也 而堅強者死之徒也 徒衆也 先唱者窮之路也後動者達之原也 先者償陷故曰窮也後者以謀故曰達 何以知其然也凡人中壽七十歲然而趨舍指湊日以自悔也以至於死故蘧伯玉年五十而有四十九年非 伯玉衛大夫蘧瑗也今年所行是也則還顧知去年之所行非也歲歲悔之以至於死故有四十九非所謂月悔朔日悔昨也。 何者先者難爲知而後者易爲攻也先者上高則後者攀之先者踰下則後者蹷之先者隤陷則後者以謀先者敗績則後者違之蹷履也音展非展也楚人讀躓爲隤隤者車承或言蒸躓之躓也由此觀之先者則後者之弓矢質的也質的射者之準埶也猶錞之與刃刃犯難而錞無患者何也以其託於後位也錞干戈之錞也讀曰頓刃矛戈之刃也刃在前故犯難頓在後故以无患故曰其託於後位也此俗世庸民之所公見也而賢知者弗能避庸衆也公詳也庸民詳所見知賢者不能避爲也鋒刃也鋒刃以諭利訣也故曰有所弗蔽也所謂後者非謂其底滯而不發凝竭而不流底讀曰紙發動也凝如脂凝也流行貴其周於數而合於時也周調也數術也合於時時行則行時止則止也夫執道理以耦變先亦制後後亦制先道當隨事爲變不必待於先人事當在後趨時當居先也是何則不失其所以制人人不能制也時之反側閒不容息言時反側之間不容氣息促之甚也先之則大過後之則不逮夫日回而月周時不與人游

故。聖人不貴尺之璧而重寸之陰時難得而易失也禹之趨時也履遺而弗取冠挂而弗顧非爭其先也而爭其得時也是故聖人守清道而抱雌節清和靜也雌柔弱也因循應變常後而不先柔弱以靜舒安以定舒詳也攻大䃺堅莫能與之爭攻大䃺堅諭難也無与聖人之爭也天下之物莫柔弱於水然而大不可極深不可測測尽也脩極於無窮遠淪於無涯息耗減益通於不訾訾量也上天則爲雨露下地則爲潤澤万物弗得不生百事不得不成大包羣生而無好憎澤及蚑蟯蚑蚑行也蟯微小之虫也而不求報施而不有也富贍天下而不既贍足也既尽也德施百姓而不費德澤加於百姓不以爲已財費也行而不可得窮極也流膏不止也微而不可得把握也擊之無創刺之不傷斬之不斷焚之不然水之性也淖溺流遁錯繆相紛遁逸也錯繆相紛彼此相糺也而不可靡散利貫金石強濟天下（水流決石是其利也舟舡所載无有重是其強也濟通也）動溶無形之域而翱翔忽區之上（忽怳之區上也言其飛為雲无所不上也）邅回川谷之間（邅回猶委曲也）而滔騰大荒之野有餘不足與天地取與授萬物而無所前後（前後皆与之）是故無所私而無所公（公私一也）靡濫振蕩與天地鴻洞（鴻大也洞通也讀同異之同也）無所左而無所右蟠委錯紾與萬物始終（紾轉也）是謂至德（言水之為德最大故曰至德也）夫水所以能成其至德於天下者以其淖溺潤滑也故老聃之言曰天下至柔馳騁於天下之至堅出於無有入於無閒（水是也）吾是以知無爲之有益（有益於生）夫無形者物之大祖也無音者聲之大宗也（无形生有形故為物大祖也无音生有音故為声大宗祖宗皆本也）其子爲光其孫爲水皆生於形乎（光无形道所貴也觀之故子為光也水形而不可毀差之故孫為水也）夫光可見而不可握水可循而不可毀故有像之類莫尊於水出生

入死自無蹠有自有蹠無而以衰賤矣（出生，出生道，謂去清静也；入死，入死道，謂情欲也。蹠，適也。自无形適有形，離其本也；自有形適无形，不能復得道，家所弃，故曰而以衰賤也）是故清静者德之至也而柔弱者道之要也（要，約也）虚而恬愉者万物之用也（万物由之得以為人用）肅然應感殷然反本則淪於無形矣所謂無形者一之謂也（一者，道之本也）所謂一者無匹合於天下者也卓然獨立塊然獨處上通九天下貫九野（九天，八方中央也；九野亦如之）貞不中規方不中矩大渾而為一葉累而無根（无根，言微妙也）懷囊天地為道關門（門道之門）穆忞隱閔純德獨存（穆忞隱閔，皆无形之類也。純，不雜粗也）布施而不既用之而不勤（既，盡也。勤，勞也）是故視之不見其形聽之不聞其聲循之不得其身無形而有形生焉（无形，道也；有形，万物也）無聲而五音鳴焉（音生於无声也）無味而五味形焉（形，或作和也）無色而五色成焉是故有生於無實出於虛（有形生於无形）

人也實財也天下爲之圈則名實同居圈廄也名爵號之名也實幣帛之屬也一曰仁義之功賞也音之數不過五宮商角徵羽也而五音之變不可勝聽也變更相生也味之和不過五甘酸鹹辛苦也而五味之化不可勝嘗也化亦變也色之數不過五青赤白黑黃也而五色之變不可勝觀也常事曰視非常曰觀春秋魯隱公觀漁於棠是也故音者宮立而五音形矣宮在中央声之主也形正也味者甘立而五味亭矣亭平也甘中央味也色者白立而五色成矣白者所在以染之故五色可成矣道者一立而萬物生矣是故一之理施四海理道也一之解際天地解達也際機也解讀解故之解也其全也純兮若樸樸若玉樸也在石而未剖其散也混兮若濁濁而徐清冲而徐盈澹兮其若深淵冲虛也盈滿也澹定不動之貌汎兮其若浮雲若無而有若亡而存万物之總皆閱一孔總皆聚也百事之根皆出一門道之門也其動無形變化若神其行無迹常後而先道之先也是故至人之治也

至道之人掩其聰明，滅其文章，依道廢智，與民同出于公，公正去其誘慕，除其嗜欲，誘慕諭貪榮勢也故去之也嗜欲情欲也故除之也損其思慮，常恬澹也約其所守則察，不煩擾也寡其所求則得，易供故得夫任耳目以聽視者，勞形而不明；以知慮爲治者，苦心而無功。是故聖人一度循軌，一齊也軌法也不變其宜，不易其常，放準修繩，曲因其當。夫喜怒者，道之邪也；道貴平和故喜怒爲哀也憂悲者，德之失也；德尚恬和以憂悲爲失論語曰其德坦蕩是也好憎者，心之過也；嗜欲者，性之累也。心當專一中扃外閉反有所好憎故曰過性當清淨以奉天素而反嗜欲故爲之累也人大怒破陰，大喜墜陽；怒者陰氣也陰爲堅冰積陰相薄故破陰喜者陽氣陽升於上積陽相薄故曰陽墜也薄氣發瘖，驚怖爲狂；憂悲多恚，病乃成積；好憎繁多，禍乃相隨。故心不憂樂，德之至也；通而不變，靜之至也；變更也嗜欲不載，虛之至也；不載於性無所好憎，平之至也；不與物散，粹之至也撒乱粹纯能此五者則通於神明通於神明者得其內者也是故以中制外百事不廢中心也外情欲中能得之則外能收之不養也中之得則五藏寧思慮平五藏寧者各得其所思慮平者不妄喜怒筋力勁強耳目聰明疏達而不悖悖謬也堅強而不鞼鞼折無所大過而無所不逮處小而不逼處大而不窕在小能小在大能大其魂不躁其神不嬈躁狡嬈煩嬈也言精神定矣湫漻寂漠為天下梟湫漻清靜也寂漠恬淡也梟雄也迫則能應感則能動物穆無窮穆美變無形像言能化也優游委縱如響之與景響應声影應形登高臨下無失所秉履危行險無忘玄伏玄伏道也大道坦坦去身不遠求之近者往而復反近謂身也能存之此其德不虧萬物紛糅與之轉化以聽天下若背風而馳疾而易也是謂至德至德則樂矣古之人有居巖穴而神不遺者遺失也末世有勢為萬乘而日憂

悲者由此觀之聖亡乎治人而在于得道樂亡乎富貴而在于德和知大己而小天下則幾於道矣（幾近也許由務光是）所謂樂者豈必處京臺章華（宗臺章華皆遊之大臺）游雲夢沙丘（雲夢楚澤在南郡華容也沙丘紂臺名也在鉅鹿也）耳聽九韶六瑩（九韶舜樂也六瑩顓頊樂也）口味煎熬芬芳馳騁夷道（夷平也）釣射鷫鷞之謂樂乎（鷫鷞鳥名也長脛緑身其形似鴈一曰鳳皇之別名也）吾所謂樂者人得其得者夫得其得者不以奢爲樂不以廉爲悲（廉猶儉也）與陰俱閉與陽俱開故子夏心戰而臞得道而肥（子夏名商孔子弟子也入見先王之道而說之又出見冨貴之樂而欲之二者交爭故戰而臞也先王之道勝無所復思故肥也）聖人不以身役物不以欲滑和（不以身爲物役不以情欲亂中和之道也）是故其為曜不忻忻（忻忻為過御也）其爲悲不惙惙（惙惙爲傷性也）萬方百變消摇而無所定吾獨忼慨遺物而與道同出是故有以自得（自得其天性也）喬木之下空穴之中足以適情（喬木

上蹠少陰之木也空穴巖穴也唯処此中夫自得者足以適其情性無以自得也雖以天下為家萬民為臣妾不足以養生也言无以自待之人猶以此為不足也能至于無樂者則無不樂無不樂則至極樂矣至樂至得之樂極亦至也夫建鍾鼓列管弦席旃茵傳旄象管簫也弦琴瑟也傳著也旄旌也象以象牙為飾也耳聽朝歌北鄙靡靡之樂朝歌紂都鄙邑也紂使師涓作鄙邑靡靡之樂也故師延為晋平公歌之師曠知之曰亡国之音也齊靡曼之色斉列也靡曼美也陳酒行觴夜以継日樂不輟也強弩于高鳥走犬逐狡兔此其為樂也炎炎赫赫怵然若有所誘慕誘進也慕有所思怵然猶惕然解車休馬罷酒徹樂而心忽然若有所喪悵然若有所亡也是何則不以內樂外而以外樂內樂作而喜曲終而悲悲喜轉而相生精神乱營不得須臾平營惑察其所以不得其形不得樂之形也而日以傷生失其得者也是故内不得於中稟授於外而以自飾也不浸于肌膚不浹于

骨髓（浸潤也決通也）不留于心志不滯于五藏故從外入者無主於中不止從中出者無應於外不行故聽善言便計雖愚者和說之稱至德高行雖不肖者知慕之說之者衆而用之者鮮慕之者多而行之者寡所以然者何也不能反諸性也夫內不開於中而強學問者不入於耳而不著於心此何以異於聾者之歌也效人為之而無以自樂也聲出於口則越而散矣（散去耳不聞也）夫心者五藏之主也所以制使四支流行血氣馳騁于是非之境而出入于百事之門戶者也是故不得於心而有經天下之氣是猶無耳而欲調鍾鼓無目而欲喜文章也亦必不勝其任矣（經理）故天下神器不可為也（器物用也為治也）為者敗之執者失之夫許由小天下而不以己易堯者志遺于天下（許由陽城人也箕山之隱士也堯以其賢聘之）

欲禪天下焉不肯就故曰志遺于天下也所以然者何也因天下而爲天下也天下之要不在於彼而在於我彼謂堯也我謂許由不在於人而在於我身身得則万物備矣徹於心術之論則嗜欲好憎外失外不在心是故無所喜而無所怒無所樂而無所苦萬物玄同也玄天也無非無是化育玄燿生而如死玄天也燿明也生而如死死所欲夫天下者亦吾有也吾亦天下之有也天下之與我豈有間哉言相比也夫有天下者豈必攝權持勢操殺生之柄而以行其號令邪吾所謂有天下者非謂此也自得而已自得其天性也一曰不失其身也自得則天下亦得我矣吾与天下相得則常相有已又焉有不得容其間者乎所謂自得者全其身者也全其身則與道爲一矣故雖游於江潯海裔潯崖也裔邊也潯讀葛覃之覃也馳要褭建翠蓋駟駕要褭馬名也日行万里褭橈弱之橈翠蓋以翠鳥羽飾蓋也目觀掉羽武

象之樂韒羽羽舞武象周武王之樂耳聽滔朗奇麗激抮之音激有激揚抮轉皆曲名也揚鄭衛之浩樂結激楚之遺風鄭声鄭會晋平公說新声使師延為桑間濮上之樂濮在衛地故鄭衛之浩樂也結激清楚之声也必為鄭為之俗樂夫結激清楚以娛樂也遺風猶餘声也射沼濱之高鳥逐苑囿之走獸此齊民之所以淫泆流湎齊於凡民故曰齊民也沼池也濱水崖也聖人處之不足以營其精神亂其氣志營或也使心怵然失其情性處窮僻之鄉側谿谷之間側伏也隱于榛薄之中叢木曰榛深草曰薄環堵之室茨之以生茅蓬戶甕牖揉桑以為樞堵長一丈高一丈而環一堵為方一丈故曰環堵言其小也編蓬為戶以破甕蔽牖揉桑條以為戶樞上漏下溼潤浸北房浸漬也北房陰堂也雪霜滾灖浸潭苽蔣滾灖雪霜之貌也浸潭之潤以生苽蔣實苽者蔣實也其米曰彫胡滾讀維繩之維灖讀校滅之校苽讀鯀哉之鯀也蔣讀水漿之漿也逍遙于廣澤之中而仿洋于山峽之旁兩山之間為峽此齊民之所為形植黎黑憂悲而不得志也聖人處之不為愁悴怨懟懟病也

而不失其所以自樂也是何也則內有以通于天機機微也
而不以貴賤貧富勞逸失其志德者也故夫烏之啞啞鵲
之唶唶豈嘗為寒暑燥溼變其聲哉言體道者不為貴賤貧富勞逸易其志如
烏鵲之不為寒暑易其聲是故夫得道已定而不待萬物之推移也非
以一時之變化而定吾所以自得也吾所謂得者性命之
情處其所安也夫性命者與形俱出其宗宗本形備而性命
成性命成而好憎生矣故士有一定之論女有不易之行
士有同志同志德也至其交接有一會而公定故曰有一定之論也貞女專一亦无二心雖有偏喪不復更醮故曰有不易之行者也
規矩不能方圓鉤繩不能曲直雖規矩鉤繩无以施於此天地之永登丘
不可為脩居卑不可為短是故得道者窮而不懾達而不
榮雖窮賤不以為懾懼也雖顯達不以為榮幸也處高而不機機危也持盈而不傾
傾覆也新而不朗久而不渝朗明也渝變也朗讀汝南朗陵之朗入火不焦入

水不濡是故不待勢而尊不待財而富不待力而強平虛下流與化翱翔 翱翔猶俯仰也 若然者藏金於山藏珠於淵 舜藏金於嶄巖之山藏珠於五湖之淵以塞貪淫之欲也 不利貨財不貪勢名 勢位貴號之名也 是故不以康爲樂 康安也 不以慊爲悲 慊約也慊讀辟向慊之慊也 不以貴爲安不以賤爲危形神氣志各居其宜以隨天地之所爲夫形者生之舍也氣者生之充也神者生之制也一失位則二者傷矣是故聖人使人各處其位守其職而不得相干也故夫形者非其所安也而處之則廢氣不當其所充而用之則泄神非其所宜而行之則昧 昧不明也 此三者不可不慎守也夫舉天下萬物蚑蟯貞蟲 蚑行蟯動之虫也蟯讀饒貞虫細要之屬也 蝡動蚑作 蚑讀鳥蚑步之蚑也 皆知其所喜憎利害者何也以其性之在焉而不離也忽去之則骨肉無倫矣 去之去道也則骨肉靡滅无倫

匹也今人之所以眭然能視眭讀曰桂營然能聽營讀疾營之營也形體能抗抗讀扣耳之扣而百節可屈伸察能分白黑視醜美而知能别同異明是非者何也氣爲之充而神爲之使也何以知其然也凡人之志各有所在而神有所繫者其行也足蹪趎埳頭抵植木而不自知也蹪躓也楚人讀躓爲蹪知猶覺也招之而不能見也呼之而不能聞也不能見招之者不能聞呼之者耳目去之也然而不能應者何也神失其守也精神失其所守故在於小則忘於大在於中則忘於外在於上則忘於下在於左則忘於右若楚白公勝將欲慮乱豆於朝倒杖策上貫其頤血流至地而不覺此之類也無所不充則無所不在精神無所不充在存也是故貴虛者以毫末爲宅也虛者情无所念慮也毫末爲宅者言精微也以今夫狂者之不能避水火之難而越溝瀆之險者豈無形神氣志哉然而用之異也與人異也失其所守之位而離其外内

之舍是故舉錯不能當動靜不能中（當合也中適也）終身運枯形于連嶁列埒之門（運行也枯猶病也形躰也于於也連嶁猶離嶁也委曲之類列埒不平均也連讀陵聲幽州陵陵蓮之連嶁讀峼嶁無松柏之嶁）而蹪蹈于污壑穽陷之中（污壑大壑〻讀赫赫明明之赫）雖生俱與人鈞然而不免爲人戮笑者何也形神相失也故以神爲主者形從而利以形爲制者神從而害（神清靜故利形有情欲故害也）貪饕多欲之人漠睧於勢利誘慕於召位（漠睧猶鈍睧不知足類誘進也慕貪漠溺之漠暋讀纖縭綴竅暋無間孔之暋也）巢以過人之智植于高世（巢猶庶幾也植立也庶幾立高名於世也）則精神日以耗而彌遠（耗秃也）久溼而不還（溼過還復）形閉中距則神無由入矣（神精神也清靜之性無從還入也）是以天下時有盲妄自失之患此膏燭之類也火逾然而消逾亟（逾益也亟疾也）夫精氣志者靜而日充者以壯躁而日耗者以老是故聖人將養其神和弱其氣平夷其形而與道沉浮俛仰

（沉浮猶盛衰，俛仰猶升降。）恬然則縱之，迫則用之。其縱之也若委衣，其用之也若發機。（機，弩機關，言其疾也。）如是則萬物之化無不遇（遇時也），而百事之變無不應。（應當之也。）

淮南鴻烈解卷第一

淮南鴻烈解卷第二

太尉祭酒臣許慎記上

俶真訓俶始也真實說道之實始於无有化育于有故曰俶真因以題篇

有始者天地開闢之始也有未始有有始者言万物萌兆未始有始者始成形也有未始有夫未始有有始者言天地合氣寂寞蕭條未始有也夫未始有始仿佛也有有者言万物始有形兆也有无者言天地浩大言无可名也有未始有有無者言道微妙苞裹天地未始有有无者在有无者之前有未始有夫未始有有无者天也所謂有始者繁憤未發萌兆牙蘖未有形呼垠堮无无蝡蝡將欲生興而未成物類繁衆積之貌憤發積也有未始有有始者天氣始下地氣始上陰陽錯合相与優游競暢于宇宙之間被德含和繽紛蘢蓯欲与物接而未成兆朕競逐也暢達也和氣也繽紛雜糅也蘢蓯聚會也兆朕形怪也有未始有夫未始有有始者天含和而未降地懷氣而未揚虛无寂

寞蕭條霄霓无有仿佛氣遂而大通冥冥者也〔霄讀紺綃之綃霓翟氏之翟也〕有有者言万物摻落根莖枝葉青葱苓蘢萑蔰炫煌蠉飛蝡動蚑行噲息可切循把握而有數量〔摻讀參星之參萑蔰炫煌采色貌也蚑讀車蚑蠍之蚑噲讀不說懌外之會切摩也循順也萑讀曰唯也蔰讀曰蔰〕有无者視之不見其形聽之不聞其聲捫之不可得也望之不可極也儲與扈治〔儲与扈治褒大意也〕浩浩瀚瀚不可隱儀揆度而通光燿者〔浩浩瀚瀚廣大貌也光燿无形〕有未始有有无者包裹天地陶冶万物大通混冥深閎廣大不可為外析毫剖芒不可爲内无環堵之宇而生有无之根〔混冥大冥之中謂道也〕有未始有夫未始有有无者天地未剖陰陽未判〔剖判混分〕四時未分万物未生汪然平靜寂然清澄莫見其形〔汪讀傳尸諸周氏之汪同〕若光燿之間於无有退而自失也〔自失沒不見也〕曰予能有無而未能无无也〔能有无爲也未能本〕

性自无為也故曰未能无也及其爲无无至妙何從及此哉夫大塊載我
以形勞我以生大塊天地之間也逸我以老休我以死莊子曰生乃徭役死乃休息也
故曰休我以死善我生者乃所以善吾死也善吾生之樂乃欲善吾死之樂也明死变化有知欲
勸人同死生也夫藏舟於壑藏山於澤人謂之固矣雖然夜半有力
者負而趨趨走寐者不知猶有所遁夜半有力者負舟与山走故寐者不知也若藏
天下於天下則无所遁其形矣大丈夫以天下爲室以藏万物物豈可謂
无大揚攉乎揚攉无慮大數名也攉讀鎬鎬一範人之形而猶喜範猶遇也遭也
說範法也言物一法勸人形尚由善也若人者千变萬化而未始有極也言死生变化而
夢故曰未始有極也潎弁而復新其爲樂也可勝計邪譬若夢爲鳥而
飛於天夢爲魚而没於淵方其夢也不知其夢也覺而後
知其夢也今將有大覺然後知今此之爲大夢也始吾未
生之時焉知生之樂也今吾未死又焉知死之不樂也昔

公牛哀轉病也七日化爲虎（轉病易病也江淮之間公牛氏有易病化爲虎若中国有狂疾者發作有時也其爲虎者便還食人食人者因作真虎不食人者更復化爲人公牛氏韓人淮南之人因牛食芻謂之芻豢有驗于此）其兄掩戶而入覘之則虎搏而殺之（殺其兄掩讀曰奄也覘視也）是故文章成獸爪牙移易（移易人爪牙爲虎爪牙也）志与心變神与形化（志心皆變神形皆化）方其爲虎也不知其嘗爲人也方其爲人不知其且爲虎也二者代謝舛馳各樂其成形（代更也謝敘也舛牙也形謂成虎形人舛讀舛賣之舛也）狡猾鈍惛是非无端孰知其所萌（萌生也）夫水嚮冬則凝而爲冰冰迎春則洋而爲水冰水故移易于前後若周員而趨孰暇知其所苦樂乎（洋釋也趨嗶也）是故形傷于寒暑燥溼之虐者形苑而神壯（苑枯病也壯傷也苑讀南陽苑羊）神傷乎喜怒思慮之患者神尽而形有餘故罷馬之死也剥之若槁（罷老氣力竭尽故若槁也）狡狗之死也割之猶濡（狡少也濡濡溼氣力未尽）

是故傷死者其鬼嬈(嬈煩嬈善行病祟人)時既者其神漠(既盡也時既當老者則神寂漠莫定也)是皆不得形神俱沒也(道家養形養神皆以壽終形神俱沒不俱漠而已也老子曰以道治天下其鬼不神此謂俱沒也)夫聖人用心杖性依神相扶而得終始是故其寐不寢其覺不憂(精神无所思慮故不寢志存仁義忠不得至故不憂也)古之人有處混冥之中神氣不蕩于外万物恬漠以愉靜攙搶衡杓之氣莫不彌靡(攙搶彗孛也杓北斗柄第七星)而不能爲害當此之時万民倡狂不知東西含哺而游鼓腹而熙(鼓擊也熙戲也)交被天和食于地德(交俱也和氣也地德五穀)不以曲故是非相尤茫茫沈沈是謂大治(曲故曲巧也尤過也茫茫沈沈盛貌也茫讀王莽也沈讀水出沈沈正白之沈)於是在上位者左右而使之母涇其性鎮撫而有之母迁其德是故仁義不布而万物蕃殖(古者抱盛德上質是不待仁義而万物蕃殖也)賞罰不施而天下賓服(服其德也)其道可以大美興而難以筭計舉也(言天性万物但可以大美興而育之)

難以筭計具也是故日計之不足而歲計之有餘人譬若梅矣百梅足以為百人酸一梅不足為百人酸也夫魚相忘於江湖人相忘於道術言各得其志故相忘也古之眞人立於天地之本中至優游抱德煬和而万物雜累焉煬炙也抱其志德而炙於和氣故万物雜累言咸熟也煬讀供養之養也孰肯解構人間之事以物煩其性命乎解構猶合會也煩辱也夫道有經紀條貫得一之道連千枝万葉一者道得其根本故能連理千枝万葉以少正多也是故貴有以行令賤有以忘卑貧有以樂業困有以処危夫大寒至霜雪降然後知松柏之茂也據難履危利害陳于前陳列也然後知聖人之不失道也是故能戴大員者履大方言能戴天履地之道鏡太清者視大明立太平者処大堂太平天下之平也大堂明堂所以告朔行令也能游冥冥者与日月同光光明也諭德道者能与日月明也是故以道為竿以德為綸礼樂為鉤仁義為餌投之於江浮之於海万

物紛紛孰非其有夫挾依於跂躍之術跂躍猶趄齬不正之道也提挈人閒之際撢掞挺挏世之風俗撢引掞利也挺挏猶上下也以求利便也以摸蘇牽連物之微妙摸蘇猶摸索微妙猶細小猶得肆其志充其欲何況懷瓌瑋之道忘肝膽遺耳目獨浮游无方之外不与物相弊撤弊撤猶推揲也弊讀跋涉之跋也撤讀楚人言殺也中徙倚无形之域而和以天地者乎若然者偃其聰明而抱其太素素樸性也以利害爲塵垢塵垢諭輕也以死生爲晝夜是故目觀玉輅琬象之狀耳聽白雪清角之聲不能以乱其神玉輅王者所乘有琬琰象牙之飾白雪師曠所奏太一五弦之琴樂曲神物爲下降者清角商聲也登千仞之谿臨蝯眩之岸不足以滑其和蝯臨其岸而目眩言滑〻乱和適也譬若鍾山之玉炊以鑪炭三日三夜而色澤不變則至德天地之精也鍾山崑崙也是故生不足以使之利何足以動之死不足以禁之害何足以恐之明於死生之分達

於利害之变雖以天下之大易骭之一毛无所槩於忠也骭自膝以下脛以上也骭讀閑牧之閑也夫貴賤之於身也猶條風之時麗也條風鳴條言其迅也麗過也毀譽之於己猶蚊虻之一過也夫秉皓白而不黑行纯粹而不糅处玄冥而不闇休于天鈞而不偽偽敗也天鈞北極之地積寒之野休之輒敗唯躰道能不敗也孟門終隆之山不能禁孟門山名太行之隘也終隆則終南山在扶風皆險塞也唯躰道能不敗湍瀨旋淵吕梁之深不能留也湍瀨急流也旋淵深淵也吕梁水名也在彭城皆水險留滞也大行石澗飛狐句望之險不能難也太行在野王北上黨關地石澗深谿飛狐在代郡句望在鴈門皆隘險也是故身处江海之上而神游魏闕之下魏闕王者門外闕也所以縣教象之書於象魏也巍巍高大故曰魏闕言其人雖在遠方心存王也一曰心下巨闕神内守也非得一原孰能至於此哉一原道之原也是故与至人居使家忘貧使王公簡其貴富而樂卑賤勇者衰其氣貪者消其欲坐而不教立而不議虛而往者實而歸故不

言而能飲人以和論道如川不言而能飲人以和適也是故至道无爲一龍一蛇
龍能化蛇能解蛻故道以爲譬盈縮卷舒與時變化外從其風内守其性耳
目不燿思慮不營營惑也其所居神者臺簡以游太清臺猶持也
簡大也引楯萬物羣美萌生引楯拔擢也楯讀若允恭之允也是故事其神
者神去之事治也休其神者神居之不動貌道出一原通九門
九門天之門也散六衢散布於六合之衢也設於无垓坫之宇設施也垓坫垠堮也垓讀人飲食大
多以思下垓坫讀爲管氏有反坫之坫寂漠以虛無非有爲於物也物以有爲
於己也非有爲於物者不爲之也物以有爲於已者物已爲也是故舉事而順于道者
非道之所爲也道之所施也夫天之所覆地之所載六合
所包陰陽所呴雨露所濡道德所扶此皆生一父母而閱
一和也父母天地閱總也和氣也道所貴也呴讀以口相呴之呴是故槐榆與橘柚合而爲
兄弟言道能化同異物也有苗與三危通爲一家有苗國在南方彭蠡舜時不服者三危在西極

山名在辰州通焉一家道所化也夫目視鴻鵠之飛耳聽琴瑟之聲而心在鴈門之間一身之中神之分離剖判六合之内一舉而千萬里是故自其異者視之肝膽胡越（肝膽喻近胡越喻遠）自其同者視之萬物一圈也（圈厥）百家異説各有所出若夫墨楊申商之於治道（墨墨翟也其術兼愛非樂摩頂於踵而利國者爲之楊楊朱其術全性保眞雖拔骨一毛而利天下弗爲也申申不害也韓昭侯相著三符之命而尚刻削商者魏公孫鞅也爲秦孝公制相坐之法嚴猛鬪故封之爲商君也因謂之商鞅也）猶蓋之無一橑而輪之無一輻有之可以備數無之未有害於用也已自以爲獨擅之不通之于天地之情也今夫冶工之鑄器（鑄讀如唾祝之祝也）金踊躍于鑪中必有波溢而播弃者其中地而凝滯亦有以象於物者矣其形雖有所小周哉然未可以保於周室之九鼎也有況比於規形者乎其與道相去亦遠矣今夫萬物之疏躍枝舉百事之莖葉條𣎴皆

本於一根而條循千萬也蹠躍布散也梓讀詩頌苞有三蘖同若此則有所受之矣而非所授者所受者无授也而无不受也无不受也者譬若周雲之龍蓯遼巢彭濞而爲雨周雲密雨雲也龍蓯聚合也遼巢彭濞緼積貌也濞揄莢之濞沉溺萬物而不與爲溼焉不與萬物俱溼今夫善射者有儀表之度如工匠有規矩之數此皆所得以至於妙有所得儀表規矩之巧也然而奚仲不能爲逢蒙奚仲巧爲車逢蒙善於射言未能相兼也造父不能爲伯樂者造父善御馬事周穆王伯樂善相馬事秦繆公是皆諭於一曲而不通于萬方之際也今以涅染緇則黑於涅以藍染青則青於藍涅非緇也青非藍也茲雖遇其母而无能復化已涅礬石也母本也是何則以諭其轉而益薄也何況夫未始有涅藍造化之者乎其爲化也雖鏤金石書竹帛何足以舉其數鏤讀婁由數之婁此觀之物莫不生於有也有猶往也小大優游矣言饒多也夫秋毫

之末淪於无間而復歸於大矣（秋毫微妙故能入於无間間孔言道无求以毫末比道猶復爲
大也）蘆符之厚通於无壑而復反於敦庬（厚猶薄芦葦也符蘆之中白符言其薄
柯則歸於葦故曰反於敦庬矣符讀麩麩之麩也）若夫无秋毫之微蘆符之厚四達
無埒通于无圻（道貴无形杖毫蘆符已有形故曰无秋毫之微蘆符之厚四達无埒通於无圻圻垠字也）而莫
之要御夭過者其龍衣微重妙挺挏萬物揣丸变化（道之所能）天
地之間何足以論之（言道所化者大）夫疾風㪟木而不能拔毛髮
（㪟亦拔也）雲臺之高墮者折脊碎腦而蟁蝱適足以翱翔（臺高際於
雲因曰雲臺也蟁蝱微細故曰翱翔而无傷毁之患道所貴也）夫與蚑蟯同乘天機（蚑行蟯動蝡微細也天機
神焉）天受形於一圈飛輕微細者猶足以脫其命又況未有
類也（類形象也未有形象道所尚也）由此觀之無形而生有形亦明矣是故
○聖人託其神於靈府而歸於萬物之初視於冥冥聽於无
聲冥冥之中獨見曉焉（曉明也）寂漠之中獨有照焉其用之

也以不用其不用也而後能用之其知也乃不知其不知也而後能知之也。夫天不定日月無所載載行也地不定草木無所植植立也所立於身者不寧是非無所形形見也是故有眞人然後有眞知知不詐諂故曰眞也其所持者不明庸詎知吾所謂知之非不知歟今夫積惠重厚累愛襲恩以聲華嘔符嫗掩万民百姓使知之訢訢然人樂其性者仁也舉大功立顯名體君臣正上下明親疏等貴賤存危國繼絕世決拏治煩興毀宗立無後者義也閉九竅藏心志棄聰明反無識芒然仿佯于塵埃之外而消搖于無事之業含陰吐陽而万物和同者德也是故道散而爲德德溢而爲仁義仁義立而道德廢矣百圍之木斬而爲犧尊犧讀日月猶蹤鏤之尊鏤之以剞劂雜之以青黃剞巧工鉤刀也劂者規度刺畫墨邊箋也所以刻鏤之具也青

（黄采色之飾也剞讀技之技剧讀詩躑角之躑也）華藻鎛鮮龍蛇虎豹曲成文章（華藻華文也鎛令之金尊也鮮明好也龍蛇虎豹者刻尊彝爲幡龍伏虎之然故曰曲成文章也）然其断在溝中一比犧尊溝中之断則醜美有間矣（間遠也方其好醜相去遠也）然而失木性鈞也（鈞等）是故神越者其言華（越散也言不守也故華而不實）德蕩者其行僞（蕩逸僞不成也）至精亡於中而言行觀於外此不免以身役物矣（与物爲役）夫趨舍行僞者爲精求于外也精有湫盡而行無窮極則滑心濁神而惑亂其本矣其所守者不定於外淫於世俗之風（風化也）所断差跌者而内以濁其清明是故躊躇以終而不得須臾恬淡矣是故聖人内脩道術而不外飾仁義不知耳目之宣而游于精神之和若然者下揆三泉上尋九天横廓六合揲貫万物此聖人之游也若夫真人則動溶于至虛而游于滅亡之野騎蜚廉而從敦圄

蜚廉獸名長毛有羽翼敦圖似虎而小一曰僊人名也馳於方外休乎宇內燭十日而使風雨臣雷公役夸父夸父僊人弃其策而爲鄧林也妾宓妃妻織女天地之閒何足以留其志是故虛無者道之舍平易者道之素素性也夫人之事其神而嬈其精營慧然而有求於外此皆失其神明而離其宅也事治也嬈煩也營慧求索名利者也故曰有求於外離宅離精神之宅也是故○凍者假兼衣于春而暍者望冷風于秋夫有病於內者必有色於外矣夫梣木色青翳梣木苦歷木名也生於山剝取其皮以水浸之正青用洗眼瘉人目中膚翳故曰色青翳青色象也而蠃瘉蝸睆蠃蠡薄蠃蝸睆目疾也此皆治目之藥也人無故求此物者必有蔽其明者聖人之所以駭天下者眞人未嘗過焉駭動也賢人之所以矯世俗者聖人未嘗觀焉矯拂也○夫牛蹏之涔無尺之鯉涔潦水也涔讀延祜曷問急氣閉口言也塊阜之山無文之材小山也在陳留所以然者何也皆其營宇狹小而不能容

巨大也。又況乎以無裏之者邪 无裏无形 此其爲山淵之勢亦遠矣 此无有議長大 夫人之拘於世也，必形繫而神泄，故不免於虛 形繫者身形疾而精神越他不免其守故曰不免於虛疾 使我可係羈者，必其有命在於外也。至德之世，甘瞑于溷澖之域 溷讀閑放之閑言無垠虛之貌 而徙倚于汗漫之宇 徙倚猶汗漫无生形形生元氣之本神也故盧敖見若士者言曰吾与汗漫期於九垓之上是也宇居也 提挈天地而委萬物，以鴻濛爲景柱，而浮揚乎無畛崖之際 一手曰提挈擧也委棄也言不以身役物鴻濛東方之野日之所出故以爲景柱浮揚猶遨翔也無畛崖畔界因以爲名也 是故聖人呼吸陰陽之氣，而羣生莫不顒顒然仰其德以和順。當此之時，莫之領理決離，隱密而自成，渾渾蒼蒼，純樸未散 渾渾蒼蒼混沌大皃故曰純樸未散也 旁薄爲一，而萬物大優 優饒也 是故雖有羿之知而無所用之 是說上古之時也但甘臥治化自行故曰雖有羿之知其無所用之是堯時羿也謂能射十日繳大風殺窫窳斬九嬰射河伯之知巧也非有窮后羿也 及世之衰也，至伏羲氏其道昧昧芒芒然吟德懷和（伏羲氏以木德王天下号曰太皞昧昧純厚也芒芒廣大貌也吟詠其德含懷其和氣未大宣布也）被施頗烈（被讀光被四表之被也被其德澤頗烈施於民也）而知乃始昧昧晽晽皆欲離其童蒙之心（昧昧欲明而未也晽晽晽所知之貌也離去也）而覺視於天地之閒是故其德煩而不能一（煩多也一齊也）乃至神農黃帝剖判大宗竅領天地襲九竅重九㸃（竅通也領理也襲因也竅法也㸃形也言因九天九地之形法以通理也）提挈陰陽嫥捖剛柔枝解葉貫萬物百族（嫥捖和調也族類也）使各有經紀條貫（貫位也）於此萬民睢睢盱盱然莫不竦身而載聽視（睢睢盱盱聽視之貌也）是故治而不能和（和協也）下棲遟至于昆吾夏后之世（昆吾夏伯桀世也）嗜欲連於物聰明誘於外而性命失其得（性命之本）施及周室之衰澆淳散樸（施讀難易之易也）雜道以僞儉德以行（雜糅）而巧故萌生（巧言為詐）周室衰而王道廢儒墨乃始列道而議分徒而訟（儒孔子道也墨墨翟術也徒黨也訟

爭是非也於是博學以疑聖華誣以脅衆博學揚墨之道以疑孔子之術設虛華之言以
誣聖人劫脅徒衆也弦歌鼓舞緣飾詩書以買名譽於天下爲以求之繁登
降之禮飾紱冕之服聚衆不足以極其變積財不足以贍
其費於是萬民乃始慲觟離跂慲讀簫簫无逢際之慲觟徯徑之徯也各欲行
其知僞以求鑿枘於世而錯擇名利錯施也擇取也求索也言施其巧僞索榮顯之
名利也故下句言曼行於淫荒之陂也是故百姓曼衍於淫荒之陂而失其大
宗之本陂或作野夫世之所以喪性命有衰漸以然所由來者
久矣是故聖人之學也欲以反性於初而游心於虛也
人受天地之中以生孟子曰性無不善而情欲害之故聖人能返其性於初也游心於虛言無欲也達人之學也
欲以通性於遼廓而覺於寂漠也若夫俗世之學也則
不然擢德攓性內愁五藏外勞耳目擢取也攓縮也皆不揗其理故愁其思慮
也耳妄聽目妄視淫故勞也乃始招蟯振繾物之豪芒搖消掉捎仁

義禮樂暴行越智於天下以招號名聲於世（搖消椊桔仁義禮樂未之能行也越揚也暴卒也越揚其詐譎之智以取聲名也）此我所羞而不為也是故與其有天下也不若有說也（說樂也不若有又說樂之也）與其有說也不若尚羊物之終也始而條達有無之際是故舉世而譽之不加勸舉世而非之不加沮定于死生之境而通于榮辱之理雖有炎火洪水彌靡於天下神無虧缺於胷臆之中矣若然者視天下之閒猶飛羽浮芥也（芥中也）孰肯分分然以物為事也（分猶意念之貌）水之性眞清而土汨之人性安靜而嗜欲亂之。夫人之所受於天者耳目之於聲色也口鼻之於芳臭也肌膚之於寒燠其情一也或通於神明或不免於癡狂者何也其所為制者異也是故神者智之淵也淵清則智明矣智者心之府也智公則心平矣人莫鑑

於流沫而鑒於止水者以其靜也（沫雨潦上沫起覆甌也言其濁擾不見人形也）莫
窺形於生鐵而窺於明鏡者以覩其易也（易讀河間易縣之易）夫唯
易且靜形物之性也（形見）由此觀之用也必假之於弗用也
是故虛室生白吉祥止也（虛心也室身也白道也能虛其心以生於道道性无欲吉祥來止舍
也）夫鑑明者塵垢弗能薶（薶污也薶讀倭語之倭也）神清者嗜欲弗能
乱（神清者精神內守也情之嗜欲不能干乱）精神以越於外而事復返之（越散也事治也）
是失之於本而求之於末也外內无符而欲與物接弊其
玄光而求知之于耳目（玄光內明也一曰玄天也）是釋其炤炤而道其冥
冥也是之謂失道心有所至而神喟然在之反之於虛則
消鑠滅息此聖人之游也（反之於虛則情欲之性消鑠滅息故曰聖人之游游行也）故古
之治天下也必達乎性命之情其舉錯未必同也其合於
道一也夫夏日之不被裘者非愛之也煖有餘於身也冬、

日之不用翣者非簡之也淸有餘於適也翣扇也翣讀鵝鶩食唼喋之唼簡賤也夫聖人量腹而食度形而衣節於己而已貪污之心奚由生哉故能有天下者必無以天下爲也能有名譽者必無以趨行求者也以用也聖人有所于達達則嗜慾之心外矣外弃也孔墨之弟子皆以仁義之術敎道於世然而不免於儡身猶不能行也又況所敎乎儡身身不見用儡儡然也儡讀雷同之雷是何則其道外也夫以末求返于本許由不能行也又況齊民乎齊民凡民齊於民也誠達于性命之情而仁義固附矣趨捨何足以滑心若夫神無所掩心無所載通洞條達恬漠無事無所凝滯虛寂以待勢利不能誘也誘惑也進也辯者不能說說釋也聲色不能淫也美者不能濫也濫覦也或作監不能使之過濫知者不能動也勇者不能恐也此眞人之道也若然者陶冶萬物與造

化者爲人（爲治也）天地之間宇宙之内莫能夭遏（閒上下之閒也内四方之内也）夫化生者不死而化物者不化（化生者天也化物者德也）神經於驪山太行而不能難（驪山今在京兆新豐縣南也太行今在河内野王縣北也）入於四海九江而不能濡（四海四方之海也九江江分爲九也）處小隘而不塞橫扃天地之間而不窕（扃猶閉也）不通此者雖目數千羊之群耳分八風之調（目視耳聽也八風八卦之風調和也）足蹀陽阿之舞而手會綠水之趨（陽阿古之名倡也綠水舞曲也一曰綠水古詩也趨投節也）智終天地明照日月辯解連環澤潤玉石猶無益於治天下也（澤潤澤也）靜漠恬澹所以養性也和愉虛無所以養德也外不滑内則性得其宜性不動和則德安其位養生以經世抱德以終年可謂能體道矣若然者血脈無鬱滯五藏無蔚氣（蔚病也）禍福弗能撓滑非譽弗能塵垢故能致其極（極至）非有其世孰能濟焉有其人

不遇其時身猶不能脫又況無道乎道不得行且人之情耳目應感動心志知憂樂手足之攢疾蛘辟寒暑所以與物接也蜂蠆螫指而神不能憺螫讀解釋之釋憺定也蚉䖟噆膚而知不能平噆螫猶穿夫憂患之來攖人心也攖迫也非直蜂蠆之螫毒而蚉䖟之慘怛也而欲靜漠虛无柰之何哉夫目察秋毫之末耳不聞雷霆之音耳調玉石之聲目不見太山之高何則小有所志而大有所志也今萬物之來擢拔吾性攓取吾情有若泉源雖欲勿稟其可得耶稟猶動用也今夫樹木者灌以瀿水疇以肥壤疇雍瀿或作嘹一人養之十人拔之則必無餘棒棒蘖有況與一國同伐之哉雖欲久生豈可得乎今盆水在庭清之終日未能見眉睫濁之不過一撓而不能察方員察見人神易濁而難清猶盆水之類也況一世而

撓滑之㕯得須臾平乎古者至德之世賈便其肆農樂其業大夫安其職職事而處士脩其道道先生之道也當此之時風雨不毁折草木不夭九鼎重味珠玉潤澤九鼎九州貢金所鑄也一曰象九德故曰九鼎也重也潤澤有光也學洛出丹書河出綠圖故許由方回善卷披衣得達其道許由陽城人也堯所聘而不利也方回善卷披衣皆堯時隱士姓名不可得知其人方直回旋因曰方回見其善卷披衣而行因曰披衣得達樂其所脩先生之道也何則世之主有欲利天下之心是以人得自樂其閒自樂其道於天地之閒也或作文德自樂其閒先王之道也四子之才非能盡善蓋今之世也然莫能與之同光者遇唐虞之時光譽逮至夏桀殷紂燔生人辜諫者爲炮烙鑄金柱鑄金柱然火其下以人置其上人墮陊火中而對之笑也剖賢人之心析才士之脛賢人比干也析解也剖解有才士脚觀其有奇異脛脚也醢鬼侯之女葅梅伯之骸鬼侯梅伯紂時諸侯梅伯說鬼侯之女美好令紂妻之女至紂以爲不好故醢鬼侯之女葅梅伯之骸也一曰紂爲无道梅伯數諫故葅其骸也當此之時

嶢山崩三川涸嶢山蓋在南陽三川涇渭汧也涸竭也傳曰山崩川竭亡國徵也飛鳥鎩翼走獸擠脚言紂田獵禽荒无休止時故飛鳥折翼走獸蹶脚无不被害也當此之間豈獨無聖人哉然而不能通其道者不遇其世言聖人不能通其道行其化者不遭世也天鳥飛千仞之上獸走叢薄之中禍猶及之又況編戶齊民乎聚木曰叢深草曰薄猶及之田獵不時也由此觀之體道者不專在於我亦有繫於世者矣夫歷陽之都一夕反而爲湖勇力聖知与罷怯不肖者同命歷陽淮南国之縣名今屬江都昔有老嫗常行仁義有二諸生過之謂曰此国當没爲湖謂嫗視東城門閫有血便走上北山勿顧也自此嫗便往視門閫閽者問之嫗對曰如是其暮門吏故殺雞血塗門閫明旦老嫗早往視門見血便上北山国没爲湖与門吏言其事適一宿耳一夕旦而爲湖也勇怯同命无遺脱也巫山之上順風縱火膏夏紫芝與蕭艾俱死巫山在南郡膏夏大木也其理密白如膏故曰膏夏紫芝皆諭賢智也蕭艾賤草皆諭不肖故河魚不得明目穉稼不得育時其所生者然也河水濁故不得明目穉稼爲霜所彫故不得待其自孰時故曰其所生然也故世治則愚者

不得獨亂世亂則智者不能獨治身蹈于濁世之中而責道之不行也是猶兩絆騏驥而求其致千里也(兩者雙文也)置猨檻中則與豚同非不巧捷也無所肆其能也(肆極)舜之耕陶也不能利其里(所居之里)南面王則德施乎四海(四海天下)仁非能益也處便而勢利也古之聖人其和愉寧靜性也其志得道行命也(命天命也)是故性遭命而後能行命得性而後能明(得其本清靜之性故能明)烏號之弓谿子之弩不能無弦而射(烏號柘桑也谿子為弩所出国名也或曰谿蠻夷也以柘桑為弩因曰谿子之弩也一曰谿子陽鄭国善為弩匠因以為名也)越舲蜀艇不能無水而浮(舲小船也蜀艇一版之舟若今豫章是也雖越人所便習若无其水不能獨浮也)今矰繳機而在上罜罟張而在下雖欲翱翔其勢焉得(矰弋射身短矢也機發也翱翔鳥之高飛翼上下曰翱直刺不動曰翔也)故詩云采采卷耳不盈傾筐嗟我懷人寘彼周行以言慕遠世也(詩周南卷耳篇也言采采易得之菜

不滿易盈之器以言君子爲国執心不精不能以成其道采易得之栗不能盈易滿之器也嗟我懷人寘彼周行言我思古君子官賢人置之列位也誠古之賢人各得其行列故曰慕遠也

淮南鴻烈解卷第二

淮南鴻烈解卷第三

太尉祭酒臣許　愼　記上

天文訓文者象也天先垂文象日月五星及彗孛皆謂以譴告一人故曰天文因以題篇

天墬未形馮馮翼翼洞洞灟灟故曰大昭馮翼洞灟无形之貌洞讀挺桐之桐灟讀以鐵頭斫地之鐲也道始于虛霩虛霩生宇宙宇宙生氣氣有漢垠宇四方上下也宙往古來今也將成天地之貌也漢垠重安之貌也淸陽者薄靡而爲天薄靡者若埃飛揚之貌重濁者滯凝而爲地淸妙之合專博一作日易重濁之凝竭難故天先成而地後定天地之襲精爲陰陽襲合也精氣也陰陽之專精爲四時四時之散精爲萬物積陽之熱氣氣生火火氣之精者爲日積陰之寒氣者爲水水氣之精者爲月日月之淫爲精者爲星辰天受日月星辰地受水潦塵埃昔者共工與顓頊爭爲帝怒而觸不周之山共工官名伯於虙羲神農之閒其後

子孫任智刑以強故与顓頊黃帝之孫爭位不周山在西北也天柱折地維絕天傾西北故
日月星辰移焉傾高也原道言地陳南傾傾下也此先言傾西北明其高也地不滿東南
故水潦塵埃歸焉天道曰員地道曰方方者主幽員者主
明明者吐氣者也是故火曰外景幽者含氣者也是故水
曰內景吐氣者施含氣者化是故陽施陰化天之偏氣怒
者為風天地之含氣和者為雨陰陽相薄感而為雷薄迫也感
激而為霆亂而為霧陽氣勝則散而為雨露散霧激也陰氣
勝則凝而為霜雪毛羽者飛行之類也故屬於陽介鱗者
蟄伏之類也故屬於陰日者陽之主也是故春夏則群獸
除除冬毛鐵墮也日至而麋鹿解日冬至麋角解日夏至鹿角解月者陰之宗也
是以月虛而魚腦減月死而蠃蛖膲宗本也減少也膲肉不滿言應陰氣也膲
讀若物醮少之醮也火上蕁水下流故鳥飛而高魚動而下物類相本

動本標相應（蕁讀葛覃之覃 標讀刀末之末）故陽燧見日則燃而爲火（陽燧金也取金杯无緣者熟摩令熱日中時以當日下以艾承之則燃得火也）方諸見月則津而爲水（方諸陰燧大蛤也熟磨拭令熱月盛時以向月下則水生以銅盤受之下水數滴先師說然也）虎嘯而谷風至龍舉而景雲屬（虎土物也谷風木風也水生於土故虎嘯而谷風至龍水也雲生水故舉而景雲屬會也）麒麟鬬而日月食鯨魚死而彗星出蠶珥絲而商弦絕（蠶老絲成）（自中徹外然視之如今精珥表裏見故曰珥絲一曰弄絲於口商音清弦細而急故先絕也）賁星墜而勃海決（賁星客星也又作孛星墜隕也勃大也決溢也）人主之情上通于天故誅暴則多飄風（暴虐也飄風迅風也）枉法令則多蟲螟（食心曰螟穀之災也）殺不辜則国赤地（赤地旱也）令不收則多淫雨（干時之令不收納則久雨爲災）四時者天之吏也日月者天之使也星辰者天之期也（期會也）虹（工）蜺彗星者天之忌也（雄爲虹雌爲蜺也虹者雜色也忌禁也）天有九野九千九百九十九隅去地五億萬里（九野九天之野也一野千一百一十一隅也）五星八風二十八宿（五星

歲星熒惑鎮星太白辰星也八風八卦之風也二十八宿東方角亢氐房心星箕北方斗牛女虚危室壁西方奎婁胃昴畢觜參南方井鬼柳星張翼軫也五官六府五官五行之官六府如以穀紫宮太微軒轅咸池
四守天阿皆星名下自解何謂九野中央曰鈞天其星角亢氐韓鄭
之分野也東方曰蒼天其星房心尾東北曰變天陽氣始作萬物萌牙故曰
變天其星箕斗牽牛尾箕一名析木燕之分野斗吴之分野牽牛一名星紀越分野北方曰玄
天其星須女虚危營室虚危一曰玄枵齊之分野西北方曰幽天幽陰也西
方季秋將即於陰故曰幽天也其星東壁奎婁營室東壁一名承委衛之分野奎婁一名降婁魯之分野
西方曰昊天皓白也西方金色白故曰昊天或作旻其星胃昴畢昴畢一名大梁趙之分野
西南方曰朱天朱陽也西南為少陽故曰朱天其星觜巂參東井觜巂參一名實
沈晉之分野南方曰炎天其星輿鬼柳七星柳七星張周之分野一名鶉火東南
方曰陽天東南純乾用事故曰陽天其星張翼軫翼軫一名鶉尾楚之分野何謂五
星東方木也其帝太皞太皞伏羲氏有天下号也死託祀於東方之帝也其佐句芒

執規而治春其神爲歲星其獸蒼龍其音角其日甲乙木色蒼蒼龍順其色也角木也甲乙皆木也南方火也其帝炎帝炎帝少典之子也以火德王天下号曰神農死託祀於南方之帝其佐朱明舊說云祝融執衡而治夏其神爲熒惑其獸朱鳥熒惑五星之一朱鳥朱雀也其音徵其日丙丁徵火也丙丁皆火也中央土也其帝黃帝黃帝少典之子也以土德王天下号曰軒轅氏死託於中央之帝其佐后土執繩而制四方其神爲鎮星其獸黃龍土色黃也其音宮其日戊己宮土戊己土也西方金也其帝少昊少昊黃帝之子青陽也以金德王号曰金天氏死託祀於西方之帝其佐蓐收執矩而治秋其神爲太白其獸白虎其音商其日庚辛商金也庚辛皆金也北方水也其帝顓頊顓頊黃帝之孫以水德王天下号曰高陽氏死託祀北方之帝也其佐玄冥執權而治冬其神爲辰星其獸玄武其音羽其日壬癸羽水也壬癸皆水也太陰在四仲則歲星行三宿仲中也四中謂太陰在卯酉子午四面之中也太陰在四鉤則歲星行二宿丑鉤辰申

鉤（巳寅鉤亥未鉤戌謂太陰在四角）二八十六三四十二故十二歲而行二十八宿日月行十二分度之一歲行三十度十六分度之七十二歲而周（周編）熒惑常以十月入太微受制而出行列宿司无道之國為亂為賊為疾為喪為饑為兵出入無常辯變其色時見時匿（此皆所以譴告人君）鎮星以甲寅元始建斗歲鎮行一宿當居而弗居其国士土未當居而居之其國益地歲熟日行二十八分度之一歲行十三度百一十二分度之五二十八歲而周（鎮星一編）太白元始以正月甲寅與熒惑晨出東方二百四十日而入入百二十日而夕出西方二百四十日而入入三十五日而復出東方出以辰戌入以丑未當出而不出未當入而入天下偃兵當入而不入當出而不出天下興兵辰星正四時常以二月春分效奎婁以五月夏至效

東井輿鬼以八月秋分効角亢以十一月冬至効斗牽牛(効見)出以辰戌入以丑未出二旬而入晨候之東方夕候之西方一時不出其時不和四時不出天下大飢(穀不熟為飢也)何謂八風距日冬至四十五日條風至(艮卦之風一名融為笙也)條風至四十五日明庶風至(震卦之風也為管也)明庶風至四十五日清明風至(巽卦之風也為柷也)清明風至四十五日景風至(離卦之風也為絃也)景風至四十五日涼風至(坤卦之風也為塤也)涼風至四十五日閶闔風至(兌卦之風也為鍾也)閶闔風至四十五日不周風至(乾卦之風也為磬也)不周風至四十五日廣莫風至(坎卦之風也為鼓也)條風至則出輕繫去稽留(立春故出輕繫)明庶風至則正封疆修田疇(春分播穀故正封疆治田疇也)清明風至則出幣帛使諸侯(立夏長養而恩惠故幣帛聘問諸侯也)景風至則爵有位賞有功(夏至陰氣在下陽盛於上象陽布施故賞有功封建侯也)涼風至則報地德祀四郊

立秋節農乃登穀常祭故報地德祀四方神也閶闔風至則收縣垂琴瑟必不張秋分殺氣國君愔愴故去鍾磬縣垂之樂也不周風至則脩宮室繕邊城立冬節主功其始故治宮室繕脩邊城備寇難也廣莫風至則閉關梁決刑罰象冬閉藏不通關梁也罰刑疑者於是順時而決之何謂五官東方爲田南方爲司馬西方為理北方爲司空中央爲都田主農司馬主兵理主獄司空主土都為四方最也何謂六府子午丑未寅申卯酉辰戌巳亥是也太微者太一之庭也太微星名也太一天神也紫宮者太一之居也軒轅者帝妃之舍也咸池者水魚之囿也咸池星名水魚天神天阿者群神之闕也闕猶門也四宮者所以爲司賞罰四宮紫宮軒轅咸池天阿太微者主朱鳥主猶典也紫宮執斗而左旋日行一度以周於天日冬至峻狼之山南極之山日移一度月行百八十二度八分度之五而夏至牛首之山牛首之北極山反覆三百六十五度四分度之一而成一歲天一元始正月建寅日月

俱入營室五度天一以始建七十六歲日月復以正月入營室五度無餘分名曰一紀凡二十紀一千五百二十歲大終日月星辰復始甲寅元日行一度而歲有奇四分度之一故曰歲而積千四百六十一日而復合故舍八十歲而復故曰子午卯酉爲二繩（繩直）丑寅辰巳未申戌亥爲四鉤東北爲報德之維也（報復也陰氣極於北方陽氣發於東方自陰復陽故曰報德之維四角爲維也）西南爲背陽之維（西南已過陽將復陽故曰背陽之維）東南爲常羊之維（常羊不進不退之貌也東南純陽用事不盛不衰常如此故曰常羊之維）西北爲蹏通之維（西北純陰陽氣閉結陽氣將萌蹏始通之故曰蹏通之維）日冬至則斗北中繩陰氣極陽氣萌故曰冬至爲德（德始生也）日夏至則斗南中繩陽氣極陰氣萌故曰夏至爲刑（刑始殺也）陰氣極則下至黃泉北至北極故不可以鑿地穿井万物閉藏蟄虫首穴故曰德在室陽氣極則南至南極上至朱天故不可以

夷丘上屋万物蕃息五穀兆長故曰德在野日冬至則水從之日夏至則火從之故五月火正而水漏火正火王也故水滲漏一說大星正中地漏溼也十一月水正而陰勝水正水王也故陰勝也一說營室正中於南方陽氣爲火陰氣爲水水勝故夏至溼火勝故冬至燥燥故炭輕溼故炭重日冬至井水盛盆水溢羊脫毛麋角解鵲始巢八尺之脩日中而景丈三尺日夏至而流黃澤石精出流黃土之精也陰氣作於下故流澤而出也石精五色之精也蟬始鳴半夏生半夏藥草蚉蝱不食駒犢鷙鳥不搏黃口五月微陰在下未成駒犢黃口肌血脆弱未成故蚉蝱鷙鳥應陰不食不搏也八尺之景脩徑尺五寸景脩則陰氣勝景短則陽氣勝陰氣勝則爲水陽氣勝則爲旱陰陽刑德有七舍何謂七舍室堂庭門巷術野十二月德居室三十日先日至十五日後日至十五日而徙所居各三十日德在室則

刑在野德在堂則刑在術德在庭則刑在巷陰陽相德則
刑德合門八月二月陰陽氣均日夜分平故曰刑德合門
德南則生刑南則殺故曰二月會而万物生八月會而草
木死兩維之閒九十一度也自東北至東南為兩維而四維三百六十五度一度者二千九百三
十二里十六分度之五而升日行一度十五日為一節以生二
十四時之變斗指子則冬至音比黃鍾黃鍾十一月也鍾者聚也陽氣聚於黃
泉之下也加十五日指癸則小寒音比應鍾應鍾十月也言陰應於陽轉成其功万物
應時聚藏故曰應鍾加十五日指丑則大寒音比無射无射九月也陰氣上升陽氣下
降万物隨陽而藏无有身出見也故曰无射加十五日指報德之維則越陰在地
故曰距日冬至四十六日而立春陽氣凍解音比南呂南呂
八月也南在也宮陽氣內藏陰侶於陽任成其功故曰南呂也加十五日指寅則雨水音比夷
則夷則七月也夷傷則法也言陽衰陰發万物凋傷應法成性故曰夷則也十五日指甲則雷驚

蟄音比林鍾林鍾六月也林衆鍾聚也陽極陰生万物衆聚而盛故曰林鍾加十五日指卯中繩故曰春分則雷行音比蕤賓蕤賓五月也陰氣委蕤在下以主人陽在上似賓客故曰蕤賓也加十五日指乙則清明風至音比仲呂仲呂四月也陽在外陰在中所以侶中於陽助成功也故曰仲呂也加十五日指辰則穀雨音比姑洗姑洗三月也姑故也洗新也陽氣養生去故就新故曰姑洗也加十五日指常羊之維則春分盡故曰有四十六日而立夏大風濟濟止音比夾鍾夾鍾二月也夾夾也万物去陰夾陽地而生故曰夾鍾也加十五日指巳則小滿小滿四月也音比太蔟太蔟正月律也蔟〻也言陰衰陽發万物蔟地而生故曰太蔟也加十五日指丙則芒種音比大呂大呂十二月律也呂侶也万物萌動於下未能達見故曰大呂所以配黃鍾助陽宣功也加十五日指午則陽氣極故曰有四十六日而夏至音比黃鍾加十五日指丁則小暑音比大呂加十五日指未則大暑音比大蔟加十五日指背陽之維則夏分尽故曰有四十六日而

立秋涼風至音比夾鍾加十五日指申則處暑音比姑洗加十五日指庚則白露降音比仲呂加十五日指酉中繩故曰秋分雷戒蟄蟲北鄉音比蕤賓加十五日指辛則寒露音比林鍾加十五日指戌則霜降音比夷則加十五日指蹏通之維則秋分盡故曰有四十六日而立冬草木畢死音比南呂加十五日指亥則小雪音比無射加十五日指壬則大雪音比應鍾加十五日指子故曰陽生於子陰生於午陽生於子故十一月日冬至鵲始加巢人氣鍾首陰生於午故五月爲小刑薺麥亭歷枯冬生草木必死斗杓爲小歲（斗第一星至第四爲魁第五至第七爲杓也）正月建寅月從左行十二辰咸池爲太歲二月建卯月從右行四仲終而復始太歲迎者辱背者強左者衰右者昌小歲東南則生西北則

殺不可迎也而可背也不可左也而可右也其此之謂也大時者咸池也小時者月建也天維建元常以寅始起右徙一歲而移十二歲而大周天終而復始淮南元年冬太一在丙子冬至甲午立春丙子淮南王作書之元年也一曰淮南王長孝文皇帝異母弟也僭號自稱東帝以徙嚴道死於雍其四子皆爲列侯時人歌之曰一尺繒好童童一升粟飽蓬蓬兄弟二人不能相容文帝聞之曰以我爲利其土邪皆召四侯而王之是則淮南王安即位之元年以紀時也二陰一陽成氣二二陽一陰成氣三陰粗觕故時氣少陽精微故得氣多一說上得二下得三合爲五故曰合氣而爲音音數五也合氣而爲音合陰而爲陽合陽而爲律故曰五音六律音自倍而爲日律自倍而爲辰故日十而辰十二月日行十三度七十六分度之二十六六或作八二十九日九百四十分日之四百九十九而爲月而以十二月爲歲歲有餘十日九百四十分日之八百二十七故十九歲而七閏日冬至子午

夏至卯酉冬〻至加三日則夏至之日也冬〻至後三日則明年夏至之日歲遷六日終而復始遷六日今年以子冬至後年以午冬至也壬午冬〻至甲子受制木用事火煙青木色青也東方七十二日丙子受制火用事火煙赤火色赤也南方七十二日戊子受制土用事火煙黃土中央其色黃七十二日庚子受制金用事火煙白西方金其色白七十二日壬子受制水用事火煙黑北方水其色黑七十二日而歲終庚子受制歲遷六日以數推之七十歲而復至甲子甲子受制則行柔惠挺群禁開闔扇通障塞毋伐木甲木也木王東方故施柔惠蟄伏之類出由戶故開闔扇通障塞春木王故毋伐木也丙子受制則舉賢良賞有功立封侯出貨財火用事象陽明識功勞故封建侯出貨財戊子受制則養老鰥寡行粰鬻施恩澤土用事象土長養故施恩澤也庚子受制則繕牆垣脩城郭審群禁飾兵甲儆百官誅不法金用事象金斷割故誅不如法度也壬子受制則閉門閭

大捜客（禁捜客出辭客）斷罰刑殺當罪息關梁禁外徙（水用事象冬閉固故禁外徙也）甲子氣燥濁丙子氣燥陽戊子氣溼濁庚子氣燥寒壬子氣清寒丙子干甲子蟄蟲早出（木氣溫故早出）故雷早行戊子干甲子胎夭卵毈鳥蟲多傷庚子干甲子有兵壬子干甲子春有霜戊子干丙子霆庚子干丙子夷（夷傷也夷或雹）壬子干丙子雹甲子干丙子地動庚子干戊子五穀有殃壬子干戊子夏寒雨霜甲子干戊子介蟲不為（不成為介蟲也）丙子干戊子大旱苽封熯（苽蔣草也生水土相連持大如薄者也名曰封旱燥故熯也）壬子干庚子大剛魚不爲（不成為魚）甲子干庚子草木再死再生丙子干庚子草木復榮（今八月九月時李柰復榮生實是也）戊子干庚子歲或存或亡甲子干壬子冬乃不藏（不藏地氣發也）丙子干壬子星墜（墜隕）戊子干壬子蟄蟲冬出其鄉庚子干壬子冬雷其鄉季春三月

豐隆乃出以將其雨（豐隆雷也）至秋三月（季秋之月）地氣不藏乃收其殺百蟲蟄伏靜居閉戶（殺氣）青女乃出以降霜雪（青女天神青媄玉女主霜雪也）行十二時之氣以至于仲春二月之夕乃收其藏而閉其寒（收其所藏而閉之）女夷鼓歌以司天和以長百穀禽鳥草木（女夷主春夏長養之神也）孟夏之月以熟穀禾雄鳩長鳴爲帝候歲（雄鳩蓋布穀也）是故天不發其陰則万物不生地不發其陽則万物不成天負地方道在中央日爲德月爲刑月歸而万物死日至而万物生遠山則山氣藏遠水則水蟲蟄遠木則木葉槁日五日不見失其位也聖人不與也（与猶說也）日出于暘谷浴于咸池拂于扶桑是謂晨明（拂猶過也一曰至）登于扶桑爰始將行是謂朏明（朏明將明也朏讀若朏諾皐之朏也）至于曲阿是謂旦明（平旦）至于曾泉是謂蚤食至于桑野是謂晏食至于衡陽是謂

隅中。至于昆吾，是謂正中。[昆吾丘在南方] 至于鳥次，是謂小還。[鳥次西南之山名也鳥所宿止] 至于悲谷，是謂餔時。[悲谷西南方之大壑言其深峻臨其上令人悲思故曰悲谷也] 至于女紀，是謂大還。[女紀西北陰地] 至于淵虞，是謂高春。[淵陽地名高春時加成民碓春時也] 至于連石，是謂下春。[連石西北山名也言將欲冥下象息春故曰下春連讀腐爛之爛也] 至于悲泉，爰止其女，爰息其馬，是謂縣車。至于虞淵，是謂黃昏。至于蒙谷，是謂定昏。[蒙谷北方之山名也盧敖所見若士之所也] 日入于虞淵之汜，曙於蒙谷之浦。[曙明浦涯] 行九州七舍，有五億万七千三百九里。[自陽谷至虞淵凡十六所為九州七舍也] 禹以為朝晝昏夜。夏日至則陰乘陽，是以万物就而死；冬日至則陽乘陰，是以万物仰而生。晝者陽之分，夜者陰之分，是以陽氣勝則日脩而夜短，陰氣勝則日短而夜脩。帝張四維，運之以斗，[運施也] 月徙一辰，復反其所。正月指寅，十二月指子，一歲而帀，終〻

而復始指寅、則萬物螾、螾、動生貌律受太蔟、太蔟者蔟而未出

也指卯卯則茂茂然、律受夾鍾夾鍾者種始莢、也指辰辰

則振之也律受姑洗姑洗者陳去而新來也指巳巳則生

已定也律受仲呂仲呂者中充大也指午午者忤也律受

蕤賓蕤賓者安而服之指未未昧也律受林鍾林鍾者引

而止也指申申者呻之也律受夷則夷則者易其則也德以、

去矣指酉酉者飽也律受南呂南呂者任包大也指戌戌

者滅也律受无射无射入无猒也指亥亥者閡也律受應

鍾應鍾者應其鍾也指子子者茲也律受黃鍾黃、鍾者鍾

已黃、也指丑丑者紐也律受大呂大呂者旅旅而去也其

加卯酉則陰陽分日夜平矣故曰規生矩殺衡長權藏繩

居中央爲四時根道曰規始於一一而不生故分而爲陰

陽陰陽合和而萬物生故曰一生二二生三三生萬物天地三月而爲一時故祭祀三飯以爲礼喪紀三踊以爲節兵重三罕以爲制以三參物三三如九故黃鍾之律九寸而宮音調調和也因而九之九九八十一故黃鍾之數立焉黃者土德之色鍾者氣之所種也日冬至德氣爲土土色黃故曰黃鍾律之數六分爲雌雄故曰十二鍾以副十二月十二各以三成故置一而十一三之爲積分七十萬七千一百四十七黃鍾大數立焉凡十二律黃鍾爲宮太蔟爲商姑洗爲角林鍾爲徵南呂爲羽物以三成音以五立三與五如八故卵生者八竅律之初生也寫鳳之音故音以八生黃鍾爲宮宮者音之君也故黃鍾位子其數八十一主十一月下生林鍾林鍾之數五十四主六月上生太

蔟太蔟之數七十二主正月下生南吕南吕之數四十八主八月上生姑洗姑洗之數六十四主三月下生應鍾應鍾之數四十二主十月上生蕤賓蕤賓之數五十七主五月上生大吕大吕之數七十六主十二月下生夷則夷則之數五十一主七月上生夾鍾夾鍾之數六十八主二月下生无射无射之數四十五主九月上生仲吕仲吕之數六十主四月極不生徵生宫宫生商商生羽羽生角角生姑洗姑洗生應鍾比於正音故爲和應鍾十月也与正音比故爲和和从声也一曰和也應鍾生蕤賓不比正音故爲繆日冬至音比林鍾浸以濁日夏至音比黄鍾浸以清以十二律應二十四時之變甲子仲吕之徵也丙子夾鍾之羽也戊子黄鍾之宫也庚子无射之商也壬子夷則之角也古之爲度量輕重生乎

天道黃鍾之律脩九寸物以三生三九二十七故幅廣二尺七寸古者幅比皆然也音以八相生故人脩八尺尋自倍故八尺而爲尋有形則有聲音之數五以五乘八五八四十故四丈而爲匹匹者中人之度也一匹而爲制秋分蔈定蔈定而禾熟蔈禾穗粟孚甲之芒也定者成也故禾熟讀如詩有貓有虎之貓古文作秋也律之數十二故十二蔈而當一粟十二粟而當一寸律以當辰音以當日日之數十十從甲至癸也故十寸而爲尺十尺而爲丈其以爲量十二粟而當一分分言其輕重分銖也十二分而當一銖十二銖而當半兩衡有左右因倍之故二十四銖爲一兩天有四時以成一歲因而四之四四十六故十六兩而爲一斤三月而爲一時三十日爲一月故三十斤爲一鈞四時而爲一歲故四鈞爲一石其以爲音也一律而生五音十二律而爲

六十音因而六之六六三十六故三百六十音以當一歲之日故律歷之數天地之道也下生者倍以三除之上生者四以三除之（鍾律上下相生誘不敏也）

太陰元始建于甲寅一終而建甲戌二終而建甲午三終而復得甲寅之元歲徙一辰立春之後得其辰而迁其所順前三後五百事可舉（前後太陰之前後也）太陰所建蟄蟲首穴而処鵲巢鄉而為戶太陰在寅朱鳥在卯勾陳在子玄武在戌白虎在酉蒼龍在辰寅為建卯為除辰為滿巳為平主生午為定未為執主陷申為破主衡酉為危主杓戌為成主少德亥為收主大德子為開主太歲丑為閉主太陰在寅歲名曰攝提格其雄為歲星舍斗牽牛以十一月与之晨出東方東井輿鬼為對太陰在卯歲名曰單閼（單讀明揚之明）

歲星舍須女虛危以十二月与之晨出東方柳七星張爲對太陰在辰歲名曰執除歲星舍營室東壁以正月与之晨出東方翼軫爲對太陰在巳歲名曰大荒落歲星舍奎婁以二月与之晨出東方角亢爲對太陰在午歲名曰敦牂歲星舍胃昴畢以三月与之晨出東方氐房心爲對太陰在未歲名曰協洽歲星舍觜巂參以四月与之晨出東方尾箕爲對太陰在申歲名曰涒灘歲星舍東井輿鬼以五月與之晨出東方斗牽牛爲對太陰在酉歲名曰作鄂作讀也歲星舍柳七星張以六月與之晨出東方須女虛危爲對太陰在戌歲名曰閹茂歲星舍翼軫以七月与之晨出東方營室東壁爲對太陰在亥歲名曰大淵獻歲星舍角亢以八月与之晨出東方奎婁爲對太陰在子歲名困

敦囷讀羣歲星舍氐房心以九月與之晨出東方胃昴畢爲
對太陰在丑歲名曰赤奮若歲星舍尾箕以十月與之晨
出東方觜嶲參爲對太陰在甲子刑德合東方宮常徙所
不勝合四歲而離離十六歲而復合所以離者刑不得入
中宮而徙於木太陰所居曰德辰爲刑德綱曰自倍因柔
曰徙所不勝刑水辰之木木辰之水金火立其處凡徙諸
神朱鳥在太陰前一鉤陳在後三玄武在前五白虎在後
六虛星乘鉤陳而天地襲矣襲和也凡日甲剛乙柔丙剛丁
柔以至於癸木生於亥壯於卯死於未三辰皆木也火生
於寅壯於午死於戌三辰皆火也土生於午壯於戌死於
寅三辰皆土也金生於巳壯於酉死於丑三辰皆金也水
生於申壯於子死於辰三辰皆水也故五勝生一壯五終

九五九四十五故神四十五日而一徙以三應五故八徙而歲終凡用太陰左前刑右背德擊鉤陳之衝辰以戰必勝以攻必剋欲知天道以日爲主六月當心左周而行分而爲十二月與日相當天地重襲後必無殃星正月建營室二月建奎婁三月建胃（室宜言日明堂月令孟春之月日在營室仲春之月在奎婁季春之月在胃此言星正月建營室字之誤也）四月建畢五月建東井六月建張七月建翼八月建亢九月建房十月建尾十一月建牽牛十二月建虛

星分度角十二亢九氐十五房五心五尾十八箕十一四分一斗二十六牽牛八須女十二虛十危十七營室十六東壁九奎十六婁十二胃十四卯十一畢十六觜巂二參九東井三十輿鬼四柳十五七星張翼各十八軫十七凡

二十八宿也
星部地名角亢鄭氐房心宋尾箕燕斗牽牛越須女吳
虛危齊營室東壁衛奎婁魯胃昴畢魏觜巂參趙東
井輿鬼秦柳七星張周翼軫楚歲星之所居五穀豐昌
其對爲衝歲乃有殃當居而不居越而之他處主死国
亡大陰治春則欲行柔惠温涼（水德仁也故柔凉也）太陰治夏則欲
布施宣明（火德陽也故布施徧明也）太陰治秋則欲脩備繕兵（金德斷割故脩
兵也）太陰治冬則欲猛毅剛彊（純陰閉固水澤冰凍故剛彊也）三歲而改節
六歲而易常故三歲而一饑六歲而一衰十二歲一康（康盛
也）甲齊乙東夷丙楚丁南夷戊魏己韓庚秦辛西夷壬
衛癸越子周丑翟寅楚卯鄭辰晉巳衛午秦未宋申齊
酉魯戌趙亥燕甲乙寅卯木也丙丁巳午火也戊己四季

土也庚辛申酉金也壬癸亥子水也水生木木生火火生土土生金金生水子生母曰義母生子曰保子母相得曰專母勝子曰制子勝母曰困以勝擊殺勝而无報以專從事而有功以義行理名立而不墮以保畜養万物蕃昌以困舉事破滅死亡北斗之神有雌雄十一月始建於子月從一辰雄左行雌右行五月合午謀刑十一月合子謀德太陰所居辰爲猒曰猒日不可以舉百事堪輿徐行雄以音知雌故爲奇辰數從甲子始子母相求所合之處爲合十日十二辰周六十日凡八合合於歲前則死亡合於歲後則无殃甲戌燕也乙酉齊也丙午越也丁巳楚也庚申秦也辛卯戎也壬子代也癸亥胡也戊戌己亥韓也己酉己卯魏也戊午戊子八合天

下也太陰小歲星日辰五神皆合其日有雲氣風雨国君
當之天神之貴者莫貴於青龍或曰天一或曰太陰太陰
所居不可背而可鄉北斗所擊不可与敵天地以設分而
爲陰陽陽生於陰陰生於陽陰陽相錯四維乃通或死或
万物乃成蚑行喙息莫貴於人孔竅肢躰皆通於天天地
九重人亦有九竅天有四時以制十二月人亦有四肢以
使十二節天有十二月以制三百六十日人亦有十二肢
以使三百六十節故奉事而不順天者逆其生者也以日
冬至數來歲正月朔日五十日者民食足不滿五十日日
減一十有餘日日益一升有其歲司也

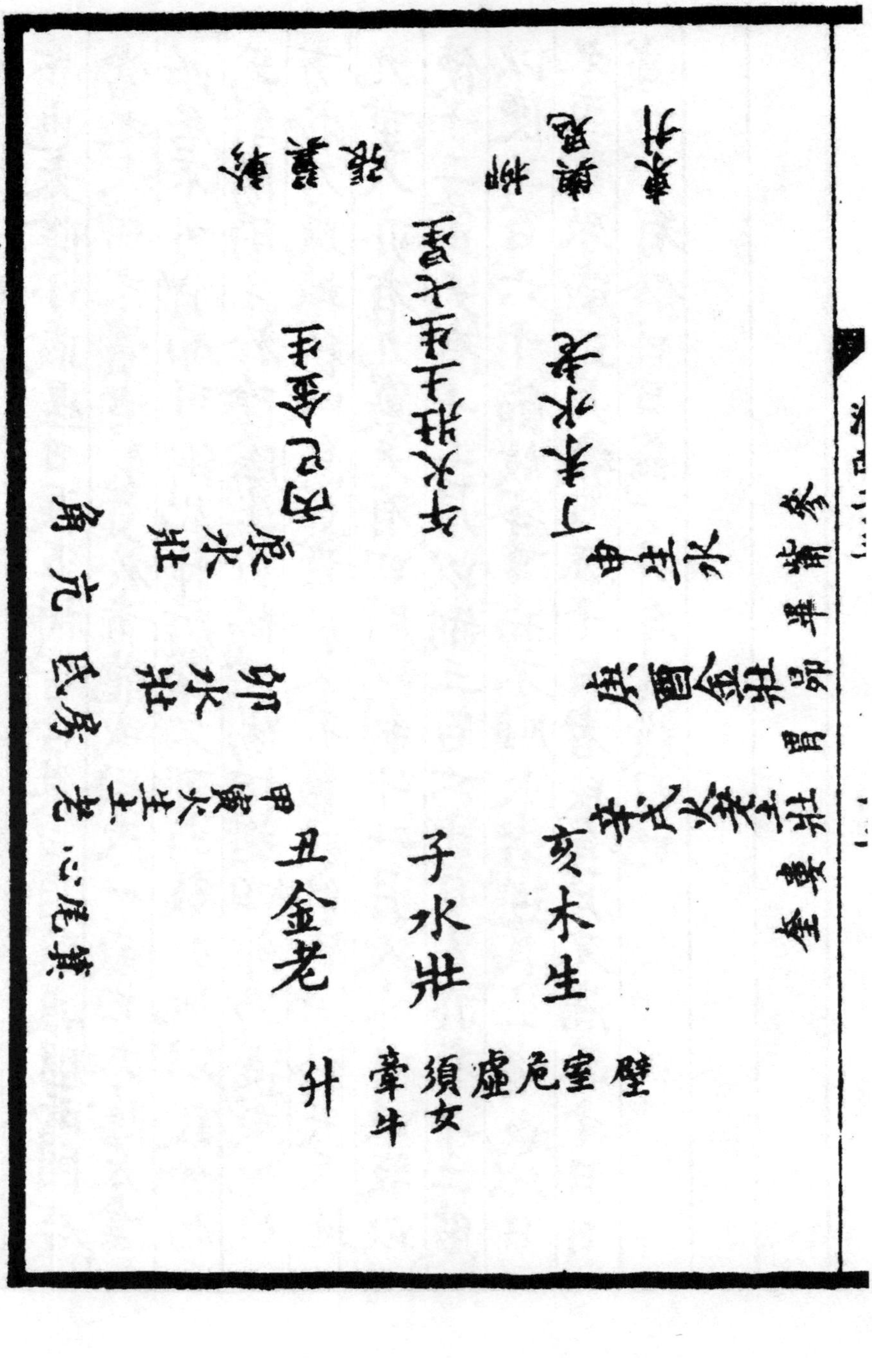
壁
室危
虛
須女
牽牛
升
亥木生
子水旺
丑金老
卯水壯
辰水壯

攝提格之歲（格起言萬物承陽而起也）歲早水晚旱稻疾蠶不登（登成也）菽麥昌民食四升寅在甲曰閼逢（言萬物鋒芒欲出擁遏未通故曰閼逢也）

單閼之歲（單盡閼止也言陽氣推萬物而起陰氣盡止也）歲和稻菽麥蠶昌民食五升卯在乙曰旃蒙（在乙言萬物遏蒙甲而出故曰旃蒙也）

執徐之歲（執蟄徐舒也言伏蟄之物皆散舒而出也）歲早旱晚水小饑蠶閉麥熟民食三升辰在丙曰柔兆（在丙萬物皆生枝布葉故曰柔兆也）

大荒落之歲（荒大也方萬物熾盛而大出霍然落落大布散）歲有小兵蠶小登麥昌菽疾民食二升巳在丁曰強圉（在丁言萬物剛盛故曰強圉也）

敦牂之歲（言萬物皆盛壯也敦牂敦盛牂壯也）歲大旱蠶登稻疾菽麥昌禾不為民食二升午在戊曰著雝（在戊言位在中央萬物繁養四方故曰著雝也）

協洽之歲（協和洽合也言陰欲化萬物和合）歲有小兵蠶登稻昌菽麥不為民食三升未在己曰屠維（在己言萬物各成其性故曰屠維屠別維離也）

涒灘之歲涒大灘脩也言萬物皆脩其精氣也歲和小雨行蠶登菽麥昌民食三升申在庚曰上章在庚言陰氣上升万物畢生故曰上章也

作鄂之歲作鄂零落也万物皆陊落歲有大兵民疾蠶不登菽麥不爲禾蟲民食五升酉在辛曰重光在辛言萬物就成熟其煌煌故曰重光也

掩茂之歲掩蔽茂冒言万物皆蔽冒歲小飢有兵蠶不登麥不爲菽昌民食七升戌在壬曰玄黓在壬言歲終包任万物故曰玄黓也

大淵獻之歲淵藏獻迎也言万物終在亥大小深藏窟伏以迎陽歲有大兵大飢蠶開菽麥不爲禾蟲民食三升

困敦之歲困混敦沌也言陽氣皆混沌万物牙蘖也歲大霧起大水出蠶稻菽麥昌民食三斗子在癸曰昭陽在癸言陽氣始萌万物合生故曰昭陽

赤奮若之歲奮起也若順也言陽奮物而起之无不順其性也赤陽色歲有小兵早水蠶不出稻疾菽不爲麥昌民食一升

正朝（一作旦）夕先樹一表東方操一表卻去前表十步以參望
日始出北廉日直入又樹一表於東方因西方之表以參望
日方入北廉則定東方兩表之中與西方之表則東西之正
也日冬至日出東南維入西南維至春秋分日出東中入西
中夏至出東北維入西北維至則正南欲知東西南北廣
袤之數者立四表以爲方一里歫先春分若秋分十餘日從
歫北表參望日始出及旦以候相應相應則此與日直也
輒以南表參望之以入前表數爲法除舉廣除立表袤以
知從此東西之數也假使視日出入前表中一寸是寸得一
里也一里積萬八千寸得從此東萬八千里視日方入入前
表半寸則半寸得一里半寸而除一里積寸得三萬六千里
除則從此西里數也并之東西里數也則極徑也未春分而

直已秋分而不直此處南也未秋分而直已春分而不直此處北也分至而直此處南北中也從中處欲知中南也未秋分而不直此處南北中也從中處欲知南北極遠近從西南表參望日日夏至始出与北表參則是東與東北表等也正東萬八千里則從中北亦萬八千里也倍之南北之里數也其不從中之數也以出入前表之數益損之表入一寸寸減日近一里表出一寸寸益遠一里欲知天之高樹表高一丈正南北相去千里同日度其陰北表二尺南表尺九寸是南千里陰短寸南二萬里則無景是直日下也陰二尺而得高一丈者南一而高五也則置從此南至日下里數因而五之爲十萬里則天高也若使景與表等則高與遠等也

淮南鴻烈解卷第三

淮南鴻烈解卷第四

太尉祭酒臣許　慎　記上

墬形訓（紀東西南北山川藪澤地之所載萬物形兆所化育也故形因以題篇）

墬形之所載六合之閒四極之内（六合已說在原道四極四方之極无夏有外故謂之内也）昭之以日月經之以星辰紀之以四時要之以太歲（更正也以太歲所在正天時也）天地之閒九州八極（八極八方之極也）土有九山山有九塞澤有九藪風有八等水有六品何謂九州東南神州曰農土（東南辰爲農祥后稷之所經緯也故曰農土也）正南次州曰沃土（沃盛也五月建午稼穡盛張故曰沃土也）西南戎州曰滔土（滔大也七月建申五穀成大故曰滔土也）正西弇州曰并土（并猶成也八月建酉百穀成熟故曰并土也）正中冀州曰中土（冀大也四方之主故曰中土也）西北台州曰肥土正北濟州曰成土□東北薄州曰隱土（薄猶平也隱氣所隱藏故曰隱土也）正東陽州曰申土（申復也陰氣盡於北陽復氣起東北故曰申土）何

謂九山會稽泰山王屋首山太華岐山太行羊腸孟門會稽山在會稽郡泰山今在泰山郡是爲東岳王屋山在今河東垣縣東北所出也首山在蒲坂縣南河曲之中伯夷所隱太華今弘農陰山也是爲西岳岐山在扶風漢陽縣北周家所邑也太行在今上黨太行關直河內野王縣是也羊腸山名也說苑曰桀之居左河濟右太華伊闕在其南羊腸在其北今太原晉陽西北九十里通河西上郡關曰羊腸坂是孟門太行之限也何謂九塞曰大汾澠阨荊阮方城殽阪井陘令疵句注居庸太汾在晉澠阨今弘農澠池是也荊阮方城皆在楚殽阪弘農郡澠池殽欽吟是也井陘在常山通太原關是也令疵在遼西句注在鴈門陰館句注是也居庸在上谷阻陽之東通運都關是也何謂九藪藪澤曰越之具區具區在吳越之間也楚之雲夢雲夢在南郡華容也秦之陽紆陽紆蓋在馮翊池陽一名具圃晉之大陸大陸魏獻子所游焚焉而死者是也鄭之圃田圃田在今河南中牟傳曰鄭有原圃圃猶秦之具圃也吾子取其麋鹿以開弊邑是也宋之孟諸孟諸在今梁國睢陽東北澤是也齊之海隅海隅猶崖蓋近海濱是也趙之鉅鹿今鉅鹿廣阿澤是也燕之昭余昭余今太原郡是古者屬燕也何謂八風東北曰炎風艮氣所生一曰融風也東方曰條風震氣所生也一曰明庶風東南曰

景風巽氣所生也一曰清明風南方曰巨風離氣所生也一曰凱風也西南曰涼風坤氣所以生也西方曰飂風兌氣所生也西北曰麗風乾氣所生也一曰閶闔風北方曰寒風坎氣所生也一曰廣莫風何謂六水曰河水赤水遼水黑水江水淮水河水出昆侖東北陬赤水出其東南陬遼水出碣石山自塞北東流直遼東之西南入海黑水在雝州江水出岷山在蜀西徼淮水出桐柏山南平陽也闔四海之內東西二萬八千里南北二萬六千里子午爲經卯酉爲緯言經短緯長也水道八千里通谷其名川六百陸徑三千里陸徑邪徑也陸地也禹乃使太章步自東極至于西極二億三萬三千五百里七十五步使豎亥步自北極至于南極二億三萬三千五百里七十五步太章豎亥善行人皆禹臣也海內東西短南北長極內等也凡鴻水淵藪自三百仞以上二億三萬三千五百五十里有九淵禹乃以息土填洪水以爲名山息土不耗減掘之益多故以填洪水也名山大山也掘昆侖虛以下地掘猶平也地或作池中有增城九重其

高萬一千里百一十四步二尺六寸（中崑崙虛中也增重也有五城十二樓見括地像此蓋誕實未聞也）上有木禾其脩五尋（上崑崙虛上也五尋長三十五尺）珠樹玉樹琁樹不死樹在其西（在木禾之西也）沙棠琅玕在其東（皆玉名也在木禾之東也一說沙棠木名也呂氏春秋曰果之美者沙棠之實也）絳樹在其南（絳赤也）碧樹瑤樹在其北（碧青玉也木禾之北）旁有四百四十門（面有十門也）門閒四里里閒九純純丈五尺（純里名也）旁有九井玉橫維其西北之隅（橫猶光也橫或作彭彭受不死藥器也）北門開以內不周之風傾宮旋室（傾宮宮滿一頃田中也旋室以旋玉飾室也一說室旋璣閣可轉旋故曰旋室）縣圃涼風樊桐在崑崙閶闔之中（閶闔崑崙虛門名也縣圃涼風樊桐皆崑崙之山名也樊讀如麥飯之飯）是其疏圃疏圃之池浸之黃水黃水三周復其原（原本）是謂丹水飲之不死河水出崑崙東北陬貫渤海入禹所導積石山（渤海大海也河水自崑崙由地中行禹導而通之至積石山書曰河出積石入猶出也）赤水出其東南陬西南注南海丹

澤之東赤水之東弱水出自窮石窮石山名也在張掖北塞水也至于合黎餘波入于流沙絕流沙南至南海絕猶過也流沙流行也洋水出其西北陬入于南海羽民之南洋水經隴西氐道東至武都爲漢陽或作養也凡四水者帝之神泉以和百藥以潤萬物崑崙之丘或上倍之假令高万里倍之二万里是謂涼風之山登之而不死或上倍之是謂懸圃登之乃靈能使風雨或上倍之乃維上天登之乃神是謂太帝之居太帝天帝

扶木在陽州日之所曊扶木扶桑也在湯谷之南曊猶照也過陽州東方也曊讀无枝櫝之櫝也建木在都廣建木其狀如牛引之有皮若瓔黄蛇葉君羅都廣南方山名也衆帝所自上下衆帝之從都廣山上天還下故曰上下日中時日中無景呼而無響蓋天地之中也日直人上无有景故曰蓋天地之中若木在建木西末有十日其華照下地木端也若木端有十日狀如蓮華華猶光也光照其下也九州之大純方千里純緣也亦曰量名也九州

之外乃有八殥亦方千里殥猶遠也殥讀胤嗣之胤自北東方曰大澤曰無通大澤无通皆藪名也東方曰大渚曰少海水中可居者曰渚東方多水故曰少海亦澤名也東南方曰具區曰元澤元讀常山人謂伯爲冗之冗也南方曰大夢曰浩澤夢雲夢也浩亦大也西南方曰渚資曰丹澤蓋近丹水因其名故曰丹澤也西方曰九區曰泉澤西北方曰大夏曰海澤北方曰大冥曰寒澤北方多寒也故曰寒澤也凡八殥八澤之雲是雨九州八殥之外而有八紘紘維也維落天地而爲之表故曰紘也亦方千里自東北方曰和丘曰荒土鳳所自歌鸞所自舞名曰和丘曰荒土也東方曰棘林曰桑野東南方曰大窮曰衆女南方曰都廣曰反戶都廣国名山在此国因復曰都廣山言其在鄉日之南昔爲北鄉戶故反其戶也西南方曰焦僥曰炎土焦僥短人之国也長不滿三尺西方曰金丘曰沃野西方金位也因爲金丘沃猶白也西方白故曰沃野也西北方曰一目曰沙所国人一目在面中央沙所蓋流沙所出也一曰澤名也北方曰積冰曰委羽北方寒冰所積

因以為名積冰也委羽山名也在北極之陰不見日也凡八紘之氣是出寒暑以合八正必以風雨八正八風之正也以風雨八紘之內八紘之外乃有八極自東北方曰方土之山曰蒼門東北木將用事請之始也故曰蒼門東方曰東極之山曰開明之門明者陽也日之所出也故曰開明之門東南方曰波母之山曰陽門東南月建在巳純陽用事故曰陽門據天下諸城東南角門皆陽門其是類也南方曰南極之山曰暑門南方盛陽積溫所在故曰暑門西南方曰編駒之山曰白門西南月建在申金氣之始也金氣白故曰白門西方曰西極之山曰閶闔之門西方八月建酉萬物成濟將可及收斂閶大也闔閉也大聚萬物而閉之故曰閶闔之門也西北方曰不周之山曰幽都之門幽闇也都聚也玄冥將始用事順陰而聚故曰幽都之門北方曰北極之山曰寒門積寒所在故曰寒門凡八極之雲是雨天下八門之風是節寒暑八紘八殥八澤之雲以雨九州而和中土中土冀州東方之美者有醫毋閭之珣玕琪焉醫毋閭山名在遼東屬國珣玕琪玉名也東南方之美者有

會稽之竹箭焉會稽山在今會稽山陰縣之南禹所葬竹箭今會稽郡出好竹箭是也南方之美者有梁山之犀象焉梁山在會稽長沙湘南有犀兕象竹者物之珍也西南方之美者有華山之金石焉金美金也石舍玉之石也華山今弘農華陰山南是也西方之美者有霍山之珠玉焉出夜光之珠五色之玉也今河東永安縣也西北方之美者有崑崙之球琳琅玕焉球琳琅玕皆美玉也北方之美者有幽都之於筋角焉古之幽都在鴈門以北其畜宜牛羊馬出好筋角可以為弓弩東北方之美者有斥山之文皮焉斥讀斥丘之斥文皮豹虎之皮也傳曰无終子使孟樂因魏莊子納豹虎之皮也以請和諸戎是也中央之美者有岱山岳以生五穀桑麻魚鹽出焉岱山岳泰山也三者禪代所祠因曰岱山岳也五穀桑麻魚鹽所養人者出猶生也凡地形東西為緯南北為經山為積德川為積刑山仁万物生焉故為積德川水智〻制斷故為積刑也論語曰仁者樂山智者樂水是也高者為生下者為死高者陽主生下者陰主死丘陵為牡谿谷為牝丘陵高敞陽也故為牡谿谷汚下陰也故為牝水負折者有珠方折者有玉負折者陽也珠

陰中之陽方折者陰也玉陽中之陰也皆以其類也清水有黃金龍淵有玉英清水澄故黃金
出焉龍淵龍所出游淵也玉英轉化有精光也土地各以其類生是故山氣多男澤
氣多女障氣多喑風氣多聾林氣多癃木氣多傴自此上至
山氣多男皆生手多有此病也岸下氣多腫石氣多力象石堅也險阻氣多癭上下
險阻氣衝喉而結多癭咽也暑氣多夭夭折不終也寒氣多壽谷氣多痺丘
氣多狂衍氣多仁下而污者爲衍也陵氣多貪輕土多利重土多
遲利疾清水音小濁水音大音声湍水人輕遲水人重湍急流悍水也
中土多聖人皆象其氣皆應其類故南方有不死之草北
方有不釋之冰西方溫故草有不死者北方寒故冰有不泮釋也東方有君子之國
東方木惠仁故有君子之国也其人冠帶劍食獸使二文虎也西方有形殘之尸寢居直夢人
死為鬼西方金金斷割攻戰之事有形殘之尸也寢寐也居處也金氣方剛故其寢寐處夢悟如其夢故日直夢不終其命
死而為鬼能為妖怪病人也一說曰刑殘之尸於是以兩乳為目肥臍為口操干戚以舞以无夢天神斷其手後天帝斷其首也故

曰寢居直夢磁石上飛雲母來水土龍致雨鸞鷹代飛（湯遭旱作土龍以像龍雲從龍故致雨也鸞玄鳥也春分而來鴈春分而北詣漠中也鷰秋分而去鴈秋分而南詣彭蠡故曰代飛也代更也）蛤蟹珠龜与月盛衰（与猶道也）是故堅土人剛弱土人肥壚土人大沙土人細（壚讀纑繩之纑也細小也）息土人美耗土人醜食水者善游能寒（魚鼈逌殹鳥鵞之屬是也）食土者無心而慧（蚯蚓之屬是也）食木者多力而羆（熊羆之屬是也羆煩腸黃理也羆讀內羆于中国之羆近鼻也）食草者善走而愚（麋鹿之屬是也）食葉者有絲而蛾（蠶是也）食肉者勇敢而悍（虎豹鷹鸇之屬是也）食氣者神明而壽（仙人松喬之屬是也）食穀者知慧而夭不食者不死而神凡人民禽獸萬物貞蟲各有以生（貞虫諸細要之屬也）或奇或偶或飛或走莫知其情唯知通道者能原本之天一地二人三（一陽二陰也人生於天地故曰三也）三三而九九九八十一一主日日數十（十从甲至癸也）日主人人故十月而生八九七十二二主偶偶以承奇

奇主辰，辰主月，月主馬，馬故十二月而生。十九六十三，三主斗，斗主犬，犬故三月而生。六九五十四，四主時，時主彘，彘故四月而生。五九四十五，五主音，音主猨，猨故五月而生。四九三十六，六主律，律主麋鹿，麋鹿故六月而生。三九二十七，七主星，星主虎，虎故七月而生。二九十八，八主風，風主蟲，蟲故八月而化。鳥魚皆生於陰，陰屬於陽，故鳥魚皆卵生。魚游於水，鳥飛於雲，故立冬鷰雀入海化為蛤。萬物之生而各異類，蠶食而不飲，蟬飲而不食，蜉蝣不飲不食。介鱗者夏食而冬蟄（介甲龜鼈之屬也鱗魚龍之屬）。齕吞者八竅而卵生（鳥魚之屬）。嚼咽者九竅而胎生。四足者無羽翼，戴角者無上齒。無角者膏而無前（膏豕也熊猨之屬無前肥從前起也），有角者脂而無後（脂牛羊麋之屬也無後肥從後起也）。晝生者類父，夜生者似母。至陰生牝，至陽生牡。夫熊羆蟄藏飛鳥時移是故白水宜玉黑水宜砥（砥則石也）早青水宜碧赤水宜丹黃水宜金清水宜龜汾水濛濁而宜麻濟水通和而宜麥河水中濁而宜菽雒水輕利而宜禾渭水多力而宜黍漢水重安而宜竹江水肥仁而宜稻平大之人慧而宜五穀

東方川谷之所注日月之所出其人兌形小頭隆鼻大口鳶肩企行竅通於目筋氣屬焉蒼色主肝長大早知而不壽其地宜麥多虎豹

南方陽氣之所積暑溼居之其人修形兌上大口決眦竅通於耳血脈屬焉赤色主心早壯而夭其地宜稻多兕象

西方高土川谷出焉日月入焉其人面末僂脩頸卬行竅通於鼻（脉猶膂也）皮革屬焉白色主肺勇敢不仁其地宜黍

多旄犀（旄讀近綢繆之繆急氣言乃得之）

北方幽晦不明，天之所閉也，寒冰之所積也，蟄蟲之所伏也。其人翕形短頸（翕讀脅幹之脅），大肩下尻，竅通於陰，骨幹屬焉，黑色主腎。其人惷愚禽獸而壽（惷讀人謂惷然無知之惷也籠口言乃得）。其地宜菽（菽豆也），多犬馬（傳曰冀之北土馬之所生言燕代出馬也）。

中央四達，風氣之所通，雨露之所會也。其人大面短頸，美鬚惡肥，竅通於口，膚肉屬焉，黃色主胃，慧聖而好治。其地宜禾，多牛羊及六畜。木勝土，土勝水，水勝火，火勝金，金勝木，故禾春生秋死（禾者木春王而生木秋金王而死），菽夏生冬死（菽豆火也夏火王而生冬水王而死），麥秋生夏死（麥金也金王而生火王而死也），薺冬生中夏死（薺水也水王而生土王而死也）。木壯水老火生金囚土死，火壯木老土生水囚金死，土壯火老金生木囚水死，金壯土老水生火囚木死，水壯

金老木生土因火死音有五聲宮其主也五聲宮商角徵羽也宮在中央故爲
主也色有五章黃其主也味有五變甘其主也位有五材土
其主也是故鍊土生木鍊木生火鍊火生雲雲金氣所生也鍊雲
生水鍊水反土鍊甘生酸鍊酸生辛鍊辛生苦鍊苦生鹹
鍊鹹反甘鍊猶治也變宮生徵變徵生商變商生羽變羽生角
變角生宮變猶化也是故以水和土以土和火以火化金以金
治木木復反土五行相治所以成器用土本也故曰五行相生所以成器用
凡海外三十六國自西北至西南方有脩股民天民肅慎
民脩長也股脚也天民肅慎皆有国名也傳曰肅慎燕亳吾北土是云西方黨獨西方之国自復有之邪一曰肅敬也慎畏也
白民沃民女子民丈夫民白民白身民被髮髮亦白女子民其貌無有鬚須皆如女子也丈夫民其狀
皆如丈夫衣黃衣冠帶劍皆西方之国也奇股民一臂民三身民奇隻也股脚也言其人一臂一
手一鼻也三身民蓋一頭有三身皆西方之国也自西南至東南方結胸民羽民讙

頭國民裸國民三苗民交股民不死民穿胷民反舌民三苗国名也在豫章之彭蠡交股民脚相交切不死民不食也穿胷、、前穿孔達背反舌民語不可知而自相曉一說舌本在前不向候故曰反舌也南方之國名也豕喙民鑿齒民三頭民脩臂民豕喙民其喙如豕鑿齒民吐一齒出口下長三尺也三頭民身有三頭也脩臂民一国民皆長臂臂長於身也皆南方之国也自東南至東北方有大人國君子國東南壚土故人大也君子國已說在上章也黑齒民玄股民其人黑齒食稻啖蛇在湯谷上玄股民其股黑兩鳥夾之見山海經也毛民勞民其人躰半生毛若矢鏃也勞民正理躁擾不定也皆東方国也自東北至西北方有跂踵民句嬰民跂踵民踵不至地以五指行也句嬰讀為九嬰北方之國也深目民無腸民柔利民皆北方之國也一目民無繼民一目民目在面中央無繼民其人蓋無嗣也北方之国也雒棠武人在西北陬皆日所入之山名也硥魚在其南硥魚如鯉魚也有神聖者乘行九野在無繼民之南硥讀加蚌也有神二人連臂為帝候夜在其西南方連臂大呼夜行三珠樹在其東北方有玉樹在赤水之上崑崙華丘在其東南方在無繼民之東南也爰有遺玉青馬視肉（其人不知言也）楊桃甘櫨甘華百果所生（皆異物也在木曰果在地曰蓏也）和丘在其東北陬（四方而高曰丘鸞所自歌鳳所自舞故曰和丘在無繼民東北陬也）三桑無枝在其西夸父耽耳在其北方（耽耳耳垂在肩上耽讀衣之揖或作聶以兩手攝其居海中）夸父棄其策是爲鄧林（夸父神獸也飲河渭不足將飲西海未至道渴死見山海經策杖也其杖生木而成林鄧猶木也一曰仙人也）昆吾丘在南方（昆吾楚之祖祝融之孫陸終之子爲夏伯也詩云昆吾夏桀也）軒轅丘在西方（軒轅黃帝有天下之號也）巫咸在其北方（巫咸知天道明吉凶）立登保之山暘谷榑桑在東方（暘谷日之所出也榑桑在登保之山東北方也）有娀在不周之北長女簡翟少女建疵（有娀國名也不周山名也娀讀如嵩高之嵩姊妹二人在瑤臺也帝嚳之妃也天使玄鳥降卵簡翟吞之以生契是爲玄王殷之祖也詩云天命玄鳥降而生商也）西王母在流沙之瀕（地理志曰西王石室在金城臨羌西北塞外也）樂民拏閭在崑崙弱水之洲（水中可居曰洲）三危在樂民西（三危西極之山名也）宵明燭光在河洲所照方千里（洲水中所居者燭光所照者方千里）龍門在河淵

湍池在崑崙（龍門在河中馮翊夏陽界也）玄燿不周（玄燿水名一日山名）申池在海隅（海隅藪也）孟諸在沛（孟諸宋澤也在睢陽東北）少室太室在冀州（少室太室在陽城嵩高下之別名冀堯都冀州冀為天下之号也）燭龍在鴈門北蔽于委羽之山不見日其神人面龍身而無足（蔽至也委羽北方山名也一日龍銜燭以照太陰蓋長千里視爲晝瞑爲夜吹爲冬呼爲夏）后稷壠在建木西（建木在都廣都廣南方澤名訴其山說其澤壠冢也）其人死復蘇其半魚在其間（南方人死復生或化爲魚在都廣建木間）流黃沃民在其北方三百里狗國在其東雷澤有神龍身人頭鼓其腹而熙（雷澤大澤也鼓擊也熙戲也地理志曰於禹貢雷澤在濟陰城陽西北城陽有堯冢）江出岷山東流絕漢入海左還北流至于開母之北右還東流至于東極（岷山在蜀西徼水絕猶過也開母山名也在東三中）河出積石睢出荊山（河源出崑崙伏流地中方三千里尚導而通之故出積石積石山在金城柳河關縣西南荊山禹貢北條荊山在左馮翊懷德縣之南下存荊漂原雖州侵也）淮出桐柏山睢出羽山（桐柏山在上黨）清漳出楬戾

濁漳出發包（楬戾山在上黨治發包山一名鹿若山亦在上黨長子二漳合流經魏郡入清河也）濟出王屋時泗沂出臺台術（王屋山在河東垣縣東北時泗沂皆水名臺台術皆山名處則未聞也）洛出獵山（獵山在北地西北夷中洛東南流入渭詩云瞻彼洛矣惟水泱泱是也）汶出弗其流合於濟（弗其山在北海朱虛縣東也）漢出嶓冢涇出薄落之山（嶓冢山漢陽縣西界漢水所出南入廣漢東南至雒州入江薄洛之山一名笄頭山安定臨涇縣西禹貢涇水所出東南至陽渡大滑）渭出鳥鼠同穴伊出上魏（鳥鼠同穴山在龍西首陽西南直渭水所出東會于灃又入河雒州川也上魏山名也處則未聞）雒出熊耳（熊耳山在京師止雒之西北也）浚出華竅維出覆舟汾出燕京（燕京山名也在太原汾陽汾水所出西南至汾陽冀州浸）衽出濆熊淄出目飴（目飴山名）丹水出高褚（高褚一名冢領山在京兆上雒丹水所出東至均入沔也）股出嶕山鎬出鮮于涼出茅盧石梁（鮮于茅盧石梁皆山名也）汝出猛山淇出大號（猛山一名高陵山在南定陵縣汝水所出東南至新蔡入淮大號山在河內共縣北或曰在臨慮西也）晉出龍山結給合出封羊（結給合一名也龍山在晉陽之西北晉水所出東大汾封羊山名也）遼出砥石釜出景（砥石山名在塞外遼水所

出南入海景山在邯鄲西南釜水所出南澤入漳其原浪沸湧正勢如釜中湯故曰釜今謂之釜口 歧出石橋呼池出魯平 魯平山名也呼池幷州之浸也今中山漢昌呼沲河是也 泥塗淵出樠山 樠讀人姓樠氏之樠 維濕北流出於燕 流於北燕北塞外也

諸稽攝提條風之所生也 諸稽攝提天神之名也艮爲條風也 通視明庶風之所生也 通視天神也明庶風震卦之所生也 赤奮若清明風之所生也 赤奮若天神也巽爲清明風也 共工景風之所生也 共工天神也人面蛇身離爲景風也 諸比涼也之所生也 諸北天神也神爲涼風也 皐稽閶闔風之所生也 皐稽天神也兌爲閶闔風 隅強不周風之所生也 隅強天神也乾爲不周風 窮奇廣莫之所生也 窮奇天神也在北方道足乘兩龍其形如虎坎爲廣莫風也

突生海人 突人之先人 海人生若菌 菌讀下羣之羣 若菌生聖人聖人生庶人凡容者生於庶人羽嘉生飛龍 飛龍羽嘉飛蟲之先飛龍有翼 飛龍生鳳皇鳳皇生鸞鳥鸞鳥生庶鳥凡羽者生於庶鳥毛犢生應龍應龍生建馬建馬生麒

麟麒、麟生庶獸凡毛者生於庶獸介鱗生蛟龍介鱗、虫之先蛟龍有鱗甲之龍也蛟龍生鯤鯁鯤鯁生建邪建邪生庶魚凡鱗者生於庶魚介潭生先龍介國也龜之先潭讀譚國之譚先龍生玄黿玄黿生靈龜靈龜生庶龜凡介者生庶於龜煖濕生容煖一讀暵當風乾燥之貌也煖濕生於毛風毛風生於濕玄濕玄生羽風羽風生煗介煗介生鱗薄鱗薄生煖介五類雜種興乎外肖形而蕃肖像也言相代象而蕃多也日馮生陽閼日馮木之先也陽閼生喬如喬如生幹木幹木生庶木凡根拔木者生於庶木根拔生程若根拔根生之草先也程若生玄玉玄玉生醴泉醴泉生皇辜皇辜生庶草凡根茇草者生於庶草

海閭生屈龍海閭浮草之先也屈龍游龍鴻也詩云隰有游龍言屈字之誤屈龍生容華容華芙蓉草華容華生蔈蔈流也无根水中草也蔈生萍藻萍藻生浮草凡

浮生不根茇者生於萍藻

正土之氣也御乎埃天埃天五百歲生鈌鈌五百歲生黃埃黃埃五百歲生黃澒黃澒五百歲生黃金（黃金唯石名也中央數五故五百歲而一化澒水銀也）黃金千歲生黃龍黃龍入藏生黃泉黃泉之埃上爲黃雲陰陽相薄爲雷激揚爲電上者就下流水就通而合于黃海（黃海中央之海）偏土之氣御乎清天清天八百歲生青曾青曾八百歲生青澒青澒八百歲生青金青金八百歲生青龍（東方木色青其數八故八百歲而一化也）青龍入藏生清泉清泉之埃上爲青雲陰陽相薄爲雷激揚爲電上者就下流水就通而合于青海（東方之海）壯土之氣御于赤天赤天七百歲生赤丹赤丹七百歲生赤澒赤澒七百歲生赤金（南方火其色赤其數七故七百歲而一化也）赤金千歲生赤龍赤龍入藏生赤泉赤泉之

埃上爲赤雲陰陽相薄爲雷激揚爲電上者就下流水就通而合于赤海（南方之海）弱土之氣御于白天白天九百歲生白礜白礜九百歲生白澒白澒九百歲生白金（白金白礜石也白澒水銀也西方金色白其數九故九百歲而一化者也）白金千歲生白龍白龍入藏生白泉白泉之埃上爲白雲陰陽相薄爲雷激揚爲電上者就下流水就通而合于白海（西方之海）牝土之氣御于玄天玄天六百歲生玄砥（玄砥黑石）玄砥六百歲生玄澒玄澒六百歲生玄金（北方水其色黑其數六故六百歲而一化也）玄金千歲生玄龍玄龍入藏生玄泉玄泉之埃上爲玄雲陰陽相薄爲雷激揚爲電上者就下流水就通而合于玄海（北方之海上者就下天氣復從天流下也其通流之水皆入于海也）

淮南鴻烈解卷第四

淮南鴻烈解卷第五

太尉祭酒臣許慎記上

時則訓 則法也四時寒暑十二月之常法故曰時則因以題篇也

孟春之月招搖指寅 招搖斗建 昏參中旦尾中 參西方白虎之宿是也月昏時中於南方尾東方蒼龍之宿是也月將旦時中於南方 其位東方其日甲乙盛德在木 大皡之神治東方也甲乙木日也盛德在木木主東方也 其蟲鱗其音角 東方少陽物去太陰甲散為鱗〻虫龍為之長角木也位在東方也 律中太蔟其數八 律管音也陰衰陽發万物太蔟地而生故曰太蔟其數八五行數五木第三故曰八也 其味酸其臭羶 木味酸〻之言鑽也万物鑽地而生羶木香羶 其祀戶祭先脾 甲蟄伏之類始動生出由戶故曰祀戶也脾屬土陳設俎豆脾在前也春木勝土言常食所勝也一曰脾屬木自用其藏也 東風解凍蟄蟲始振穌 東方木火母也氣温故東風解凍〻也振動穌生也 魚上負冰獺祭魚 是月之時鯉魚應陽而動上負冰也獺獱也是月之時獺祭鯉魚於水邊四面陳之謂之祭魚也 候鴈北 是月時候之鴈從彭蠡來北過周雒至漢中孚卵鶩也 天子衣青衣乘蒼龍 周礼馬七尺已上曰龍也 服蒼

王建青旗服佩也熊虎曰旗也食麥與羊麥金穀也羊土畜也是月金上以老食所勝先食麥以麥爲主也服八風水爨萁燧火取銅木中露水服之八方風所吹也取萁木燧之火炊之萁讀該備之該也東宮御女青色衣青采鼓琴瑟春王東方故處東宮也琴瑟木也春木王故鼓之也其兵矛矛有鋒鋭似万物鑽墜生其畜羊羊土木一母故畜之也朝于青陽左个是月之朔天子朝日于青陽左个東向堂故曰青陽北頭室故曰左个个猶隔也春令寛和之令也以出春令布德施惠行慶賞省傜賦布陽德施柔惠也慶善賞賜予也省減傜役之勞輕其賦斂也立春之日天子親率三公九卿大夫以迎歲于東郊率使也迎歲春也東郊郭外八里之郊也修除祠位幣禱鬼神犧牲用牡祠位壇場屛攝之位也幣圭璧也禱鬼神求福祥也人神曰鬼天神曰神犧牲用牡尚蕃絜也禁伐木春木王當長養故禁之也母覆巢殺胎夭母麛毋卵胎獸胎懐姙未育者也麋子曰夭麑子曰麛卵未鷇者皆禁民不得取蕃庶物也母聚衆置城郭掩骼薶骴母聚合大衆建置城郭以妨害農功也骼骨有肉掩覆薶藏之順生氣也孟春行夏令則風雨不時草木早落國乃有恐孟春木德用事法當

實仁而用火氣動於上故草木旱落国惶恐也行秋令則其民大疫飄風暴雨總至黎莠蓬蒿並興孟春温仁而秋正金鈥之令氣不和故民疫疾風雨暴至故黎莠蓬蒿疏穢之草並興盛也行冬令則水潦爲敗雨霜大雹首稼不入冬陰也水泉涌起而春行之故爲敗氣不和故雨霜大雹植稼不熟也

正月官司空其樹楊司空主土春土受嘉穀故官司空也爾雅曰楊蒲柳也楊木春光故其樹楊也

仲春之月招搖指卯昬弧中旦建星中弧星在輿鬼南是月昬時中於南方建星在斗上是月平旦時中於南方也其位東方其日甲乙其蟲鱗其音角律中夾鍾是月万物去陰夾陽聚地而生故曰夾鍾也其數八其味酸其臭羶其祀戶祭先脾始雨水桃李始華自冬冰云至此春分故曰始雨水桃李於是皆秀華也蒼庚鳴鷹化爲鳩蒼庚爾雅曰商庚黎黄楚雀也齊人謂之搏黍秦人謂之黃流离幽冀謂之黃鳥一說斵木也至此月而鳴鷹化爲鳩喙正直不鷙搏也鳩蓋謂布穀也天子衣青衣乘蒼龍服蒼玉建青旗食麥与羊服八風水爨其燧火東宮御女青色衣青采鼓琴瑟其兵矛其畜羊朝于青陽太廟太廟東向堂中

央室命有司省囹圄去桎梏毋笞掠止獄訟囹圄法室也崔之微輕微也在足曰
桎在手曰梏毋笞掠言不用也止猶禁也養幼小存孤獨以通句萌順春陽長養幼小使蘖茂也尤
父曰孤元子曰獨皆存之所以慎陽氣也故草木不句萌者以遹達也擇元日令民社元者善之長也日從甲至
癸也社所以為民祈也嫌日不吉故言擇元也是月也日夜分雷始發声蟄蟲咸動
穌分等也冬陰閉固雷伏不發是月陽升雷始發声也咸皆動穌生也先雷三日振鐸以令於
兆民曰雷且發声鐸木鈴也金口木舌為鐸所以振告万民也兆大数且猶將也有不戒其容
止者生子不備必有凶災以雷電合房室者生子必有瘖聾通精痰狂之疾故曰不備必有凶災也
令官市同度量鈞衡石角斗稱度丈尺也量釜鍾也鈞等也衡石稱也百二十斤為石角甬
平也斗稱量器也端權槩端正也槩平也毋竭川澤毋漉陂池毋焚山林皆為
天物盡類毋作大事以妨農功大事戎旅征伐之事故害農民之功也祭不用犧牲
用圭璧更皮幣是月尚生育故不用犧牲也更代也以圭璧皮幣代犧牲也皮謂鹿皮也幣謂玄纁束帛
也禮記曰幣帛圭皮告於祖禰者也仲春行秋令則其國大水寒氣總至寇戎

來征（仲春陽中也陽氣長養而行秋節殺戮之令故寒氣總至寇兵來征伐其国也）行冬令則陽氣不勝麥乃不熟民多相殘（仲春行冬陰之令陰氣勝陽故陽不勝則麥不升熟民相殘賊也）行夏令則其國大旱煖氣早來蟲螟為害（仲春行夏太陽之令故大旱陽氣熟故煖極陽生陰故蟲螟作害也食心曰螟）二月官倉其樹杏（二月興農播穀故官倉也杏有竅在中竅在中像陰布散在上故其樹杏）

季春之月招搖指辰昏七星中旦牽牛中（七星南方朱鳥之宿是月昏時中於南方牽牛北方玄武之宿是月平旦時中於南方也）其位東方其日甲乙其蟲鱗其音角律中姑洗（姑故也洗新也是月陽養生去故就新故曰姑洗）其數八其味酸其臭羶其祀戶祭先脾桐始華田鼠化為鴽（桐梧桐也是月生華田鼠鼢鼠也鴽鶉也青徐謂之鷂幽冀謂之鶉）虹始見萍始生（虹螮蝀也詩云螮蝀在東莫之敢指萍水藻也是月始生也）天子衣青衣乘蒼龍服蒼玉建青旗食麥與羊服八風水爨其燧火東宮御女青色衣青采鼓琴瑟其兵矛其畜羊朝于青陽右个（東向堂南頭室故曰右个）舟牧覆舟五覆五反乃言具于天

子舟牧主舟之官也是月天子將乘舟而漁故反覆而覗之恐有穿漏也五覆五反俱之至也天子烏始乘舟
薦鮪於寢廟乃爲麥祈實烏猶安也自冬至此而安乘舟故曰始乘也薦進也鮪魚似鯉而太
進此魚於寢廟祈於宗祖求麥實前曰廟後曰寢詩云寢廟奕奕言相連是月也生氣方盛陽氣
發泄發泄猶布散也句者畢出萌者盡達不可以內天子命有司
發囷倉助貧窮振乏絕無財曰貧鰥寡孤獨曰窮也振救也開府庫出幣帛使
諸侯府庫幣帛之藏也使人之聘問諸侯聘名士禮賢者有名德之士大賢之人聘問禮之將與爲治也
命司空時雨將降下水上騰循行國邑周視原野司空主水土之
官也是月下水上騰恐有浸漬傷害五穀故循行徧視之也廣平曰原郊外曰野也修利隄防導達溝
瀆達路除道從國始至境止田獵罼弋罝罘羅罔餧毒之
藥毋出九門罼掩罔也弋繳射詩曰弋鳧与鴈罝兔罟也詩曰肅肅兔罝罼羅鳥罟也詩云鴛鴦在梁罼之羅之
罘麋鹿罟罔其總名也天子城門十二東方三門王氣所在門餧獸之毒藥所不得出尚生育也兼餘九門得出故特戒之如其毋
出乃禁野虞毋伐桑柘桑柘皆可養蚕故禁民伐之也鳴鳩奮其羽戴

鵀降于桑鳴鳩奮迅其羽直刺上飛入雲中者是也戴鵀戴勝鳥也詩曰尸鳩在桑其子在梅是也具撲曲筥筐撲持也三輔謂之撲撲讀南陽人言山陵同曲薄也青徐謂之曲負底曰筥方底曰筐皆受桑器也后妃齋戒東鄉親桑省婦使勸蠶事命五庫令百工審金鐵皮革筋角箭榦脂膠丹漆無有不良擇下旬吉日大合樂致歡欣樂所以移風易俗也故擇吉日大合之以致歡和也乃合纍牛騰馬游牝于牧纍牛特牛也騰馬騰駒跳號善將羣者也游從比於所殺之壄風合之纍讀葛藟之藟也令國儺九門磔攘以畢春氣難散宮室中區隅幽闇之處擊鼓大呼以逐不祥之氣如今驅疫逐除是也九門三方也門也逐大陽氣盡逐故曰畢春之氣也行是月令甘雨至三旬季春行冬令則寒氣時發草木皆肅國有大恐季春行冬寒殺之氣也故寒氣時起草木上蹂曰肅也行夏令則民多疾疫時雨不降山陵不登季春行夏元陽之令氣不和故民疾復雨澤不降故草木不登成也行秋令則天多沈陰淫雨早降兵革並起秋金氣用事木之母也季春行之故多陰沈爲雨也金爲兵革故並起也三月官鄉其樹李三月科民戶口故官鄉也李亦有核說與杏同李後沓熟故三月李也

孟夏之月招搖指巳昏翼中旦婺女中翼南方朱鳥之宿是月昏時中於南方婺
女一曰須女北方玄武之宿是月平旦中於南方也其位南方其日丙丁盛德在火炎帝之神
治南方也丙丁火日也盛德在火火王南方也其蟲羽其音徵盛陽用事鱗散羽羽蟲鳳之長徵音火也律
中仲呂其數七是月陽散在外陰實在中所以旅陽成功故曰仲呂其數七生數五火第二故曰七也其
味苦其臭焦火味苦也焦火香焦其祀竈祭先肺祝融吴回爲高辛氏火正死爲火神託祀
於竈是月火王故祀竈肺肺金也祭祀肉先用所勝也一曰肺火自用其茂也螻蟈鳴丘蚓出螻螻蛄也
蟈蝦蟇也四月陰氣始動於下故類應鳴也丘螾蚯蚓也王瓜生苦菜秀王瓜栝樓也爾雅曰不榮而實曰秀苦菜
宜言榮也天子衣赤衣乘赤騮服赤玉建赤旗順火德也食菽與雞
菽豆連皮也雞豆皆屬火之所養也服八風水爨柘燧火南宮御女赤色衣赤
采吹竽笙火王南方故處南宮也竽笙空中象陽故吹之其兵戟戟有枝幹象陽布散也戟或作鋝也其
畜雞朝于明堂左个以出夏令南向堂當盛陽故曰明堂也東頭室故曰左个居是室行
是月之令也雞羽蟲陽也故畜之立夏之日天子親率三公九卿大夫以迎

歲於南郊〔迎歲迎夏也南郊七里之郊也〕還乃賞賜封諸侯修禮樂饗左右〔還從南郊還也賞賜有功割土封爵傳曰賞以春夏刑以秋冬也修治禮樂所以安上治民移風易俗左右近臣也〕命太尉贊傑俊選賢良舉孝悌〔太尉卿官也命使也贊白也才過千人為傑選擇賢良孝悌舉而用之蓋非太尉之職故特命之也〕行爵出祿佐天長養繼修增高無有隳壞毋興土功毋伐大樹令野虞行田原勸農事驅獸畜勿令害穀天子以彘嘗麥先薦寢廟〔是月麥始升故以彘嘗麥彘水畜宜麥先薦寢廟孝之至也〕聚畜百藥靡草死〔是月陽氣極藥草成故聚積之也靡草則亭歷之屬〕麥秋至決小罪斷薄刑〔四月陽氣盛於上乃五月陰氣作於下故曰麥秋至決小辠斷薄刑順殺氣也〕孟夏行秋令則苦雨數來五穀不滋四鄙入保〔孟夏盛陽當助長養而行金氣殺戮之令故苦雨殺穀不得滋長也四方之民來入城郭自保守也〕行冬令則草木早枯後乃大水敗壞城郭〔行冬寒閉固之令故草木早枯大水敗壞其城郭奸時違行之應也〕行春令則螽蝗為敗暴風來格秀草不實〔孟夏當繼修增高助陽長養而行春時落螫之令故致螽蝗之敗春木氣多風故言暴風來至使當秀之

草不長茂也四月官田其樹桃四月勉農事故官田也桃說与杏同從李熟故曰四月桃也

仲夏之月招搖指午昏亢中旦危中亢東方倉龍之宿是月昏時中於南方危北方玄武之宿是月平旦時中於南方也其位南方其日丙丁其蟲羽其音徵律中蕤賓其數七是月陰氣萎蕤在下像主人也陽氣在上像賓客也故曰蕤賓其味苦其臭焦其祀竈祭先脾小暑至螳蜋生螳蜋世謂之天馬一名齒肬究縁謂之巨斧也鵙始鳴反舌無聲鵙百勞鳥也五月陰氣於下伯勞夏至應陰而鳴殺蛇於木傳曰伯趙氏司至者反舌百舌鳥也能辨變其舌反易其声以效百鳥之鳴故謂百舌无声者五月陽氣極於上微陰起於下百舌无陰故无声也天子衣赤衣乘赤騮服赤玉載赤旗食菽與雞服八風水爨柘燧火南宮御女赤色衣赤采吹竽笙其兵戟其畜雞朝于明堂太廟當南向堂中央室也命樂師修鞀鞞鼓琴瑟管簫調竽篪飾鍾磬管一孔似篴簫今之歌簫是也篪讀如池澤之池也執干戚戈羽干盾也戈斧也戚屬也羽武也所持翿也命有司爲民祈祀山川百原大雩帝用盛樂國之山川百原能興雲雨者皆祈祀之也雩旱也祭

上帝也為民祈雨故用盛樂盛樂六代之樂也天子以雉嘗黍雉新雞也不言嘗雞而言嘗黍者以穀為主也羞以含桃先薦寢廟羞進也含桃鸎所含食故言含桃是月而熟故進之禁民無刈藍以染為藍青未成故毋燒灰是月草木未成不夭物也毋暴布火盛日猛暴布布則脃傷也門閭無閉關市無索門城門也閭里門也民順陽氣散布在外當出入故不閉也門要塞也市人聚也无索不征稅也挺重囚益其食挺緩存鰥寡振死事老无妻曰鰥老无夫曰寡也皆存之有先人為死難振起其子孫也游牝別其羣執騰駒班馬政是月此馬懷姙已定故別其羣人欲騰駒號傷其胎育故執也班告也馬政掌馬官也騰、駒騰馬也周礼馬五尺以下曰駒也日短至陰陽爭死生分君子齋戒愼身無躁節聲色薄滋味百官靜事無徑以定晏陰之所成事无徑詳後行當先謂也晏陰微陰也鹿角解蟬始鳴夏至鹿角解墮也蟬鼓翼始鳴也半夏生木菫榮半夏草藥也木菫朝榮暮落樹高五六尺其葉與安石榴相似也是月生榮華可用作烝也雜家謂朝生詩云顔如舜華也禁民無發火役起可以居高明遠眺望登丘陵處臺榭積土四方而高曰臺也臺有室曰榭也順陽宣明也一曰望雲物占氣祥也仲夏行冬令則雹雹霰傷穀道路不通暴兵來至冬氷凍故雹霰傷害五穀也冬氣閉藏又多水雨故道陷壞不通利暴害之兵橫來至也行春令則五穀不熟百螣時起其國乃饑行春木王好生育之令故五穀晚熟百螣動服蝗屬也時起害穀故國飢也行秋令則草木零落果實蚤成民殃於疫有穀曰果无穀曰蓏仲夏行秋成熟之令故草木零落果實早成非其時氣故民有疾疫也五月官相樹榆是月陽氣長養故官相相佐也榆讀來閭也季夏之月招搖指未昏心中旦奎中心東方蒼龍之宿也是月昏時中於南方本西方白虎之宿也是月中旦時中於南方也其位中央其日戊己盛德在土黃帝之神治中央也戊己土日也盛德在土王工中央也其蟲蠃其音宮羽落而蠃蟲鱗為之長宮土也位中央五音之主也律中百鍾其數五百鍾林鍾也是月陽盛陰起生養長万物故曰百鍾其數五五行數土第五也其味甘其臭香土味甘也土臭香也其祀中霤祭先心土用事故祀中霤中霤室中之祭祀后土也心火也用所勝也一曰心土也自用其藏也涼風始至蟋蟀居奧蟋蟀蜻蛚蛩趣織也詩云七月在野此日居奧不与經合奧或作壁也鷹乃學習腐草化為蚈秋節將至鷹自習擊也蚈馬蚿也幽冀謂之秦渠蚈讀奚徑之徑也天子衣苑黃乘黃騮服

黄玉建黄旗黄順土色也黄謂登飴之登也食稷与牛稷牛皆屬土也服八風水爨柘燧火中宫御女黄色衣黄采其兵劍季夏中央也劍有兩刃諭无所生也一曰諭无所主皆主之也其畜牛朝于中宫是月天子朝于中宫中宫大室乃命漁人伐蛟取鼉登龜取黿漁人掌漁官也漁讀相語之語也蛟鼉黿皆魚屬也鼉可以作鼓詩曰鼉鼓洋洋黿可以作美美也傳曰楚人獻黿於鄭靈公靈公不与公子宋黿美公子怒染指於鼎嘗之而出是也皆不害人易得故言取蛟有鱗甲能害人難得言伐龜神可決吉凶入宗廟尊之故言登也令滂人入材葦滂人掌池澤官也入材葦供國用也命四監大夫令百縣之秩芻以養犧牲周制天子畿方千里分為百縣縣有四郡郡有四鄙故春秋傳言下大夫受縣上大夫受郡秦初置三十六郡以監縣耳此云百縣者謂周制畿內之縣也四監四監四郡大夫也秋常人所當出芻故聚之用養犧牲也以共皇天上帝名山大川四方之神宗廟社稷為民祈福行惠令弔死問疾存視長老行稃鬻厚席蓐以送万物歸也命婦官染采黼黻文章青黄白黑莫不質良婦人能別五色故染采白与黑為黼青与赤為黻黑与赤為文赤与白為章質美也良善也以給宗廟之服必宣

以明宣徧也明鮮明也是月也樹木方盛勿敢斬伐不可以合諸侯起土功動衆興兵必有天殃殃罰土潤溽暑大雨時行利以殺草糞田疇以肥土彊是月大暑土潤溽溼重也又有時可以殺草為糞美土彊彊土分畔者也季夏行春令則穀實解落多風欬民乃迁徙春木主木性墮落其陽發多風而行其令故穀實解落民疾病風欬嗽上氣像春陽布散民迁徙者也行秋令則丘隰水潦稼穡不熟乃多女災丘高也隰卑也言高下皆有水潦故殺稼令不熟也陰氣過差故多女災女災生子不育也行冬令則風寒不時鷹隼蚤鷙四鄙入保冬陰肅殺而行其令故寒風不節鷹隼蚤鷙鷙擊四界之民皆入城郭自保守也六月官少内其樹梓六月植稼成熟故官少内也梓說未聞也

孟秋之月招搖指申昏斗中旦畢中斗北方玄武之宿是月昏時中於南方畢西方白虎之宿是月平旦時中於南方也其位西方其日庚辛盛德在金少皡之神治西方也庚辛金也盛德在金金王西方也其蟲毛其音商金氣寒寒宣颯者衣毛毛虫虎為之長商金也位在西方律中夷則其數九夷傷也則法也是月陽衰陰盛万物凋傷應法成性故曰夷則也其數九五行數五金第四故曰九也

其味辛，其臭腥（金味辛也，金臭腥也），其祀門，祭先肝（孟秋始内，入由門，故祀門也。肝，衣也。祭祀之用，所勝也。一曰肝沈金，自用其藏也）。涼風至，白露降，寒蟬鳴，鷹乃祭鳥，用始行戮（是月鷹摶鷙鳥，殺鳥於大澤之中，四面陳之，世謂之祭鳥。用是時乃始行殺戮刑罰，順秋氣也）。天子衣白衣，乘白駱，服白玉，建白旗（白順金色也，白馬黑毛，白駱也），食麻与犬，服八風水，爨柘燧火。西宮御女白色，衣白采，撞白鐘（金王西，故処西宮也）。其兵戈，其畜狗。朝于總章左个，以出秋令（總章，西向堂也。西方總成万物而章明之，故曰總章。左个，南頭室也。居是室，行是月之令。狗，金畜也），求不孝不悌，戮暴傲悍而罰之，以助損氣（損氣，陰氣）。立秋之日，天子親率三公九卿大夫，以迎秋于西郊（西郊，九里之外郊也），還，乃賞軍率武人於朝（軍率，軍将也。武勇有功名也）。命將率選卒厲兵，簡練桀俊，專任有功，以征不義，詰誅暴慢，順彼四方（順，循也。四方，天下也）。命有司修法制，繕囹圄，禁姦塞邪，審決獄，平詞訟（決，斷也。平，治也）。天墜始肅，不可以贏（肅，殺也。殺氣始行也。贏，盛也。故曰不可也）。是月農始升穀，天

子嘗新先薦寢廟升成薦進也命百官始收斂孟秋始內也完隄防謹
障塞以備水潦修城郭繕宮室是月月麗于畢俾滂池矣故備水潦也毋以封
侯立大官行重幣出大使行是月令涼風至三旬封侯冗土封邑也大
官九命之爵也重幣金帛之幣也大使命卿使之金氣收斂皆所不宜行也故言毋也孟秋行冬令則陰
氣大勝介蟲敗穀戎兵乃來孟秋陰也復行冬水王之令故陰氣勝也其介虫敗谷也陰氣升故
戎兵來也行春令則其国乃旱陽氣復還五穀无實春陽亢燥而行其令
故旱也陽氣還者此月涼風而反行溫風之令故敗谷令无實也行夏令則冬多火災寒暑不
節民多瘧疾夏火王而行其令故多大災寒々暑相干故不節使瘧疾瘧疾寒々暑所生也七月官庫其
樹楝庫兵府也秋節整兵故官庫也其樹楝々實鳳皇所食也令雜城旁有樹楝實秋熟故其樹楝也楝讀練染之練也
仲秋之月招搖指酉昏牽牛中旦觜巂中牽牛北方玄武之宿也是月昏
時中於南方觜巂西方白虎之宿也是月平旦時中於南方也其位西方其日庚辛其蟲毛
其音商律中南呂其數九南任也言陽氣呂旅而志助陰陰任成万物也庚辛金日也其

朱辛其臭腥其祀門祭先肝涼風至候鴈來玄鳥歸羣鳥翔（時候之鴈從北漠中來過周雒南至彭蠡也玄鳥歸秋分後歸蟄所也羣鳥翔寒氣至羣鳥肥盛試其羽翼而高翔々者六翮不動也或作養養育其羽毛也）天子衣白衣乘白駱服白玉建白旗食麻与犬服八風水爨柘燧火西宮御女白色衣白采撞白鍾其兵戈其畜犬朝于總章大廟（總章西向堂也太廟中央室也）命有司申嚴百刑斬殺必當無或枉橈（枉曲也橈弱也言平直也）決獄不當反受其殃（反還）是月也養長老授凡杖行稃鬻飲食乃命宰祝行犧牲案芻豢（草養曰芻穀養曰豢案其簿書閱租之豢讀宦孝之宦）視肥臞全粹（全无虧缺也粹毛色純也粹讀禍崇之崇）察物色課比類量小大視少長莫不中度天子乃儺以御秋氣（難猶除也御止也止秋氣不使為害也儺讀躁難之難氣或作兵也）以犬嘗麻先薦寢廟是月可以築城郭建都邑（國有先君之宗廟曰都无曰邑都曰城邑曰築）穿竇窖修囷倉（穿竇所以通水不欲地溼也穿窖可以盛穀也窖讀窖藏人物之窖也）乃命有司趣民收斂

淮南子五　乙

畜采多積聚勸種宿麥若或失時行罪无疑是月也雷乃始收蟄虫陪戶殺氣浸盛陽氣日衰水始涸 涸凝竭涸或作盛〻言陰勝也 日夜分壹度量平權衡正鈞石角斗稱理關市來商旅 理通也 入貨財以便民事四方來集遠鄉皆至財物不匱上无乏用百事乃遂 遂成也 仲秋行春令則秋雨不降草木生榮国有大恐 春陽氣而行其令故雨不降又温煦之仁故草木生榮華也氣相干必有災咎故国大惶恐 行夏令則其国乃旱蟄虫不藏五穀皆復生 行炎陽之令故旱涸氣熱故蟄虫不藏使五穀復生 行冬令則風災數起收雷先行草木旱死 冬行寒〻氣激之令故有風災又冬閉藏故收雷先行草木旱死也 八月官尉其樹柘 尉成官也是月治兵故官尉傳曰羊舌大夫爲中軍尉柘說未聞也 季秋之月招摇指戌昏虛中旦柳中 虛北方玄武之宿是月昏時中於南方柳南方朱雀之宿也是月平旦中於南方也 其位西方其日庚辛其虫毛其音商律中无射 陰氣上升陽氣下降万物隨陽而藏无射出見也 其數九其味辛其臭

腥其祀門祭先肝候鴈來賓雀入大水為蛤是月時候之鴈從北漠中來南之彭蠡盖以為八月者其父母也是月來者盖其子也羽翼稚弱故在後耳賓雀者老雀也栖宿人家堂宇之間如賓客者也故謂之賓大水海水也傳曰雀入海為蛤也菊有黄華豺乃祭獸戮禽豺似狗而長尾其色黄是月時豺殺獸四面陳之世謂之祭獸戮猶殺也天子衣白衣乘白駱服白玉建白旗食麻与犬服八風水爨柘燧火西宮御女白色衣白采撞白鍾其兵戈其畜犬朝于總章右个西向堂北頭室故謂右个也命有司申嚴號令百官貴賤无不務入以會天墬之藏无有宣出乃命冢宰農事備收奉五穀之要冢大也宰治也卿官也要簿書也藏帝藉之收於神倉天子籍田千畆故曰帝籍之收籍田所收之穀也神倉〻也是月也霜始降百工休霜降天寒朱漆難成故百工休止不復作器也乃命有司曰寒氣總至民力不堪其皆入室詩曰入此室処是也上丁入學習吹大饗帝嘗犧牲合諸侯制百縣是月上旬丁日入斈官吹笙竽習礼樂饗上帝用犧牲合諸侯之制度車服之差各兩其命數也百縣畿內之

縣言百夲全数耳五家為隣五隣為里四里為酇四酇為鄙四鄙為縣然則縣三千五百家也為來歲受朔日与
諸侯所稅於民輕重之法貢歲之數以遠近土墬所宜為
度來歲明年受朔日如今計吏朝賀豫明年之歷日也度者職貢多少有常也乃教於田獵以習
立戎戎兵也刀劍矛戟矢故曰五戎也命太僕及七騶咸駕戴旌授車以級
皆正設于屏外級等也授當車者以高下各隨其等級正立設陳也天子外屏屏樹垣也尔雅曰門内之垣謂
之樹者也垣司徒搢朴北嚮以贊之搢插也朴以教導也插置帶間贊相威儀也司徒主衆教導之
也天子乃厲服廣飾執弓操矢以獵是月天子尚武乃服猛厲之服廣其所佩之飾
以取禽也命主祠祭禽四方命教也主祠典祀之官也祭禽四方祀始設禽獸者於四方報其功不知其神
所在故博求之於四方也是月草木黃落乃伐薪為炭蟄蟲咸俛乃趨
獄刑無留有罪俛伏也青州為伏為俛也无留言當斷也收祿秩之不當供養之
不宜者不當謂无德受祿也不宜謂不孝也一曰所養者无動於国其先人又无賢德所不宜養故收也通路
除道從境始至國而后已是月天子乃以犬嘗麻先薦寢

廟孝之至也季秋行夏令則其國大水冬藏殃敗民多鼽窒季秋陰氣而行夏月霖雨之令故大水火氣故冬藏殃敗也火金相干故民鼽窒鼻不通利也鼽讀怨仇之仇也行冬令則國多盜賊邊境不寧土墮分列冬水純陰姦謀所生故多盜賊使邊境之民不安寧也則土墮見侵削為隣國所分裂也行春令則煗風來至民氣解隋師旅並興春氣陽溫故煗風至民氣解墮也木干金故師旅並興也二千五百人為師五百人為旅也九月官候其樹槐候望也是月繕修守備故曰官候也槐懷也可以懷來遠人也

孟冬之月招搖指亥昏危中旦七星中危北方玄武之宿也是月昏時中於南方七星南方朱鳥之宿也是月平旦時中於南方者也其位北方其日壬癸盛德在水顓頊之神治北方也壬癸水日也盛德在水王北方也其蟲介其音羽介甲也像冬閉固皮漫胡也甲虫龜為之長明屬水也律中應鍾其數六陰應於陽轉成其功万物聚藏故日應鍾其數六五行數五水第一故日六也其味鹹其臭腐水味鹹也水臭腐也其祀井祭先腎井水給人故祀也井或作行行門內地冬守在內故祀也腎水自開其藏也水始冰墜始凍雉入大水為蜃虹

藏不見（蜃蛤也大水淮也傳曰雉入于淮為蜃虹陰中之陽也是月陰盛故不見也）天子衣黑衣乘玄驪服玄玉建玄旗（順水惠也熊与虎曰旗也）食黍与彘服八風水爨松燧火北宮御女黑色衣黑采擊磬石（水王比方故处北宮也）其兵鍛其畜彘（鍛者卯內像陰閉藏水畜）朝于玄堂左个以出冬令（北向堂西頭室故曰左个居是室行此月令也）命有司修羣禁（順陰閉諸所當禁皆使有司禁也）禁外徙閉門閭大搜客（傳曰禁舊客為露情也有新客梭出之為觀覺務也門城門之閭里門也嚴閉之守備也）斷罰刑殺當罪（諸罰刑當决也當罰正罪故殺之也）阿上亂法者誅（阿意曲以取容枸上以乱法度也誅治也）立冬之日天子親率三公九卿大夫以迎歲于北郊還乃賞死事存孤寡（有忠節蹈義死王事者賞其子孫也幼无父曰孤无夫曰寡皆存慰矜恤之）是月命太祝禱祀神位占龜策審卦兆以察吉凶於是天子始裘命百官謹盖藏命司徒行積聚修城郭警門閭修楗閉慎管籥固封壐（封門也壐印也）修邊境完要塞絶蹊徑飭

喪紀審棺槨衣衾之薄厚飭治也紀數也二十五月之數也棺槨衣衾薄厚各有差等故審之營丘壟之小大高庳使貴賤卑尊各有等級營度也北壟冢也小大高下各有度量也是月也工師効功陳祭器案度呈堅致為上案視也度法也堅致功牢也為故也上盛也工事苦慢作為淫巧必行其罪苦惡也慢不牢也淫巧非常之巧也故行其罪謂盬會之盬也若是月也大飲蒸天子祈來年於天宗蒸冬祭也於是時大飲酒而祭求明年之福祥也凡屬天子之神日月星辰皆為天宗也大禱祭于公社畢饗先祖禱求也公社国社也后土之祭也生為上公死為貴神故曰公也畢饗先祖先公後私之義也勞農夫以休息之命將率講武律射御角力勁律習也角平地也勁強貌也乃命水虞漁師收水泉池澤之賦虞掌水官也師長也賦稅也毋或侵牟牟多孟冬行春令則凍閉不密隧氣發泄民多流亡春陽氣散越故凍閉不密隧氣發泄也民多流亡像陽氣布散行夏令則多暴風方冬不寒蟄蟲復出冬當閉藏反行夏盛陽之令故多暴疾陽氣溫故盛冬不寒令蟄伏之虫復出也行秋令則雪霜不時小兵時起土

墜侵削秋氣干冬、大寒、不當雪而雪不當霜而霜故日不時也小兵數起隣国來伐侵削其土壁十月官司

馬其樹檀冬、間講武故官司馬也檀陰木也仲冬之月招摇指子昏壁中

旦軫中東壁北方玄武之宿是月昏時中於南方軫南方朱鳥之宿是月平旦時中於南方也其位北方

其日壬癸其蟲介其音羽律中黄鍾其數六黄鍾者陽氣聚於下陰氣

盛於上万物黄萌於墜中故曰黄鍾也其味鹹其臭腐其祀井祭先腎冰益

壯墜始坼鴠鳴不鳴虎始交鴠鳴山鳥陽是月陰盛故不鳴也虎陽中之陰也陰氣盛以類

發也交讀將校之校也天子衣黑衣乘鐵驪服玄玉建玄旗食黍与

彘服八風水爨松燧火北宮御女黑色衣黑采擊磬石其

兵鍛其畜彘朝于玄堂太廟北向堂中央室故曰太廟也命有司曰土事

无作无發室居及起大衆是謂發天墜之藏諸蟄則死民

必疾疫有隨以喪急捕盜賊誅淫泆詐偽之人命曰暢月

陰氣在上民人空閒故命曰暢月命奄尹申宫令奄官也尹正也申宫令重戒敕也審門閭謹

房室必重閉（助陰氣也）省婦事乃命大酋秫稻必齊麴蘖必時（酋主酒官也醞釀米麴使化熟故謂之酋々讀酋豪之酋齊讀齊和之齊也作麴蘖當得其時不時則不成也）湛熺必潔水泉必香（湛漬也熺炊也必令圭潔也水泉者則酒善也湛讀審釜之審熺炊熾火之熾也）陶器必良火齊必得无有差忒（陶器瓦器也炊身必得其適故曰无有差忒也）天子乃命有司祀四海大川名澤（能興雲雨故祀之也）是月也農有不收藏積聚牛馬畜獸有放失者取之不詰（詰呵問也）山林藪澤有能取蔬食田獵禽獸者野虞教導之其有相侵奪罪之不赦（大加刑也）是月也日短至陰陽爭君子齋戒処必掩身欲靜去聲色禁嗜欲（声絲竹金石之声也色美色也有貪欲濫求者禁之）寧身躰安形性（閉情欲也）是月也荔挺出芸始生丘螾結麋角解（荔馬荔草也芸々蒿菜名也丘螾虫名也结屈结也麋角解墮皆應微陽氣也）水泉動則伐樹木取竹箭罷官之无事器之无用者（罷者）涂闕庭門閭築囹圄所以助天墜之閉仲冬行夏令則其國

乃旱氣分霧冥冥雷乃發聲夏氣炎陽故其国旱也清濁相干故氣霧冥冥也十一月雷發声非其時也故言乃也行秋令則其時雨水瓜瓠不成国有大兵秋金氣水之母也故雨水金用事故有大兵也行春令則蟲螟為敗水泉咸竭民多疾癘春陽氣蟄伏生故虫螟敗穀水泉竭也陽干陰氣木和故多疾癘也十一月官都尉其樹棗冬之成軍師故官都尉棗取其赤心也。季冬之月招摇指丑昏婁中旦氐中婁西方白虎之宿是月昏時中於南方氐東方倉龍之宿是月平旦時中於南方也其位北方其日壬癸其蟲介其音羽律中大呂呂旅也万物萌動於黃泉未能達見所以旅〻去陰即陽助其成功故曰大呂其數六其味鹹其臭腐其祀井祭先腎鴈北鄉鵲加巢鴈在彭蠡之水皆北鄉將至北漠中也鵲感陽而動上加巢也雉雊雞呼卵詩云雉之朝雊尚求其雌是也雞呼鳴求卵也天子衣黑衣乘鐵驪服玄玉建玄旗食麥与彘服八風水爨松燧火北宮御女黑色衣黑采擊磬石其兵鎩其畜彘朝于玄堂右个右个東頭室也命有司大儺旁磔出土牛大儺令之逐陰驅疫為陽道也旁磔四面

皆磔犬羊以禳四方之疾疫也出土牛今鄉縣出勸農耕之土牛於外是也命漁師始漁是月將捕魚故命其長也漁讀
論語之語天子親往射漁先薦寢廟令民出五種令農計耦耕
事修耒耜具田器耦合命樂師大合吹而罷乃命四監收秩
薪以供寢廟及百祀之薪燎是月也日窮于次月窮于紀
星周于天十二次窮於牽牛中也紀道窮於故宿也星周于天謂二十八舍更見南方至是月周帀也歲將
更始令靜農民無有所使天子乃與公卿大夫飭國典論
時令以待嗣歲之宜乃命太史次諸侯之列賦之犧牲賦布
以供皇天上帝社稷之芻享乃命同姓之国供寢廟之芻
豢卿士大夫至于庶民供山林名川之祀季冬行秋令則
白露早降介蟲為祅四鄙入保秋節白露故白露早降介甲之虫為祅災金氣為兵故四境之
民入城郭自保守也行春令則胎夭傷國多固疾命之曰逆季冬大寒而行春溫之令
氣不和謂胎養夭傷国多篤疾逆風氣之由也故命之曰逆故也行夏令則水潦敗國時雪不

降冰凍消釋夏氣炎陽有多霖雨故水潦敗国也時雪當降而不降水凍不當消釋而消釋皆于時之徵也十二月官獄其樹櫟十二月歲尽刑斷故獄官也櫟可以為車轂水不出火唯櫟為然亦應除氣也

五位東方之極自碣石山過朝鮮貫大人之國碣石在遼西界海水西畔朝鮮樂浪之縣也貫通也大人国在其東也東至日出之次扶榑木之地青土樹木之野榑木榑桑太皡句芒之所司者萬二千里太皡庖犧氏東方木德之帝也句芒木神司主也其令曰挻羣禁開閉闔通窮窒達障塞行優游棄怨惡解役罪免憂患休罰刑開關梁宣出財和外怨撫四方行柔惠止剛強剛強侵陵人不循執度者禁止之也

南方之極自北戶孫之外北戶孫國名也日在其北皆為北向戶以日故北戶貫顓頊之國南至委火炎風之野赤帝祝融之所司者萬二千里赤帝炎帝少典之子号為神農南方火德之帝也祝融顓頊之孫老童之子吳回也一名黎為高辛氏火正号為祝融死為火神也其令曰爵有德賞有功惠賢良救飢渴舉力農振貧窮惠孤

寡憂罷疾出大祿行大賞起毀宗立無後封建侯立賢輔應陽施也

中央之極自崑崙東絕兩恒山自從也絕猶過也恒山常也言兩未聞也日月之所道江漢之所出日月照其所經過之道江出岷山漢出嶓家山衆民之野五穀之所宜龍門河濟相貫以息壤堙洪水之州東至於碣石黃帝后土之所司者萬二千里黃帝少典之子以土德王天下号為軒轅氏死為中央土德之帝后土者句龍氏之子名曰后土能平九土死祀為土神者其令曰平而不阿明而不苛包裹覆露露潤無不囊懷溥氾無私正靜以和行稃鬻養老衰弔死問疾以送万物之歸土四方之主也故曰万物之所歸也

西方之極自崑崙絕流沙沈羽西至三危之國流沙盖在崑崙之西南耳石城金室飲氣之民不死之野少皞蓐收之所司者萬二千里少皓黃帝之子青陽也名摯以金德王天下号為金天氏死為西方金德之帝也蓐收金天氏之裔子曰修礼死為金神

也其令曰審用法誅必辜備盜賊禁姦邪飾羣牧謹著聚修城郭補決竇塞蹊徑遏溝瀆止流水雝谿谷守門閭陳兵甲選百官誅不法應金斷也

北方之極自九澤窮夏晦之極北至令正之谷九澤北方之澤夏大也晦暝也有凍寒積冰雪雹霜霰漂潤羣水之野顓頊玄冥之所司者万二千里顓頊黃帝之孫也以水德王天下号高陽氏死為北方水德之帝也其神玄冥者金天氏有適子曰昧為玄冥師死而祀為主水之神也其令曰申羣禁固閉藏修障塞繕關梁禁外徙斷罰刑殺當罪閉關閭大搜客止交游禁夜樂蚤閉晏開以索姦人已德執之必固天節已幾刑殺無赦雖有盛尊之親斷以法度毋行水毋發藏毋釋罪應陰役也

六合

孟春與孟秋為合仲春與仲秋為合季春與季秋為合

孟夏与孟冬爲合，仲夏與仲冬爲合，季夏與季冬爲合。孟春始贏（贏長也），孟秋始縮（縮短也）。仲春始出，仲秋始內（出二月播種，內八月收斂）。季春大出，季秋大內。孟夏始緩，孟冬始急（緩四月陽安，急十月寒肅）。仲夏至修，仲冬至短（夏至北極，冬至南極，短修皆在至前也）。季夏德畢，季冬刑畢（德畢陽施結，刑畢刑獄盡）。故正月失政，七月涼風不至。二月失政，八月雷不藏。三月失政，九月不下霜。四月失政，十月不凍。五月失政，十一月蟄蟲冬出其鄉。六月失政，十二月草木不脫（不脫葉橋著樹不零落也）。七月失政，正月大寒不解（東風不解東也）。八月失政，二月雷不發（不發声也）。九月失政，三月春風不濟（齊土）。十月失政，四月草木不實（實長）。十一月失政，五月下雹霜。十二月失政，六月五穀疾狂（疾狂不華而實也）。春行夏令泄（象盛陽發泄也），行秋令水（水生於申故水也），行冬令肅（象氣肅急）。夏行春令風（象春木氣多風），行秋令蕪（象秋氣蕪歲生），行冬令格（格故也象）

冬斷刑恩澤致格不流下秋行夏令華象夏氣樹華茂行春令榮象春氣生榮華行冬令耗耗零落也冬行春令泄象春氣布散發泄也行夏令旱旱象陽炎行秋令霧秋氣陰故亂霧

制度

陰陽大制有六度天爲繩地爲準春爲規夏爲衡秋爲矩冬爲權繩者所以繩萬物也繩正準者所以準萬物也規者所以員萬物也衡者所以平萬物也矩者所以方萬物也權者所以權萬物也繩之爲度也直而不爭修而不窮久而不弊遠而不忘與天合德與神合明所欲則得所惡則亡自古及今不可移匡厥德孔密廣大以容衆是故上帝以爲物宗宗本準之爲度也平而不險均而不阿廣大以容寬裕以和柔而不剛銳而不挫銳利也挫折也流而不滯流行也滯止也

易而不穢發通而有紀（紀道）周密而不泄準平而不失万物
皆平民無險謀怨惡不生是故上帝以爲物平（平正讀評議之平也）規
之爲度也轉而不復負而不坑（復還也坑轉也）優而不縱廣大以寬
感動有理發通有紀優優簡簡百怨不起（優優簡簡寬舒之貌）規度不
失生氣乃理（理氣理達）衡之爲度也緩而不後平而不怨施而
不德弔而不責常平民祿以繼不足斆斆陽陽唯德是行
養長化育万物蕃昌以成五穀以實封疆其政不失天墜
乃明（明理）矩之爲度也肅而不悖剛而不憒取而無怨內而
無害威厲而不懾令行而不廢殺伐既得仇敵乃克矩正
不失百誅乃服權之爲度也急而不贏殺而不割充滿以
實周密而不泄敗物而弗取罪殺而不赦誠信以必堅慤
以固糞除苛慝不可以曲故冬正將行必弱以強必柔以

剛權正而不失萬物乃藏明堂之制靜而法準動而法繩春治以規秋治以矩冬治以權夏治以衡是故燥溼寒暑以節至甘雨膏露以時降

淮南鴻烈解卷第五

淮南鴻烈解卷第六

太尉祭酒臣許　慎　記上

覽冥訓

（覽觀幽冥變化之端至精感天通達三極故曰覽冥因以題篇）

昔者師曠奏白雪之音而神物為之下降風雨暴至平公癃病晉國赤墬（白雪太一五十弦瑟琴樂名也神物即神化之物謂玄鶴之屬來至无頭鬼類操戈以舞也平公晉悼公之子彪也癃病篤疾赤地旱也唯聖君能御此異使无災耳平公德薄不能堪故篤病而大旱也）庶女叫天雷電下擊景公臺隕支軆傷折海水大出（庶賤之女齊之寡婦無子不嫁事姑謹敬姑无男有女〻利母財令母嫁婦〻終不肯女殺母以誣寡婦〻不能自明冤結叫天〻為作雷電下擊景公之臺隕壞也毀景公之支躰海水為之大溢出也）夫瞽師庶女位賤尚葈權輕飛羽（尚主也葈者葈耳菜名也幽冀謂之禮葈雒下謂之胡葈主是官者至微賤也瞽師庶女之位復賤於主葈之官故曰權輕飛羽也）然而專精厲意委務積神上通九天激厲至精（九天八方中央也以精誠感之）由此觀之上天之誅也雖在壙虛幽閒遼遠隱匿重襲石室

界障險阻其無所逃之亦明矣上天上帝也上帝神明言人有罪惡雖自隱蔽竄藏猶見
誅害也故曰无所逃也武王伐紂渡于孟津陽侯之波逆流而擊陽侯陵陽
國侯也其國近水溺死於水其神能為大波有所傷害因謂之陽侯之波也疾風晦冥人馬不相見
於是武王左操黃鉞右秉白旄瞋目而撝之曰余任天下
誰敢害吾意者於是風濟而波罷濟止魯陽公與韓構難戰
酣日暮援戈而撝之日為之反三舍魯陽楚之縣公也楚平王之孫司馬子其之子
國語所謂魯陽文子楚僭号稱王其守縣大夫皆稱公故曰魯陽公令南陽魯陽是也酣對戰合樂時也撝日令反即行三舍宮次
宿也夫全性保真不虧其身遭急迫難精通于天若未始
出其宗者何為而不成精通于天者謂聖人質成上通為天所助宗者道之本也謂性不外逸生与道
同也夫死生同域不可脅凌勇武一人為三軍雄武士也江淮間謂士
曰武彼直求名耳而能自要者尚猶若此又況夫宮天墜懷
萬物以天地為宮室懷猶囊也而友造化造化陰陽也与之相朋友含至和直偶于人

形（外皃偶与人同形而内有大道也）觀九鑽一知之所不知（九謂九天一龜也觀九天之變鑽龜占兆所不知事亦云然也）而心未嘗死者乎（心未嘗死者謂心主与道同者也不与觀九鑽一等也）昔雍門子以哭見於孟嘗君（雍門子名周善弾琴又善哭雍門齊西門也居近之因以為氏哭猶哥也見猶感孟嘗君奇相田文）已而陳辝通意撫心發聲孟嘗君為之增欷歍唈流涕狼戾不可止（增重也歍唈失聲也狼戾猶犮攅也歍讀鴛鴦之鴦也唈讀左傳嬰女人姻始之始）精神形於内而外諭哀於人心此不傳之道（言能以精誠哀悲感傷人心不可寺而得之故曰不傳之道也）使俗人不得其君形者而効其容必為人笑（君形者言至精為形也）故蒲且子之連鳥於百仞之上（蒲且子楚人善弋射者七尺曰仞也）而詹何之騖魚於大淵之中此皆得清尽之道太浩之和也（詹何楚人知道術者也言其善釣令魚馳騖来趣鉤餌故曰騖魚得其精微故曰太浩之和也）夫物類之相應玄妙深微知不能論辯不能解故東風至而酒湛溢（東風木風也酒湛清酒也米物下甚故曰湛太味酸ゝ風入酒故酒酢而湛者沸溢物類相感也）蚕咡絲而商弦

絶或感之也老蚕上下絲於口故曰咠絲新絲出故絲絃商於五音最細而急故絶也咠或作珥蚕老時絲在身中正
黄達見于外如珥也商西方金音也蚕午火也火壯金困應商而已成有新故相感者也畫隨灰而月運闕
鯨魚死而彗星出或動之也運讀連圍之圍也運者軍也將有軍事相圍守則月運出也以蘆草
灰隨牖下月光中令圜畫缺其一面則月運亦闕於上也而魚大魚蓋長數里死於海邊魚之身賤也彗星為變異人之害也類相
動也故聖人在位懷道而不言澤及万民聖人行自然白為之道故澤及万民
也君臣乖心則背譎見於天神氣相應徵矣日旁五色氣在兩邊水出
為背外向為譎內向為珥在上外出為冠故山雲草莽水雲魚鱗山中氣出雲似草莽水氣出雲
似魚鱗旱雲煙火涔雲波水各像其形類所以感之旱雲元陽氣似
煙火涔大溢水也雲出於涔似波水也夫陽燧取火於日方諸取露於月夫讀大夫
之夫已說在上一說水火從大極來在人手中非人所能說知天墬之間巧歷不能举其數巧工
也天地之間物類相感者衆多雖工為歷術者不能悉举其數也手徵忽怳不能覽其光言手
雖覽得微物不能得其光一說天道廣大手雖能徵其忽怳无形者不能覽得日月之光也然以掌握之中

引類於太極之上太極天下始形之時也上猶初也而水火可立致者陰陽同氣相動也動猶化也此傳說之所以騎辰尾也言殷王武丁夢得賢人使工寫其像旁求之得傅說於傅巖遂以爲相爲高宗成八十一符致中興也死託精於辰尾之星一名天策也故至陰飂飂至陽赫赫兩者交接成和而万物生焉衆雄而無雌又何化之所能造乎所謂不言之辯不道之道也故召遠者使无爲焉遠者四夷也欲致化四夷者當以无爲无爲則夷荒自至也親近者使无事焉近者諸夏也欲親近者當以无事无事則近人自親附之惟夜行者爲能有之夜行喻陰行也陰行神化故能有天下也一說言入道者如夜行幽冥之中爲能有召遠親近之道也故却走馬以糞而車軌不接於遠方之外却走馬以糞老子辭也止馬不以走但以糞糞田也行至德之効也一說国若无道則戎馬生於郊无事正走馬以糞其田也故兵車之軌不接遠方之外兩輪之间爲軌也是謂坐馳陸沈晝冥宵明言坐行神化疾於馳傳沈浮冥明与道合也以冬鑠膠以夏造冰夫道者无私就也无私去也能者有餘拙者不足言以非時鑠膠造冰難成之也天道无私就去能行道功有餘也順

之者利逆之者凶譬如隋侯之珠和氏之璧得之者富失之者貧（隋侯漢東之国王姓諸侯也隋侯見大蛇傷斷以藥傅之後蛇於江中御大珠以報之因曰隋侯之珠蓋明月珠也楚人卞和得美玉璞於荊山之下以獻武王王以示玉人玉人以為石刖其左足文王即位復獻之以為石刖其右足抱璞不釋而泣血及成王即位又獻之成王曰先君輕則而重剖石遂剖視之果得美王以為璧蓋純白夜光文王在春秋前成王不以告故不書也）得失之度深微窈冥難以知論不可以辯說也何以知其然今夫墮黃主屬骨而甘草主生肉之藥也以其屬骨責其生肉以其生肉論其屬骨是猶王孫綽之欲倍偏枯之藥而欲以生殊死之人亦可謂失論矣（王孫綽蓋周人也一曰衛人王孫賈之後也言一齊藥愈偏枯之病欲倍其劑以生已死之人也）若夫以火能焦木也因使銷金則道行矣若以磁石之能連鐵也而求其引瓦則難矣物固不可以輕重論也夫燧之取火於日磁石之引鐵解之敗漆（以蟹置漆中則敗壞不燥不任用也）葵之鄉日雖有明智弗能然也（然猶明也）

故耳目之察不足以分物理，心意之論不足以定是非。故以智為治者難以持國，唯通于太和而持自然之應者為能有之（能有持国之術）。故嶢山崩而薄落之水涸（嶢山在雍州也薄落水在馮翊臨晉臨晉山窮相通也曰薄落溼水也），區治生而淳鈞之劒成（區讀哥謳之謳也區越人善治劒工也淳鈞古大劒劒也）。紂為无道，左強在側（左強紂之諛臣也教紂无道勸以貪淫也）；太公並世，故武王之功立（立成）。由是觀之，利害之路，禍福之門，不可求而得也（言其門戶不可豫求而得知也忽然來至无形兆也）。夫道之與德，若韋之與革，遠之則邇，近之則遠（革之質象道韋之質象得欲遠去之道反在人側欲以事求之去人已遠也无事者近人有事者遠人）。不得其道，若觀鯈魚、（鯈魚小魚也在水中可觀見〻而不可得道亦如之）。故聖若鏡，不將不迎（將送），應而不藏（應猶隨也謂鏡隨人形好醜不有藏匿者也），故万化而无傷。其得之乃失之，其、失之非乃得之也（自謂得是乃失道者也自謂失道未必不得道也）。令夫調弦者，叩宮〻應，彈角〻動，此同聲相和者也（叩大宮則）

少宮應彈大角則少角動故曰同音相和夫有改調一弦其於五音無所比鼓之而二十五弦皆應此未始異於聲而音之君已形也一弦宮音也音之君也故二十五弦皆和也一說改調一弦不比五音謂一聲宮音也故曰未始異於聲也五王於一聲故曰音之君已形君主形見也故通於太和者惛若純醉而甘卧以游其中而不知其所由至也太和謂等死生之和齊窮達之端其中道之中也不自知所至此也純温以淪鈍悶以終若未始出其宗純一也温和也淪没也淪潛伏也鈍悶无情也欲終始於道宗本也若未有其形是謂大通今夫赤螭青虬之游冀州也赤螭青虬皆龍屬也天清墜定毒獸不作飛鳥不駭入榛薄食薦梅薦梅草實也狀如桑椹其色赤生江濵也噆味合甘步不出頃畝之區而蛇鱓輕之以為不能與之爭於江海之中噆味長美也蛇鱓自以為能勝赤螭青虬若乃至於玄雲之素朝玄黑也素白也黑雲升合於明朝也陰陽交爭降扶風雜凍雨扶搖而登之降下也扶風疾風也東雨暴雨也扶搖發動也登上上風雨而去威動天墜聲震海內四海之内悉畏之也

蛇鱓著泥百仞之中(百仞七百尺也渡深曰仞傳曰仞溝洫也)熊羆匍匐丘山磛巖虎豹襲穴而不敢咆(襲入咆嗥)猨狖顛蹶而失木枝(狖讀中山人相遺物之遺也狖猨屬也長尾而昂鼻也)又況直蛇鱓之類乎鳳皇之翔至德也(雄曰鳳雌曰皇鳳至德之君而來翔也)雷霆不作風雨不興川谷不澹(澹溢)草木不搖而燕雀佼之以爲不能與之爭於宇宙之間(燕雀自以爲能佼健於鳳皇也)(佼或作詨詨笑也宇屋簷也宙棟梁也易曰上棟下宇也)還至其曾逝萬仞之上翱翔四海之外(曾猶高也逝猶飛也一曰回也翼一上一下曰翱不搖曰翔外猶表也)過崑崙之疏圃飲砥柱之湍瀨(疏圃在崑崙之上過猶歷也砥柱河之隘也在河東大陽之東湍浮水至疾瀨清皆激悍急流)邅回蒙汜之渚(邅回猶尚洋也蒙汜日所出之墬也池決復入爲渚渚小淵也)尚佯冀州之際徑躡都廣入日抑節(躡至也都廣東南之山名也衆帝所自上下也言鳳皇過廣都之野送日入於柳節之地言其翔之廣也躡或作絕也徑過絕歷也)羽翼弱水暮宿風穴(濯羽翼於弱水之上風穴北方寒風從地出也)當此之時鴻鵠鶬鸛莫不憚驚伏竄注喙江裔(注喙注墬不敢動也裔邊也)又況

直燕雀之類乎此明於小動之迹而不知大節之所由者也昔者王良造父之御也王良晉大夫御无恤子良也所謂御良也一名孫無政為趙簡子御死而託精於天駟星天文有王良星是也造父嬴姓伯翳之後飛廉之子為周穆王御上車攝轡馬為整齊而斂諧整齊不差斂諧馬容躰足調諧也投足調均勞逸若一一同也心怡氣和體便輕畢畢疾也安勞樂進馳鶩若滅滅沒也言疾也左右若鞭周旋若環左右謂騑驂也步趨之力若被鞭矣一說言掉鞭教諭其易也周旋若環如人志也世皆以為巧然未見其貴者也若夫鉗且大丙之御此二人太一之御也一說古得道之人以神氣御陰陽也除轡銜去鞭棄策車莫動而自舉馬莫使而自走也但以車馬為主耳神氣扶之也日行月動星燿而玄運燿有也玄天也運行也電奔而鬼騰進退屈伸不見朕垠朕兆朕也垠形狀也故不招指不咄叱過歸鴈於碣石言其御疾到自息止乃使北歸於碣石之山而中之鴈得之過去也過讀責過之過軼鶤雞於姑餘自後過前曰軼也姑餘山名在吳也鶤雞鳳皇之別名也言其御疾自碣石過歸鴈便復東南軼過鶤雞於姑餘山也

騁若飛騖若絶縱矢躡風追猋歸忽縱履也足疾及箭矢躡蹈也一說矢在後不能及故言縱其行疾能及矢言躡追猋及之猋光中有影者忽然便歸皆及此言疾也朝發榑桑日入落棠榑桑日所出也落棠山名日所入也此假弗用而能以成其用者也弗用無為非慮思之察手爪之巧也嗜欲形於胷中而精神踰於六馬此以弗御御之者也言藏嗜欲之形於胷臆之中諭和也以弗御御之以道術御也昔者黃帝治天下而力牧太山稽輔之力牧太山稽黃帝師孟子曰王者師臣也以治日月之行律律度也治陰陽之氣節四時之度正律歷之數別男女異雌雄明上下等貴賤使強不掩弱衆不暴寡人民保命而不夭安其性命不夭折也歲時熟而不凶不凶無災害也百官正而無私皆在公也上下調而無尤君臣調和無尤過也法令明而不闇輔佐公而不阿卿士公正不立私曲從也田者不侵畔漁者不爭隈隈曲深処魚所聚也道不拾遺市不豫賈城郭不關關閉也邑無盜賊鄙旅之人相讓以財言所有餘

狗彘吐菽粟於路而無忿爭之心於是日月精明星辰不失其行風雨時節五穀登孰虎狼不妄噬鷙鳥不妄搏鳳皇翔於庭翔猶止也麒麟游於郊游行也郊邑外也青龍進駕飛黃伏皁飛黃乘黃也出西方狀如狐背上有角壽千歲皁櫪也諸北儋耳之國莫不獻其貢職皆北極夷国也然猶未及虙戲氏之道也往古之時四極廢九州裂裂分也廢頓也天不兼覆墜不周載火爁炎而不滅水浩洋而不息息消猛獸食顓民顓善鷙鳥攫老弱攫撝於是女媧鍊五色石以補蒼天女媧陰帝佐虙戲治者也三皇時天不足西北故補之師說如此斷鼇足以立四極鼇大龜天廢頓以鼇足柱之楚詞曰鼇戴山下其何以安之是也殺黑龍以濟冀州黑龍水精也力收大稽殺之以止雨也濟冀九州中謂今四海之內積蘆灰以止淫水蘆葦也生於水故積聚其灰以止淫水平地出水爲淫水蒼天補四極正淫水涸冀州平狡蟲死顓民生蟲狩也

背方州抱貟天（方州地也）和春陽夏殺秋約冬枕方寢繩（方榘四寸也寢繩直身而卧也）陰陽之所壅沉不通者竅理之逆氣戾物傷民厚積者絕止之（逆氣乱氣也傷害民物之積財故絕止也）當此之時卧倨倨興眄眄（倨倨卧无思慮也倨讀虛田之虛也眄眄然視無智巧皃也）一自以爲馬一自以爲牛其行蹎蹎其視瞑瞑（蹎讀填寘之填）侗然皆得其和莫知所由生浮游不知所求魍魎不知所往當此之時禽獸蝮蛇無不匿其爪牙藏其螫毒無有攫噬之心考其功烈上際九天下契黃壚（上與九天交接下契至黃壚黃泉下有壚土也壚讀繩纑之纑）名聲被後世光暉重萬物（使萬物有光暉也）乘雷車服駕應龍驂青虬（駕應德之龍在中爲服在傍爲驂有角爲龍無角爲虬一說應龍有翼之龍也）援絕瑞席蘿圖（殊絕之瑞應援而致之也羅列圖籍以爲席蓐一說蘿圖車上席也）黃雲絡前白螭後奔蛇（絡讀道路之路也謂車之垂絡也黃雲之氣絡其車白螭道守在於前奔蛇騰蛇也從在於後皆瑞應也）浮游消搖道鬼神登九天（九天八方中央）朝帝於靈門

在朝於上帝靈門也宓穆休于太祖之下宓寧也穆和也休息也太祖道之太宗也然而不彰其功不揚其聲彰揚皆明隱已具人之道以從天隧之固然隱藏也眞人眞德之人固自然也何則道德上通而智故消滅也智故巧詐逮至夏桀之時主闇晦而不明道瀾漫而不修仁義道不復修設故曰瀾漫棄捐五帝之恩刑推蹶三王之法籍是以至德滅而不揚帝道揜而不興興舉也舉事戾蒼天發號逆四時戾反也春秋縮其和天地除其德縮藏也言和氣不復行也言其所施曰惡不自知也故曰除其德也仁君處位而不安大夫隱道而不言不爲民所安隱仁義之道不正諫直言也論語曰国无道危行言遜也羣臣準上意而懷當準望也懷思也當合也取合主意不復以道正諫也䟽骨肉而自容邪人絫耦比周而陰謀陰謀私謀也居君臣父子之間而競載驕主而像其意像猶隨也亂人以成其事是故君臣乖而不親骨肉踈而不附植社槁而壉裂言不禝於神也容臺振而掩覆容臺

行孔容之臺言不能行礼故天文振動而敗之犬羣嗥而入淵言將滅壞犬失其主故嗥而入淵也一說言犬禍也

豕銜蓐而席澳豕銜其蓐席入之澳言豕禍之說銜蓐自藏処也美人挐首墨面而不

容挐首乱頭也莘与髮幷編為挐首不修容飾也曼聲吞炭內閉而不歌曼聲善歌也見世乱哀將

滅故吞炭自敗音聲閉氣不復動也喪不盡其哀獵不聽其樂言時乱札壞不尽在哀樂崩故不復

聽田獵之樂西老折勝黃神嘯吟西王母折其頭上所戴勝為時无法度黃帝之神傷道之衰故嘯吟

而長嘆也飛鳥鎩翼走獸廢腳鎩翼繼翼也廢腳廢蹇也言樂無道田獵煩數鳥獸悉被創夷鎩翼

廢腳也山無峻榦澤無洼水峻榦美材也洼水渟水言山澤不以時故也狐狸首穴馬

牛放失田無立禾路無莎薠莎薠讀猿猴蹯噪之蹯狀如葴葴如菆也莎草名也金積

折廉璧襲無理金氣積聚析其鋒廉也璧文龍衣重言用之煩數皆鈍無復文理也璧讀辟也磬龜無

腹磬空也象磬數鑽以十故空尽無腹也言桀爲無道不修仁德但数占龜莫得吉兆也詩云握粟出卜自何能穀又曰我龜既

猒不我告猶是也蓍策日施易曰再三瀆瀆則不告也晚世之時七國異族諸侯

制法各殊習俗晚世春秋之後戰国之末七国齊楚燕趙韓魏秦也齊姓田楚姓芈燕姓姬趙姓趙韓姓韓魏

姓魏秦姓嬴故異族也從橫間之舉兵而相角蘇秦約從張儀連橫南与此合為從西与東合為橫
故曰從橫則秦帝也成攻城檻殺覆高危安墳墓揚人骸大衝車高
重京衝䡴大鐵著其轅端馬被甲車被兵所以衝於敵城也古者伐不敬取其鯨鯢收其骸尸聚土而壘之以為京觀故曰高
重壘京觀也除戰道便死路犯嚴敵殘不義百往一反名聲茍
盛也言百人行戰皆死一人得還反也一說百人行伐一反得勝耳是故質壯輕足者為甲卒
甲鎧也在車曰士步曰卒千里之外家老嬴弱悽愴於內廝徒馬圉輂車
奉饟廝役徒衆也牛曰放馬曰圉輂推也饟資粮也輂讀楫揖之揖也道路遼遠霜雪亟集
短褐不完短褐麤器物之人也矩或作短字褐毛布如今之馬衣也不完言民窮也人嬴車斃泥塗
至膝相構於道奮首於路構引也奮首民疲於役頭仆於路僅能搖頭耳言疲困也故曰奮首身
枕格而死格榜狀也言收民役賦不畢者榜之於格上不得下故曰枕格而死也所謂兼国有隧
者伏尸數十萬破車以千百數傷弓弩矛戟矢石之創者
扶奉於路故世至於枕人頭食人肉菹人肝飲人血甘之

於狎獶（甘猶嗜也）故自三代以後者天下未嘗得安其情性而樂其習俗保其脩命天而不夭於人虐也（虐害）所以然者何也諸侯力征天下合而為一家逮至當今之時天子在上位（天子漢孝武皇帝）持以道德輔以仁義近者獻其智遠者懷其德拱揖指麾而四海賓服春秋冬夏皆獻其貢職天下混而為一（混同）子孫相代此五帝之所以迎天德也夫聖人者不能生時時至而弗失也輔佐有能黜讒佞之端息巧辯之說除削刻之法去煩苛之事屏流言之迹塞朋黨之門消知能（消除知巧之能）脩太常隳枝體絀聰明（去其小聰明大利欲也）大通混冥解意釋神漠然若無魂魄使萬物各復歸其根則是所脩伏犧氏之迹而反五帝之道也（反復）夫鉗且大丙不施轡銜而以善御聞於天下伏戲女媧不設法度而以至德遺

於後世何則至虛無純一而不嘤喋苛事也嘤喋猶深筭也言不采取
煩苛之事周書曰掩雉不得更順其風言掩雉雖不得當更從其上風順其道理也言可行
其不猶當以道德為本諭申商之法失之也今若夫申韓商鞅之為治也申申不害也韓
韓非也商鞅公孫鞅三子之術皆為削刻之法也捽拔其根蕪棄其本而不窮究其
所由生何以至此也鑿五刑為刻削乃背道德之本而爭
於錐刀之末錐刀之末諭小利言盡爭之也斬艾百姓殫盡太半斬艾百姓以草木諭
也不養之也殫病也大半過半也而忻忻然常自以為治忻忻猶自喜得意之皃也是猶
抱薪而救火鑿竇而出水夫井植生梓而不容甕溝植生
條而不容舟不過三月必死植謂材也椽杙於溝邊因生為條木也以諭申韓商鞅之所為法比
於梓條也所以然者何也皆狂生而無其本者也河九折注於
海而流不絕者崑崙之輸也折曲潦水不泄瀇瀁極望旬月
不雨則涸而枯澤受瀷而無源者瀷雨濆疾流者故曰无源瀷讀燕人強春言勅同也

譬若羿請不死之藥於西王母姮娥竊以奔月姮娥羿妻羿請不死之藥於西王母未及服之姮娥盜食之得僊奔入月中為月精也奔月或作坌肉藥坌肉以為死畜之肉復可生也悵然有喪無以續之言羿悵然失志若有所喪亡不能復得不死藥以續之也何則不知不死之藥所由生也羿不知不死之藥所出生也申韓商鞅之等不得治之根本如乞藥矣一説羿謂命在藥不知命自在天也故或欲得知不死藥之所由出生也是故乞火不若取燧寄汲不若鑿井

淮南鴻烈解卷第六

淮南鴻烈解卷第七

太尉祭酒臣許　慎　記上

精神訓 精者人之氣神者人之守也本其原說其意故曰精神因以題篇也

古未有天地之時惟像無形 惟思也念天地未成形之時无有形生有形故天地成焉 窈窈冥冥芒芠漠閔澒濛鴻洞莫知其門 皆未成形之氣也芒讀王莽之莽也芠讀抆滅之抆閔讀子騫之閔澒讀項羽之項鴻讀子贛之贛洞讀同游之同也皆无形之象故曰莫知其門也 有二神混生經天營地 二神陰陽之神也混生俱生也 孔乎莫知其所終極 孔深貌也 滔乎莫知其所止息 滔大貌也 於是乃別為陰陽離為八極剛柔相成萬物乃形 離散也八極八方之極剛柔陰陽也 煩氣為蟲 煩亂 精氣為人是故精神天之有也而骨骸者地之有也精神入其門而骨骸反其根 精神无形故能入天門骨骸有形故反其根歸土地 我尚何存 言人死各有所歸我何猶常存 是故聖人法天順情不拘於俗不誘於人 誘猶惑也 以天為父以

地為母，陰陽為綱，四時為紀。天靜以清，地定以寧，萬物失之者死，法之者生。夫靜漠者，神明之宅也；虛無者，道之所居也。是故或求之於外者，失之於內；有守之於內者，失之於外。辟猶本與末也，從本引之，千枝萬葉莫得不隨也。夫精神者所受於天也，而形體者所稟於地也。故曰：一生二，二生三，三生萬物，一謂道也，二曰神明也，三曰和氣也。或說一者元氣也，生二者乾坤也，二生三，三生乃萬天地設位，陰陽通流，万物乃生。萬物背陰而抱陽，沖氣以為和。万物以背為陰，以腹為陽，身中空虛，和氣所行。為陰故腎雙，為陽故心特，陰陽与和共生物形，君臣以和致太平也。故曰一月而膏，始育如膏也。二月而胅，三月而胎，四月而肌，五月而筋，六月而骨，七月而成，八月而動，九月而躁，十月而坐，形體以成，五藏乃形。是故肺主目，肺象朱雀，朱雀火也，火外景，故主目也。腎主鼻，腎象亀，亀水也，水所以通溝也，鼻所以通氣也，故主鼻也。膽主口，膽勇者決所以怒，故主口也。肝主耳，肝金也，金内景，故主耳也。外爲表而內爲裏開閉張歙各有經紀歙讀脅也故頭之圓也象天足之方也象地有四時五行九解四時春夏秋冬也五行金木水火土也九解謂九十為一解也一說九解六一之所解合也一說八方中央故曰九解也三百六十六日人亦有四支五藏九竅三百六十六節天有風雨寒暑人亦有取與喜怒故膽爲雲膽金也金石雲之所出故爲雲肺爲氣肺火也故爲氣肝爲風肝木也木爲風生故爲風腎爲雨腎水也因水故雨雨或作電腎水也水爲光故爲電脾爲雷以與天地相參也而心爲之主心土也故爲四行之主也是故耳目者日月也血氣者風雨也日中有踆烏踆猶蹲也謂三足烏踆讀踆魏之踆而月中有蟾蜍蟾蜍蝦蟆日月失其行薄蝕無光薄者迫也薄讀厚薄之薄也風雨非其時毁折生災五星失其行州國受殃吾工熒惑太白歲星辰星鎮星也令熒犯角亢則州国受其殃也餘準此夫天地之道至紘以大尚猶節其章光變其神明人之耳目曷能久熏勞而不息乎息止精神何能久馳騁而不旣

守（既盡）是故面氣者人之華也而五藏者人之精也夫面氣能專于五藏（專一）而不外越則胷腹充而嗜慾省矣胷腹充而嗜慾省則耳目清聽視達矣耳目清聽視達謂之明五藏能屬於心而無乖則敎志勝而行不僻矣（敎志勝言已之敎志也僻邪也勝或作遯言敎或遯去故行正而不邪也）敎志勝而行之不僻則精神盛而氣不散矣精神盛而氣不散則理理則均均則通通則神神則以視無不見以聽無不聞也以爲無不成也是故憂患不能入也而邪氣不能襲（襲猶因也亦入）故事有求之於四海之外而不能遇（遇得）或守之於形骸之内（心無欲也）而不見也故所求多者所得少所見大者所知小夫孔竅者精神之戶牖也而氣志者五藏之使候也耳目淫於聲色之樂則五藏搖動而不定矣五藏搖動而不定則血氣滔蕩而不休矣血

氣滔蕩而不休則精神馳騁於外而不守矣（多情欲故神不內守）精神馳騁於外而不守則禍福之至雖如丘山无由識之矣（丘山諭上識知也）使耳目精明玄達而無誘慕氣志虛靜恬愉而省嗜慾五藏定寧充盈而不泄精神內守形骸而不外越則望於往世之前而視於來事之後猶未足爲也（猶尚也爲治也）豈直禍福之間哉故曰其出彌遠者其知彌少（言難以道故也）以言夫精神之不可使外淫也是故五色亂目使目不明（不明覛而昏也）五聲譁耳使耳不聰（不聰聽無聞也）五味亂口使口爽傷（爽病病傷滋味也）趣舍滑心使行飛揚（滑亂也飛且下從軌度也）此四者天下之所養性也（性生也）然皆人累也故曰嗜慾者使人之氣越（越失）而好憎者使人之心勞（勞病）弗疾去則志氣日耗（耗猶亂也）夫人之所以不能終其壽命而中道夭於刑戮者何也以其生生之厚（言生生之厚者何心）

（極嗜慾淫監無厭以傷耳目情性故不終其壽命中道夭讀於刑辟之戮也）夫惟能無以生爲者則所以脩得生也（無以生爲者輕利害之鄉徐情性之欲則長得生矣）夫天地運而相通萬物揔而爲一（總合也一同也萬物合同統於一道）能知一則無一之不知也（上一道也下一物也）不能知一則无一之能知也辟吾處於天下也亦爲一物矣不識天下之以我備其物與（與耶辭也）且惟無我而物無不備者乎然則我亦物也物亦物也物之與物也有何以相物也（物亦物也何相名爲物也）雖然其生我也將以何益（言生我自然之道亦當以何益乎）其殺我也將以何損（損減）夫造化者既以我爲坯矣將無所違之矣（言既以我爲人無所離之諭不求亦不避也）吾安知夫刺灸而欲生者之非惑也又安知夫絞經而求死者之非福也或者生乃繇役也而死乃休息也天下茫茫孰知其生我也不彊求已（已止也言不惡生也）其殺我也不彊求止（言不畏死）欲生而不事（事治）憎死而

不辭（唯義所在故不辭也）賤之而弗憎貴之而弗喜（人有惡賤已者已不憎也人有尊已者已不喜也）隨其天資而安之不極（資時也一日性也極急也諭道人不急求生也）吾生也有七尺之形吾死也有一棺之上吾之於比有形之類猶吾死之淪於無形之中也（淪入也）然則吾生也物不以益衆吾死也土不以加厚吾又安知所喜憎利害其間者乎（不知喜生之利不知憎死之害守其正性也）夫造化者之攫援物也（攫攫也援引也）譬猶陶人之埏埴也其取之地而已爲盆盎也與其未離於地也無以異其已成器而破碎漫瀾而復歸其故也（陶人作瓦器治官也頓泥坯取之於地以爲器明人不當惡死死復歸其未生之故耳譬猶瓦器之破而復反於土也）與其爲盆盎亦無以異矣（无以異於土也）夫臨江之鄉居人汲水以浸其園江水弗憎也苦洿之家決洿而注之江洿水弗樂也是故其在江也無以異其浸園也其在洿也亦無以異其在江也（道尚空虛貴无）

形江水大去不可消就易故不憎也涔水小去易小消就不消故不樂也洿水猶潛水也若猶疾也之說言名自安其處也及其轉易亦無憎樂也是故聖人因時以安其位當世而樂其業業事也夫悲樂者德之邪也而喜怒者道之過也好憎者心之暴也故曰其生也天行似天氣也其死也物化如物之變化也靜則與陰俱閉動則與陽俱開精神澹然無極極盡不與物散而天下自服散雜亂貌自服〻於德也故心者形之主也而神者心之寳也形勞而不休則蹷蹷頓精用而不已則竭是故聖人貴而尊之不敢越也夫有夏后氏之璜者匣匵而藏之寳之至也半璧曰璜珍王也夫精神之可宝也非直夏后氏之璜也直猶非也是故聖人以無應有必究其理以虛受實必窮其節恬愉虛靜以終其命是故無所甚疏而無所甚親抱德煬和以順于天煬炙也向火中炙和氣以順天道也煬讀供養之養與道爲際與德爲鄰際合也鄰比也不爲福始不爲禍

先魂魄處其宅而精神守其根死生無變於己故曰至神
變動所謂眞人者性合于道也眞人者虙戲黄帝老明是也故有而若無實
而若虛处其一不知其二治其内不識其外治其内守精神也識其外外不
好憎也明白太素無爲復樸體本抱神以游于天地之樊樊崖也樊
讀麥飯之飯也芒然仿佯于塵垢之外芒讀王莽之莽而消摇于無事之業
浩浩蕩蕩乎機械知巧弗載於心是故死生亦大矣而不
爲變不爲变者同死生也雖天地覆育亦不與之抮抱矣抮抱猶持着也言不以天
地養育万物故強与持著守其純埶也審乎無瑕而不與物糅瑕猶釁也忤見利欲之貌也能審順
之故不与物相雜粗見事之亂而能守其宗見事有者止之乱不能貽惑故能守其宗宗本也若然
者正肝膽遺耳目言精神内守也心志專于内通達耦于一一者道也居
不知所爲行不知所之言志意无所繫渾然而往逯然而來渾轉行貌逯謂
无所爲忽然往来也逯讀謂綠衣之綠也渾讀大珠渾〻之渾也形若槁木心若死灰槁木無氣死灰無埶

（諭無爲也）忘其五藏，損其形骸，不學而知，不視而見，不爲而成，不治而辯，感而應，迫而動，（迫切不得不動，然後方動也）不得已而往，如光之燿，如景之放，以道爲紃，有待而然，（紃者法也，以道待万物，故曰有待而默默如是）抱其太清之本，而無所容與，（无所容与於情欲也）而物無能營，（營惑也，一曰乱）廓惝而虛，清靖而無思慮，（不勞精神）大澤焚而不能熱，河漢涸而不能寒也，大雷毀山而不能驚也，大風晦日而不能傷也，（言體道之人閉情守虛，雖此四者之大不能感也）是故視珍寶珠玉猶石礫也，視至尊窮寵猶行客也，（至尊謂帝王也，故曰窮寵也。行客猶行路過客）視毛嬙西施猶顛醜也，（毛嬙西施皆古之美人。顛頭也，方相氏黄金四目，衣赭，稀世之顛貌，非生人也，但其像耳。目顛醜，言極醜也）以死生爲一化，以萬物爲一方，（方類也）同精於太清之本，而游於忽區之旁，（忽區，忽怳無形之區旁也）有精而不使，有神而不行，（言不濁其精，不勞其神，此之根）謂契大渾之樸，而立至清之中，（樸猶質也。渾不散之貌也。渾讀揮章之揮）是故其寢不夢，其智不萌。其寢不夢，神內守也。其智不萌，无思念也。其魄不抑，其魂不騰。魄陰神，魂陽神。陰不沈抑，陽不飛騰，各守其宅。反覆終始，不知其端緒，甘瞑大宵之宅，大宵，長夜之中也。言其直瞑於大道之処，冥冥覩昭昭矣。而覺視于昭昭之宇，休息于無委曲之隅，而游敖于無形埒之野。無委曲之隅，無形埒之野，冥冥无形像之貌也。君而無容，處而無所，言其人居無形容可得見也，處无常所。其動無形，其靜無體，无形，无軀道之容也。存而若亡，生而若死，出入無間，役使鬼神。言能化也，人不与鬼同形，而能使之者，道也。天神曰神，人神曰鬼也。淪於不測，入於無間，以不同形相嬗也。嬗，傳也。萬物之形不同，道以相傳生也。終始若環，莫得其倫。倫，理也，道也。人莫能得焉。此精神之所以能登假于道也。假，至也。上至於道也。或作瑕蟇雲氣。是故眞人之所游游行。若吹呴呼吸，吐故內新，熊經鳥伸，鳧浴蝯躩，鴟視虎顧，是養形之人也，不以滑心。經，動搖也。伸，頻伸也。若此養形之人，導引其神，屈申跳踉，是非眞人為之道也。滑，乱也。言此養形者耳，不足以乱眞人之心也。使神滔蕩而不失其充，充，實。日夜無傷而與物爲春躰道人同日夜踰賊害也无傷无所賊害也与物爲春言養物也則是合而生時于心也若是者合於道生四時化其心也言不干時害物也且人有戒形而無損於心戒備也人形躰備具戒或作革革改也言人形骸有改更而作化也心諭神神不損傷也有綴宅而無耗精綴宅身也精神居其宅則生離其宅則死言人雖死精神終不耗滅故曰无耗精也夫癩者趨不變狂者形不虧神將有所遠徙孰暇知其所爲言瘋癩者形生神在故趨不變也或作介故形有摩介被甲者礼介者不拜而能趨於步故曰不變也狂躰具存故曰不虧但精神散越耳故曰神有所遠徙也而神未嘗化者摩滅猶死也神變歸於无形也故曰未嘗化也化猶死也以不化應化千變萬㐱而未始有極不化精神也化者形骸死者形孝灰土爲日化也化者復歸於無形也不化者與天地俱生也夫木之死也青青去之也夫使木生者豈木也使木生者天也故曰豈木哉猶充形者之非形也充形者氣也故曰非形也故生生者未嘗死也其所生則死矣生生者道諭道之人若天氣未嘗死也下所生者万物矣化物者未嘗化也化物者道也道不化故未嘗化也其所化則化

矣 所化者万物也万物有变故曰則化 輕天下則神無累矣 輕薄天下寵勢之權者許由是也故其精
神无留累於物也 細萬物則心不惑矣 以万物為小事而弗欲故心不惑物也 齊死生則
志不懾矣 齊等也不畏義死不棄不義生其志意无所懾懼故曰等也 同變化則明不眩
矣 眩惑 衆人以為虛言吾將舉類而實之 實明 人之所以樂為
人主者以其窮耳目之欲而適躬體之便也今高臺層榭
人之所麗也 四方高曰臺加木曰榭麗美也 而堯樸桷不斲素題不枅 樸采也桷
椽也不斲削加礱石之素題也不加采飾故曰不枅者不施欂櫨俱交架也枅讀雞枅或作刮也 珍怪奇味人之
所美也而堯糲粢之飯藜藿之羹 糲粗也粢稷也糲讀賴恃之賴粢讀齊衰之齊 文
繡狐白人之所好也而堯布衣揜形鹿裘御寒養性之具
不加厚而增之以任重之憂 任讀任俠之任 故舉天下而傳之于
舜若解重負然 傳禪 非直辭讓誠无以為也此輕天下之具
也禹南省方濟于江 巡狩為省々視四方也濟渡也 黃龍負舟舟中之人五

色無主禹乃熈笑而稱曰我受命於天竭力而勞萬民 勞憂 也生寄也死歸也何足以滑和 人壽蓋不過百年故曰生寄也死滅沒化不見故曰歸也滑亂也和適也 視龍猶蝘蜓 蝘蜓蜥蜴也或曰守宮也東方朔射覆對武帝曰謂為龍无角謂為蛇而有足䟳䟳脉脉喜緣壁非守宮當蜥蜴是也 顏色不變龍乃弭耳掉尾而逃 逃去 禹之視物亦細矣鄭之神巫相壺子林見其徵 神在男曰覡在女曰巫巫能占骨法吉凶之氣故見其兆徵々應也 告列子列子行泣報壺子 列子鄭之隱士壺子弟子也報白也 壺子持以天壤 言精神天之有也形骸地之有也死自歸其本故曰持天壤矣 名實不入機發於踵 名爵號之名也實幣帛貨財之實不入者心不恤也機諭疾也謂命危殆不旋踵而至猶不恐懼 壺子之視死生亦齊 齊等 子求行年五十有四而病傴僂脊管高于頂䐐下迫頤兩脾在上 子求楚人也傴僂脊管下竅也高於頂出頭上也䐐肝胃也迫薄至於頤也兩脾下在上軀正負也䐐讀精神䐐越兕之歇也 燭營指天 燭陰華也營其竅也上指天也燭營讀曰括撮也 匍匐自闚於井 臨井水自觀照 曰偉哉造化者其以我為此拘拘邪 偉哉猶美哉也造化謂天

也拘〻好貌此其視變化亦同矣故觀堯之道乃知天下之輕也以其禪舜觀禹之志乃知天下之細也以其視龍猶蝘蜓也原壺子之論乃知死生之齊也論持以天壤也見子求之行乃知變化之同也行蜀圖闢於井此之謂也夫至人倚不拔之柱行不關之塗倚於不可拔搖之柱行於不可閉閉之塗言无不通稟不竭之府學不死之師無往而不遂往而遂也無至而不通至而通也生不足以挂志死不足以幽神屈神俛仰抱命而婉轉抱天命而婉轉不離違也禍福利害千變萬紾紾轉孰足以患心若此人者抱素守精蟬蛻蛇解游於太清輕舉獨往忽然入冥鳳皇不能與之儷儷偶而況斥鷃乎斥澤之鷃為飛不能出於頃畝喻弱也勢位爵祿何足以槩志也不足以槩至人之志晏子與崔杼明盟臨死地而不易其義晏子名嬰字平仲齊大夫也崔杼殺齊莊公盟諸侯曰不唯崔慶是從者如此盟晏子曰嬰所不唯忠於君而利社稷者是從亦如而利之故曰臨死地而不易其義者也殖華將戰而死莒君厚賂而止之

不改其行殖杞梁也華〻周皆齊士也爲君伐莒之隊莒人圍之壯其勇力厚賂而止之不可遂戰而死故曰不改
其行也故晏子可迫以仁不可劫以兵晏子不從崔杼之盟將見殺晏子曰句戟何不
句直矛何不摧不撓不義故曰不可劫以兵也殖華可止以義而不可縣以利縣諷也言
不爲利動也君子義死而不可以富貴留也義爲而不可以死
亡恐也彼則直爲義耳而尚猶不拘於物又況無爲者矣
堯不以有天下爲貴故授舜公子札不以有国爲尊故讓
位札吴壽夢之少子延州來季子也讓位不受見国春秋賢之諸侯之子稱公子也子罕不以玉爲富
故不受寶子罕宋戴公六世之孫西卿士之子司城桀喜也宋人或得玉以獻子罕子罕不受獻玉者曰以示玉人
玉人以爲宝故敢獻之子罕曰我以不貪爲宝子以玉爲宝若予我是皆喪宝也不如人有其宝稽首告曰小人懷璧不可以越鄉
納此以請死子罕置諸其里使玉人爲之攻之富而後使復其所故曰不受宝也務光不以生害義故
自投於淵務光湯時隱士也湯伐桀讓天下於務光人謂務光曰湯殺其君將帰不義之名於子務光因抱石自投
於深淵而死由此觀之至貴不待爵以至德見貴許由務光是也故曰不待爵也至富

不待財以至德見富若楚狂接輿是也王聞其賢使使者齎金百溢聘之欲以為相而不受故曰至富不待財也天
下至大矣而以與佗人也堯是身至親矣而棄之淵務光是也外
此其餘無足利矣外猶除也利猶食利或作私私獨受也此之謂無累之人無
累之人不以天下為貴矣上觀至人之論深原道德之意
以下考世俗之行乃足羞也考觀也故通許由之意金縢豹
韜廢矣金縢豹韜周公太公陰謀圖王之書也許由輕天下不受焉用此書為故曰廢矣延陵季子不
受吳国而訟閒田者慙矣訟閒田者虞芮及暴桓公蘇信公是也子罕不利寶
玉而爭券契者媿矣務光不汙於世而貪利偷生者悶矣
故不觀大義者不知生之不足貪也大義死君親之難也不聞大言者
不知天下之不足利也大言躰道无欲之言今夫窮鄙之社也叩盆拊
瓴相和而歌自以為樂矣窮鄙之社窮巷之小社也盆瓴瓦器叩之有音声故曰自以為樂也
嘗試為之擊建鼓撞巨鐘乃性仍仍然知其盆瓴之足羞

也仍仍不得志之貌仍仍或作聆聆猶聞也藏詩書脩文學而不知至論之旨則拊盆叩瓴之徒也夫以天下為者學之建鼓矣建鼓樂之大者尊勢厚利人之所貪也尊勢窮位厚利重祿使之左據天下圖而右手刎其喉愚夫不為由此觀之生尊于天下也天下至大非手所據故不言手聖人食足以接氣也使得據天下之圖籍行其權勢而刎喉殺身雖愚者不肯為也故曰生貴於天下矣衣足以蓋形適情不求餘接續也蓋覆也餘饒也無天下不虧其性有天下不羨其和虧損也羨過也和適也有天下無天下一實也實等今贛人敖倉予人河水贛賜也敖地名倉者以之常滿倉也在今滎陽縣北飢而飧之渴而飲之其入腹者不過簞食瓢漿簞笥則身飽而敖倉不為之減也減少腹滿而河水不為之竭也竭盡有之不加飽無之不為之飢與守其篅笔有其井一實篅笔受穀器也井家人之井水也篅讀顓孫之顓也人大怒破陰大喜墜陽已說在原道也大憂內崩大怖生狂除

穢去累漠若未始出其宗乃為大通清目而不以視（清明）静耳而不以聽鉗口而不以言委心而不以慮棄聰明而反太素休精神而棄知故覔而若眛以生而若死（眛暗也獸也楚人謂獸爲眛諭无知也）終則反本未生之時而與化爲一體（言人之未生時與死同生也故曰与化為一躰也）死之與生一體也今夫繇者揭钁臿負籠土（繇役也今河東謂治道為路道揭舉也钁斫也臿鍤也青州謂之鍤有刃也三輔謂之鋘也籠受土籠也）鹽汗交流喘息薄喉（白汗鹹如鹽故曰鹽汗也薄迫也氣衝喉也）當此之時得茠越下則脫然而喜矣（茠陰也三輔人謂休華樹下為茠也楚人樹上大本小如車蓋狀為越言多蔭也脫舒也言繇人之得小休息則氣得舒故喜也越讀經死重越之越也）巖穴之間非直越下之休也病疵瘕者捧心抑腹膝上叩頭（柳案也叩頭作跔跔讀車軥之軥也）踡跼而諦通夕不寐當此之時噲然得卧則親戚兄弟歡然而喜夫修夜之寧非直一噲之樂也（謂得安卧極夜者樂於一噲之樂然不得比長夜之樂也）故知宇宙之大則不可劫以死

生劫迫知養生之和則不可縣以天下養生之和謂正道也已脩正道不惑故不可示以天下之窮勢而移也知未生之樂則不可畏以死樂其未生之時雖懼之以死不知使之畏死言不畏死知許由之貴于舜則不貪物言不貪利欲之物也牆之立不若其偃也又況不為牆乎冰之凝不若其釋也又況不為冰乎不知未為牆冰之時偃凝能變也自無蹠有自有蹠無自无跡有從无形至有形也自有跡无從有形至无形也至无形謂死生變化也終始無端莫知其所萌非通于外內孰能無好憎好憎情欲無外之外至大也無內之內至貴也言天无有限外而能爲之外諭極大也无內言其小无內而能爲之內道尚微妙故曰至貴也小能知大貴何往而不遂大貴謂無內之內也言道至微能出入於无間故曰何往而不遂〻通也衰世湊學不知原心反本湊趨也趨其末不脩稽古之典苟邀名號耳故曰不知原心反本也直雕琢其性矯拂其情以與世交直猶但也彫琢其天性拂戾其本情以合流俗与世人交接也故目雖欲之禁之以度心雖樂之節之以禮趨翔周旋詘節卑拜肉凝而不食

酒澄而不飲外束其形内總其德錯陰陽之和而迫性命之情故終身爲悲人（悲哀也謂衰世之學）達至道者則不然理情性治心術養以和持以適樂道而忘賤安德而忘貧性有不欲無欲而不得（言其守虛欽持不欲之情性則无有所欲而不得也）心有不樂無樂而弗爲（言其志正不樂邪淫之樂則无有正樂而不爲樂言皆爲之樂也）無益情者不以累德而便於性者不以滑（滑乱）故縱體肆意而度制可以爲天下儀（縱放也肆緩也儀法也）今夫儒者不本其所以欲而禁其所欲（本所以欲謂正性恬漠也所欲謂情欲驕奢權勢也）不原其所以樂而閉其所樂是猶決江河之源而障之以手也（障蔽也言不能揜也）夫牧民者猶畜禽獸也不塞其囿垣使有野心系絆其足以禁其動而欲脩生壽終豈可得乎夫顔回季路子夏冉伯牛孔子之通學也然顔淵夭死季路葅於衛（顔淵十八而卒孔子曰回不幸短命死矣故曰夭也季路仕於衛〻君父子爭國季路死孔子曰若由不得其死然）

言不得以壽命終也故曰然衛人醢之以為醬故曰菹子夏失明冉伯牛為厲子夏哭子於西河哭其子而失明曾子哭之伯牛有疾孔子自牖執其手曰斯人也而有斯疾也此皆迫性拂情而不得其和也故子夏見曾子一臞一肥曾子問其故曰出見富貴之樂而欲之入見先王之道又説之兩者心戰故臞先王之道勝故肥道勝不惑懸於冨貴精神內守死思慮故肥也推此志非能貪富貴之位不便侈靡之樂此志子夏之志直宜迫性閉欲以義自防也宜猶但也雖情心鬱殪形性屈竭猶不得已自強也故莫能終其天年義以自防故情心鬱壹不通形性屈竭也以不得止而自勉強故死能終其天年之命也若夫至人量腹而食度形而衣容身而游適情而行餘天下而不貪委萬物而不利委棄也不以万物為利矣処大廓之宇游無極之野廓虛也極盡也登太皇馮太一玩天地于掌握之中太皇天也馮依也太一天之形神也玩弄也夫豈為貧富肥臞哉故儒者非能使人弗欲也欲而能止之言不能使人无情欲也已雖欲之能

以義自止也非能使人勿樂也樂而能禁之言不能使人无樂冨貴能以礼自禁制之論語曰不義而冨且貴於我如浮雲也夫使天下畏刑而不敢盜豈若能使無有盜心哉越人得顮蛇以爲上肴中国得而棄之無用顮蛇大虵也其長數丈學以爲上肴故知其無所用貪者能辭之不知其無所用廉者不能讓也夫人主之所以殘亡其国家損棄其社稷身死於人手爲天下笑未嘗非爲非欲也夫仇由貪大鍾之賂而亡其国仇由近晋之狄国也晋智襄子伐之先賂以大鍾仇由之君貪開道來受鍾爲和親智伯因是以兵滅取其国也仇讀仇餘之仇也虞君利垂棘之璧而擒其身晋大夫荀息謀於獻公以屈産之馬垂棘之璧假道於虞以伐號虞公貪璧馬假晋道既滅號還館於虞遂襲虞滅之君死位曰滅故曰擒其身也獻公豔驪姬之美而亂四世晋獻公伐驪戎得驪姬及其娣好色曰美好射曰豔獻公嬖之生奚齊其娣生卓子遂爲殺太子申生而立奚齊殺適立庶故曰乱四世者奚齊卓子惠公夷吾懷公圉也桓公甘易牙之和而不以時葬齊桓好味易牙烝其首子而進之遂見信用專任国政乱嫡庶桓公卒五公子爭立六十日而殯蟲流出戶五月不葬故曰不以時

葬也胡王淫女樂之娛而亡上地胡蓋西戎之君也秦穆公欲伐之先遺女樂以淫其志其臣由諫不從去戎來適秦秦得其上地上地美地也使此五君者適情辭餘以己爲度隨物而動豈有此大患哉五君仇白虞公晉獻公齊桓胡王也適猶節也動猶惑也故射矢不中也學射者不治天也不治天言不為而得用之然則爲者不得用之御者行學御者不為轡也知冬日之箑夏日之裘無用於己則萬物之變爲塵埃矣故以湯止沸沸乃不止誠知其本則去火而已矣箑扇也楚人謂扇為箑已止也

淮南鴻烈解卷第七

淮南鴻烈解卷第八

太尉祭酒臣許　慎　記上

本經訓 本始也經常也天經造化出於道治亂之由得失有常故曰本經因以題篇也

太清之治也和順以寂漠 清靜也太清无為之始者謂三皇之時和順不逆天暴物也寂漠不擾民質眞而素樸閑靜而不躁推移而无故 質性也眞不變也素樸精不散也閑靜言无欲也不躁擾故常也在内而合乎道出外而調于義 在内者志在心平欲故能合於道出於外者身所履行也行不越規矩故能調義；或作德也發動而成于文行快而便于物 發作也動行也文文章也便利也物事也其言略而循理其行侻而順情 略約要也侻簡易也侻讀射侻取不覺之侻也其心愉而不僞其事素而不飾 愉和也僞虛詐也素樸也飾巧也是以不擇時日不占卦兆 擇選也卦八卦也兆契龜之兆也世所以占吉凶也不謀所始不議所終安則止激則行通體于天地同精于陰陽一和于四時 一同也明照于日月與造化者相雌雄 造化天地也雌雄猶和適也是以天覆以德地

載以樂（樂生也）四時不失其敘風雨不降其虐日月淑清而
揚光（光明也）五星循軌而不失其行（五星熒惑太白鎮辰歲星也軌道也循順也）當
此之時玄元至碭而運照（玄天也元氣也碭大也言盛德之君恩仁廣大徧照四海也）鳳
麟至蓍龜兆鳳麟（聖德之世至於門庭蓍四十九策兆信也善言否學也）甘露下竹實滿流
黃出而朱草生（滿成也流黃玉也朱草生於庭皆瑞應也）機械詐偽莫藏于心（莫无
也）逮至衰世鐫山石（鐫猶鑿也求今玉也）鍥金玉擿蚌蜃（鍥刻金玉以為器也擿猶
開也開以求味也）消銅鐵而萬物不滋（不滋長也言盡物類也）刳胎殺夭麒麟不
游（胎獸胎也夭麋子也為類見害故不來游）覆巢毀卵鳳皇不翔（鳥未㲉曰卵也）鑽燧
取火構木為臺焚林而田竭澤而漁（田獵也竭澤漏池也）人械不足
畜藏有餘（械器用也畜積藏餘府府實也）而萬物不繁兆萌牙卵胎而不
成者處之太半矣積壤而丘處糞田而種穀掘地而井飲
疏川而為利（疏通）築城而為固拘獸以為畜列陰陽繆戾四

時失敘，雷霆毀折，雹霰降虐，氛霧雪霜不霽（霽，止也），而萬物燋夭（霜雪之害不止，則萬物燋夭，不繁茂也）。菑榛穢聚，埒畝（菑，草曰茂；木聚曰榛，積之於壠畝），芟野菼，長苗秀（芟，殺也。菼，草也。苗，稼也。不榮而實曰秀也）。草木之句萌、銜華、戴實而死者，不可勝數。乃至夏屋宮駕，縣聯房植（夏屋，大屋也。縣聯，聯受雀頭著擔者，一曰辟帶也。房，室也。植，戶植也），橑檐榱題（橑，椽橑也。檐，屋垂也。榱，棟也。題，當也），雕琢刻鏤，喬枝菱阿，芙蓉芰荷（阿，曲屋也。芙蓉，藕華也。菱，角芰苕也。荷，芙蕖也），五采爭勝，流漫陸離（流漫，采色相參和。陸離，美好貌），脩掞曲挍，夭矯曾橈，芒繁紛挐（皆屋飾也。芒讀麥芒之芒，挐讀上谷茹縣之茹），以相交持，公輸、王爾無所錯其剞劂削鋸（公輸，巧者，一曰魯班之號也。王爾，古之巧匠也。剞，巧剞畫盡頭黑邊箋也。劂，鋸尺。削，兩刃句刀也。剞讀枝尺之枝也，劂讀詩蹶角之蹶，削讀綃頭之綃也），然猶未能贍人主之欲也。是以松柏箘露夏槁（松柏根茂，箘露竹箭，皆冬生難殺之木。當是時夏槁死也，剝君作事不時，陰陽失敘。箘讀似綸，盡讀南陽人言道路之路），江河三川絕而不流（三川，涇、渭、并也，出於岐山。絕，竭也，故曰不流。國語曰：河竭而商亡也），夷羊在牧（夷羊，土神，殷之將亡，見於商郊牧野）。

之地飛蛩滿野蛩蟬蛾蠓之屬也一曰蝗也兖州謂之螣螣讀近殆緩氣言之蛩讀詩受小共之拱天旱地坼
坼燥裂也鳳皇不下句爪居牙戴角出距之獸於是鷙矣句爪鷹鸇
之屬也居牙熊虎之屬也距讀拒守之拒民之專室蓬廬無所歸宿專〻特〻小室也蓬廬蘧篨覆也言
小有賓客歸之无所庇宿也凍餓飢寒死者相枕席也言其眾也及至分山川谿
谷使有壤界計人多少眾寡使有分數築城掘池設機械
險阻以爲備飾職事制服等等差也異貴賤差賢不肖經誹
譽行賞罰經書也誹惡譽善賞可賞罰可罰也則兵革興而分爭生民之滅
抑夭隱虐殺不辜而刑誅無罪於是生矣抑沒也言民有滅沒夭折之痛天
地之合和陰陽之陶化萬物皆乘人氣者也天地合和其氣故生陰陽陶化萬物
是故上下離心氣乃上蒸離者不和也君臣不和五穀不爲不爲
日冬至四十六日天含和而未降也懷氣而未揚自立
陰陽儲與呼吸浸潭包裹風俗儲與猶尚羊无所主之貌也一曰裹

大貌也浸潭廣衍故曰包裹民俗也斟酌萬殊旁薄眾宜旁並也薄近也眾物宜適也以相嘔
附醞釀而成育羣生附讀符命之符醞釀猶和調也是故春肅秋榮冬雷夏
霜皆賊氣之所生由此觀之天地宇宙一人之身也以身諭也六
合之內一人之制也六合四方上下也是故明於性者天地不能脅
也恐脅也審於符者怪物不能惑也審明也符驗也怪物非常人所疑惑也故聖人
者由近知遠而萬殊爲一殊異也一同也古之人同氣于天地與一
世而優游優游猶委從也當此之時無慶賀之利刑罰之威禮義
廉恥不設誹譽仁鄙不立而萬民莫相侵欺暴虐猶在于
混冥之中混大也大冥之中謂道也逮至衰世人眾而財寡事力勞而養
不足於是忿爭生是以貴仁仁鄙不齊比周朋黨設詐諝
懷機械巧故之心而性失矣諝謀也性失失其純樸之性也是以貴義陰陽
之情莫不有血氣之感男女羣居雜處而無別是以貴禮

禮以別也性命之情淫而相脅晋迫以不得已則不和是以貴樂以樂知之是故仁義禮樂者可以救敗而非通治之至也夫仁者所以救爭也義者所以救失也禮者所以救淫也樂者所以救憂也神明定於天下而心反其初心反其初而民性善初者始也有情也未有情欲故性善也民性善而天地陰陽從而包之則財足財足而人贍矣貪鄙忿爭不得生焉由此觀之則仁義不用矣道德定於天下而民純樸則目不營於色營惑耳不淫於聲坐俳而歌謠被髮而浮游雖有毛嬙西施之色不知悅也言尚德也掉羽武象不知樂也掉羽羽舞也武象周武王樂也淫泆無別不得生焉由此觀之禮樂不用也是故德衰然後仁生行沮然後義立沮敗也和失然後聲調禮淫然後容飾是故知神明然後知道德之不足爲也知道德然後知仁義之不足

行也道德本仁義末知仁義然後知禮樂之不足脩也仁義大也禮樂小也今背其本而求于末釋其要而索之于詳未可與言至也至至德之道也天地之大可以矩表識也矩度也表影識知也星月之行可以歷推得也歷術也推求也雷震之聲可以鼓鐘寫也寫猶放斅也風雨之變可以音律知也律知陰陽是故大可覩者可得而量也明可見者可得而蔽也蔽或作察聲可聞者可得而調也色可察者可得而別也夫至大天地弗能含也至微神明弗能領也領理也及至建律歷別五色異清濁清商濁宮味甘苦則樸散而爲器矣立仁義脩禮樂則德遷而爲僞矣脩設也遷移也及僞之生也飾智以驚愚設詐以巧上巧欺上也天下有能持之者有能治之者也有能持之者桀紂之民有能治之者湯武之君也昔者蒼頡作書而天雨粟鬼夜哭蒼頡始視鳥迹之文造書有契則詐僞萌生詐僞萌生則去本趨末棄耕作之業而務錐刀之利天知其將餓故爲南粟鬼恐爲書又所

翅故夜哭也鬼或作兔兔恐見取毫作筆害及其軀故夜哭伯益作井而龍登玄雲神棲崑
崙伯益佐舜初作井鑿地而未水龍知將決川谷漉陂池恐見害故登雲而去棲其神於崑崙之山也能愈多而德
愈薄矣愈益也故周鼎著倕使銜其指以明大巧之不可爲也
倕堯之巧工也及周鑄鼎著倕像於鼎使銜其指假令倕在見之役巧不能復踰但當銜齧其指故曰以明巧之不可爲也一說周人鑄鼎畫像鏤倕身於鼎使自銜其指以戒後世明不當大巧爲也故至人之治也心與神處形
與性調靜而體德動而理通隨自然之性而緣不得已之
化洞然無爲而天下自和憺然無欲而民自樸無機祥而
民不夭不忿爭而養足兼包海內澤及後世不知爲之者
誰何道死姓名自當然也故曰不知誰何也是故生無號死無謚實不聚而名
不立實財也道不名故名不立施者不德受者不讓施者不以爲恩德振不足而已受者不讓之則
受之不飾辭讓也德交歸焉而莫之充忍也忍不忍也故德之所總道弗
能害也總一也智之所不知辯弗能解也有智謀者尚不能知但口辯者何能解也

不言之辯不道之道若或通焉謂之天府〔令有也有能通不言之辯不道之道者入天之府藏〕取焉而不損〔損減也〕酌焉而不竭〔酌猶予竭盡也〕莫知其所由出是謂瑶光瑶光者資糧萬物者也〔瑶光謂北斗杓第七星居中而運歷指十二辰擿起陰陽以殺生萬物也一說瑶光和氣之見者也〕振困窮補不足則名生〔名仁名也〕興利除害伐亂禁暴則功成〔功武功也〕世無災害雖神无所施其德上下和輯雖賢無所立其功昔容成氏之時道路鴈行列處〔容成黃帝時造歷術也鴈行長幼有差也〕託嬰兒於巢上置餘糧於畮首虎豹可尾虺蛇可蹍而不知其所由然〔虎豹擾人无害人之心故可牽尾虺蛇不螫毒故可蹍履也時人謂自當然耳故曰不知其所由然〕逮至堯之時十日並出焦禾稼殺草木而民无所食猰貐鑿齒九嬰大風封豨修蛇皆爲民害〔猰讀車軋履人之軋貐讀疾除喻之瘉也〕堯乃使羿誅鑿齒於疇華之野〔鑿齒獸名齒長三尺其狀如鑿下徹頷下而持戈盾羿善射堯展羿射殺之疇華南方澤名也〕殺九嬰於凶水之上〔九嬰水火之怪爲人害北狄之

地有凶水繳大風於青丘之澤大風風伯也能壞人屋舍羿於青丘之澤繳遮使不為害也一曰以繳繫矢射殺之青丘東方之澤名也上射十日而下殺猰貐十日並出羿射去九猰貐獸名也狀若龍首或曰似貍善走而食人在西方也斷脩蛇於洞庭禽封豨於桑林脩蛇大蛇也吞象三年而出其骨之類洞庭南方澤名封豨大豕也楚人頭豕為豨也桑林湯所禱旱桑山之林萬民皆喜置堯以為天子於是天下廣陜險易遠近始有道里舜之時共工振滔洪水以薄空桑共工水官名也栢有之後振動也滔蕩也欲壅防百川滔高堙庳以害天下者薄迫也空桑地名在魯也龍門未開呂梁未發江淮通流四海溟涬民皆上丘陵赴樹木龍門河之隘也在左馮翊夏王北禹所鑿也呂梁在彭城呂縣石生水中禹決而通之民所由得度也故曰呂梁也未發之時水道不通江淮合流四海溟涬無岸畔也舜乃使禹疏三江五湖闢伊闕導廛澗伊闕山名也禹所開以通伊水故曰闕伊闕在雒陽西南九十里廛澗兩水名也廛讀裹纏之纏也平通溝陸流注東海鴻水漏九州乾萬民皆寧其性是以稱堯舜以為聖晚世之時帝有桀紂為琁室瑤臺象廊玉牀琁瑤

石之似玉以飾室臺也用象牙飾廊殿以玉爲牀言淫佚也琁或作旋瑤或作搖言室施機關可轉琁也臺可搖動極士木之巧也紂爲肉圃酒池紂積肉以爲圃圃積酒以爲淵池今河內朝歌紂所都也城西有糟丘酒池處是也燎焚天下之財罷苦萬民之力剖諫者剔孕婦王子比干紂之諸父也數諫紂之无道紂剖其心而觀之故曰剖諫者孕婦姙身將就草之婦也紂解剔觀其胞裏故曰剔孕婦也攘天下虐百姓於是湯乃以革車三百乘伐桀于南巢放之夏臺革車兵車也南巢今廬江巢縣是也夏臺大臺故作宮也武王甲卒三千破紂牧野殺之于宣室武王周文王之子發也在車曰士步曰卒牧野南郊地名在朝歌城外宣室殷宮名一日宣室獄也天下寧定百姓和集是以稱湯武之賢由此觀之有賢聖之名者必遭亂世之患也今至人生亂世之中含德懷道拘无窮之智鉗口寢說遂不言而死者衆矣至人至德之人然天下莫知貴其不言也無有貴維口不言而死也故道可道非常道至道无名不可道故曰可道者非常道也名可名非常名眞人之名不可得名也著於竹帛鏤於金石可傳於人者其

粗也五帝三王殊事而同指異路而同歸五帝黃帝顓頊帝嚳帝堯帝舜三王夏禹殷湯周文王同歸同歸修仁義也晚世學者不知道之所一體德之所總要總凡也要約也取成之迹相與危坐而說之鼓歌而舞之故博學多聞而不免於惑詩云不敢暴虎不敢馮河人知其一莫知其他此之謂也兕兵摶虎曰暴虎兕舟揖而渡曰馮河言小人而為政不可不敬則危猶暴虎馮河之必死人皆暴虎馮河立至害也故曰知其一而不知當畏慎小人危亡也故曰莫知其他北不免於惑此之謂也帝者體太一體法也大一天之刑神也王者法陰陽霸者則四時君者用六律秉太一者牢籠天地彈壓山川平讀屋霤楚人謂牢為霤彈山川令出雲雨復能壓止之含吐陰陽伸曳四時伸曳猶押引和調之紀綱八極經緯六合覆露照導普氾無私普大也氾衆也無私愛憎言皆公也蠉飛蠕動莫不仰德而生陰陽者承天地之和形萬殊之體含氣化物以成埒類埒形也嬴縮卷舒淪於不測嬴長也縮短也卷屈也舒散也淪入也測深也入於不可測盡之深終始虛滿轉

於無原（轉化歸於无窮之原本也）四時者春生夏長秋收冬藏取予有節出入有時開闔張歙不失其敘（歙讀曰脅敘次也）喜怒剛柔不離其理（理道也）六律者生之與殺也賞之與罰也予之與奪也（予布施也奪取收也）非此無道也（則日時用六律之君非用此上事其餘死他道也）故謹於權衡準繩審乎輕重足以治其境內矣（準衡平也準法也繩直也）是故體太一者明於天地之情通於道德之倫聰明燿於日月精神通於萬物動靜調於陰陽喜怒和乎四時德澤施乎方外（施延延於遠方之外）名聲傳乎後世（後世傳聞之也）法陰陽者德與天地參明與日月並（並併也）精與鬼神總（總合也）戴負履方抱表懷繩（員天也方地也表正也繩直也）內能治身外能得人（能得人之歡心）發號施令天下莫不從風（風化也）則四時者柔而不脆剛而不鞼（鞼折也）寬而不肆（肆緩也雖寬不過齊）肅而不悖（肅急也雖急不促悖非也）優柔委從以養羣類（類物類也）其德含

愚而容不肖無所私受[私邪也]用六律者伐亂禁暴進賢而廢不肖扶撥以爲正[撥任也扶治也]壞險以爲平矯枉以爲直[矯正也枉曲也]明於禁舍開閉之道乘時因勢以服役人心也[役使也]帝者體陰陽則侵[爲諸夏所侵陵]王者法四時則削[爲諸夏所侵削傳曰諸侯侵犯王略也]霸者節六律則辱[爲鄰國所侮辱]君者失準繩則廢[爲臣所廢紲更立賢]故小而行大則滔窕而不親[滔窕不滿密也不爲臣下所親附也]大而行小則陿隘而不容[行小則正陿隘而不容包臣下]貴賤不失其體而天下治矣[不失其體大行大小行小也]天愛其精墬愛其平人愛其情[精光明也平正也情性也]天之精日月星辰雷電風雨也地之平水火金木土也人之情思慮聰明喜怒也故閉四關止五遁則與道淪[四關耳目心口遁逸也淪入也]是故神明藏於無形精神反於至眞[眞身也]則目明而不以視耳聰而不以聽心條達而不以思慮委而弗爲和而弗

矜矜自大也眞性命之情而智故不得雜焉雜糅也精泄於目則其
視明泄猶通也在於耳則其聽聰留於口則其言當當合也集於
心則其慮通集止也故閉四關則身無患百節莫苑苑病也苑讀南
陽之宛也莫死莫生莫虛莫盈是謂眞人言守其常凡亂之所由生者
皆在流遁流遁之所生者五流放也遁逸也大構駕興宮室構連也駕材木
相乘駕也延樓棧道雞棲井幹延樓高樓也棧道飛閣複道相通雞棲井榦複屋㷒井也刻花置其中也
檦抹欂櫨以相支持木巧之飾飾巧飾盤紆刻儼盤盤龍也紆曲屈刻儼浮首虎
頭之屬皆雕飾也儼讀儼然之儼也贏鏤雕琢詭文回波贏鏤文章鏤雕畫也王曰琢皆飾巧也詭文奇異之文也
回波若水波也淌游瀷淢菱杼紾抱淌湘瀷淢皆文畫擬像水勢之貌也菱芰杼采實紾戾也抱轉也皆
壯采相銜持貌也淌讀平敞之敞瀷燕人強春言敕之敕淢讀郁乎文哉之郁菱讀楚言杼紾讀紾結之紾抱讀岐嶷之嶷芒
繁亂澤巧僞紛挐以相摧錯此遁於木也皆采色形像文章貌挐讀人性紛挐
不解之挐鑿汙池之深肆畛崖之遠肆極也崖垠也來谿谷之流飾曲岸

之際積牒旋石以純脩碕飾治也牒累純緣也以玉石致之水邊爲脩碕或作旋石旋石切以牒累
流水邊爲脩碕脩碕曲中水所縈廻也柳滅怒瀨以揚激波柳止也滅怒水也瀨急流也而柳止之故
激揚之波起也曲拂邅迴以像湡浯拂戾也邅迴轉流也湡番隅浯蒼梧之二国多水江湖環之故多象渠池
以自邅迴法而像之也湡讀禺聲之愚也益樹蓮菱以食鼈鼉魚、樹種也蓮藕實也菱芰也皆可以養魚鼈鼉
蓮讀蓮羊魚之蓮也鴻鵠鷫鷞稻梁饒餘鷫鷞鴈類也一曰鳳之別類也龍舟鷁首浮
吹以娛此遁於水也龍舟大舟也刻爲龍文以爲飾也鷁大鳥也畫其象著船頭故曰鷁首也於舟中吹籟
與竽以爲樂故曰浮吹以娛高築城郭設樹險阻崇臺榭之隆設施也樹立也一說種樹
木以爲險阻令難攻易守也積土高丈曰臺加木曰樹也脩苑園之大以窮要妙之望脩廣
也有牆曰苑無牆曰囿所以畜禽獸也盡極要之觀望也魏闕之高上際青雲大廈曾加擬
於崑崙門闕高崇巍巍然故曰魏闕也際接也上接青雲周礼所謂象魏也大廈大屋也曾重架材木相乘架也其高
與崑崙山相擬像也脩爲牆垣甬道相連甬道飛閣複道也甬讀踊躍之踊道讀道布之道也殘
高增下積土爲山殘隤也增益也接徑歷遠直道夷險接疾也道行也道之阨者

正直之夷平也終日馳騖而無蹪蹈之患此遁於土也大鐘鼎美重器鐘音之君也重器大器蓋鐘鼎也華蟲疏鏤以相繆紾書曰山龍華蟲藻火粉米繆紾相纏結也寢兕伏虎蟠龍連組兕獸名寢伏各有形也蟠龍詰屈相連文錯如織組文也焜昱錯眩照耀煇煌錯襍也眩惑也照耀煇煌焜光澤色貌也偃蹇蓼糾曲成文章雕琢之飾鍛錫文鏡乍晦乍明雕畫也緣錯錫文如脂膩不可刷如連珠不可掇故曰乍晦乍明也抑微滅瑕霜文沈居若簟籧篨言劍理之美沒滅其瑕文鏡如霜皆沒身中故曰沈居簟竹席籧篨葦席取其邪文次序劍鏡若此也纏錦經冗似數而疏劍文相句連纏如綺經冗如錦似數如疏文鏡美眩人目此遁於金也煎熬焚炙調齊和之適以窮荊吳甘酸之變荊楚言二國善醯醎之和而窮盡之焚林而獵燒燎大木鼓橐吹埵以銷銅鐵鼓擊也橐冶鑪排橐也埵銅橐鐵筒埵入火中吹火也故曰吹埵銷鑠靡流堅鍛無厭足目山無峻幹水無柘梓峻幹長枝也柘桑梓滋生也燎木以爲炭燔草而爲灰野莽白素不得其時莽鴸草上白素也掩天光下殄地財此遁於火也殄盡也殄讀曰典也此五者一足以

亡天下矣五者之中有一則足以滅亡也是故古者明堂之制下之潤溼弗能及上之霧露弗能入四方之風弗能襲明堂王者布政之堂上圓下方四出各有左右房謂之个凡十二門王者月居其房告朔朝歷頒宣其令謂之明堂其中可以序昭穆謂之太廟其上可以望氣祥書雲物謂之靈臺其外圓似辟廱諸侯之制半天子謂之泮宮詩云矯矯虎臣在泮獻馘是也土事不文質也木工不斲樸而已斲或作琢不雕畫也金器不鏤不錯鏤誠文飾也鏤讀婁之婁衣無隅差之削隅角也差邪也古者質皆全幅為衣裳無有邪角邪角削殺也冠無觚蠃之理觚蠃之理謂若馬目籠柏連干也言無者冠文取平直而已也蠃讀指端蠃文之蠃也堂大足以周旋理文堂明堂所以升降揖讓脩禮容故曰周旋理文理政事文書也靜潔足以饗上帝禮鬼神以示民知儉節孝經曰宗祀文王於明堂以配上帝也夫聲色五味遠國珍怪瓌異奇物足以變易心志搖蕩精神感動血氣者不可勝計也夫天地之生財也本不過五不過五行之數聖人節五行則治不荒五行金木水火土也水屬陰行火為陽行木為燠行金為寒行土為風行五氣常行故曰五行凡人

之性心和欲得則樂心和不喜不怒欲得无違耳樂斯動動斯蹈蹈斯蕩蕩斯歌歌斯舞歌舞節則禽獸跳矣人之性心有憂喪則悲悲則哀有憂艱難也喪亡也亡失所離愛則悲悲則傷哀斯憤憤斯怒怒斯動動則手足不靜靜寧也躃踊哭泣哀以送之也人之性有侵犯則怒怒則血充人欲有侵犯則怒盛血氣充盈以成其勢血充則氣激氣激則發怒發怒則有所釋憾矣釋解也憾恨也故鐘鼓管簫干鏚羽旄所以飾喜也衰絰苴杖苴麻之有實者衰讀曰崔杼之崔也哭踊有節所以飾哀也爲哀所容故曰飾也兵革羽旄金鼓斧鉞所以飾怒也必有其質乃爲之文古者聖王在上政教平仁愛洽上下同心君臣輯睦衣食有餘家給人足父慈慈哀也子孝兄良弟順生者不怨死者不恨有道之世人得其志故生者不怨也皆終其天命故死者不恨天下和洽人得其願夫人相樂無所發貺故聖人爲之作樂以和節之夫人衆人也相中心相樂所以發其恩賜也故

聖人為之作樂以節之猶適制也末世之政田漁重稅關市急征澤梁畢禁網罟無所布耒耨無所設民力竭於徭役財殫於會賦會計計人口數責其稅斂也居者無食行者無糧老者不養死者不葬贅妻鬻子以給上求猶弗能贍贅從嫁也或作賃妻愚夫惷婦皆有流連之心悽愴之志流連猶爛漫失其職業也悽愴傷悼之貌惷讀近貯益之貯戇惷籠口言之也乃使始為之撞大鍾擊鳴鼓吹竽笙彈琴瑟失樂之本矣古者上求薄而民用給給足君施其德臣盡其忠父行其慈子竭其孝竭盡也善事父母曰孝也各致其愛而無憾恨其間无憾恨各得其願也夫三年之喪非強而致之非強行致孝子之情也情自發於中聽樂不樂食旨不甘思慕之心未能絕也三年之思思慕之心未能自絕於哀戚也晚世風流俗敗嗜慾多禮義廢君臣相欺父子疑怨左充胷思心盡亡盡喪其忠孝思慕之心也被衰戴絰戲笑其中雖致之三年失喪之本也本在哀戚古者天

子一畿諸侯一同方千里為畿方百里為同各守其分不得相侵分猶界也有不行王道者暴虐萬民爭地侵壤亂政犯禁召之不至令之不行言不行上令者行讀行馬之行禁之不止誨之不變誨教也變更也乃舉兵而伐之戮其君易其黨封其墓類其社有賢者受惡君之誅則封殖其墓若武王伐紂封比干之墓是也祭社曰類以事類祭之也詩云是類是禡也卜其子孫以代之卜擇立其子孫之賢也天子不滅國諸侯不滅姓古之政也晚世務廣地侵壤并兼無已舉不義之兵伐無罪之國殺不辜之民絕先聖之後辜罪也民皆帝王之後故曰絕先聖之後大國出攻小國城守驅人之牛馬傒人之子女傒繫囚之繫讀曰雞毀人之宗廟遷人之重寶血流千里暴骸滿野以贍貪主之欲非兵之所為生也言兵為禁暴整亂設不為作亂生也故兵者所以討暴非所以為暴也言兵討人之暴亂非所以自為暴亂也樂者所以致和非所以為淫也樂蕩人之邪志存人之正性致其中和而已非所為自淫遁也喪者所以盡哀非所以為偽也喪踊哭泣所以

盡孝子之哀情也非所以為詐僞佯哀慼而已也故事親有道矣而愛爲務道孝道務在愛敬其親朝廷有容矣而敬為上朝廷之容濟濟也父子主愛君臣主敬故以敬為上也處喪有禮矣而哀爲主処居也喪礼三年之礼也論語曰喪与其易也寧戚故曰以哀為主也用兵有術矣而義為本術数也陰陽天生虛實之數也傳曰天生五材民並用之廢一不可誰能去兵兵之所由來久矣聖人以興乱人以亡廢興存亡昬明之術也故曰以義為本本立而道行本傷而道廢本立義立也本傷義喪也故曰道廢

淮南鴻烈解卷第八

淮南鴻烈解卷第九

太尉祭酒臣許　慎　記上

主術訓

（主君也術道也君之宰国統御臣下五帝三王以來无不用道而興故曰主術也因以題篇）

人主之術処无爲之事而行不言之教（教令也謂不言而事辦也）清靜而不動一度而不揺因循而任下責成而不勞（成辦而不自勞）是故心知規而師傅諭導（規謀也師者所從取法則也傳相也諭導以正道也）口能言而行人稱辭足能行而相者先導（規義）耳能聽而執正進諫（諫或作謀也其世子時也）是故慮无失策謀无過事（過猶設也）言爲文章行爲儀表於天下（爲天下人所法則也）進退應時動靜循理不爲醜美好憎（不爲）賞罰喜怒名各自名類各自類事猶自然莫出於己故古之王者冕而前旒所以蔽明也（冕王者冠也前旒前後垂珠飾遂延也下自目故曰蔽明也天子玉縣十二公侯桂珠九卿點珠六伯子各應隨其命數也）黈纊塞耳所以掩聰（不欲其妄聞也）

黈讀而買黈盆之黈也天子外屏所以自障屏樹垣也爾雅曰門內之垣謂之樹論語曰国君樹塞門諸侯在內天子在外故曰所以自障也故所理者遠則所在者邇所治者大則所守者少夫目安視則淫耳安聽則惑口安言則亂夫三關者不可不慎守也若欲規之乃是離之言嗜欲有所規合乃是離散也若欲飾之乃是賊之飾好也賊敗也天氣爲魂地氣爲魄反之玄房各處其宅守而勿失上通太一太一之精通於天道天道玄默无容无則天不可極深不可測測盡尚與人化知不能得天道至大非人智慮所能得也昔者神農之治天下也神不馳於胸中言釋神安靜不躁動也智不出於四域信身在中懷其仁成之心懷思甘雨時降五穀蕃植蕃茂植長春生夏長秋收冬藏月省時考茂成歲終獻功以時嘗穀嘗之新穀薦之明堂祀于明堂明堂之制有蓋而無四方風雨不能襲寒暑不能傷遷延而入之養民以

公（迂延猶倘佯也已猶在本經也）其民樸重端愨（端直也愨誠也）不忿争而財足不勞形而功成因天地之資而与之和同是故威厲而不殺刑錯而不用法省而不煩（省約也煩多也）故其化如神其地南至交阯北至幽都（幽冥之都）東至湯谷（日所出也）西至三危（三危西極之山）莫不聽從當此之時法寬刑緩囹圄空虛而天下一俗（一同其俗）莫懷姦心末世之政則不然上好取而无量下貪狼而无讓民貧苦而忿争事力勞而无功智詐萌興盜賊滋彰上下相怨號令不行執政有司不務反道矯拂其本而事修其末（事治）削薄其德曾累其刑而欲以爲治无以異於執彈而來鳥揮棁而狎犬也乱乃逾甚（逾益）夫水濁則魚噞（魚短氣出口於水端息之喻也）政苛則民乱（言无聊也）故夫養虎豹犀象者爲之圈檻供其嗜欲適其飢飽違其怒恚然而不能終其天年者刑有所劫

也是以上多故則下多詐（故巧）上多事則下多能上煩擾則下不定（不定不知所從）上多求則下交爭不直之於本而事之於末譬猶揚堁而弭塵抱薪以救火也（堁塵塺也楚人謂之堁堁動塵之皃弭止也）故聖人事省而易治求寡而易贍（贍給）不施而仁不言而信不求而得不為而成塊然保真抱德推誠（誠實）天下從之如響之應聲景之像形其所修者本也（詹何曰未聞身治而國乱故曰其所修者本也）刑罰不足以移風殺戮不足以禁姦唯神化為貴至精為神夫疾呼不過聞百步志之所在踰于千里（踰猶通也）冬日之陽夏日之陰万物歸之而莫使之然（冬日仁物歸陽夏日猛物歸陰莫使之自然如是也）故至精之像弗招而自來不麾而自往窈窈冥冥不知為之者誰而功自成智者弗能誦辯者弗能形昔孫叔敖恬臥而郢人无所害其鋒（郢楚國都也孫叔敖楚大夫也蓋乘馬三年不知其牝牡言其

（賢也但恬卧養德折衝千里之外敵国不敢犯宫故郢人不奉兵出伐无所害其鋒於四方也）市南宜遼弄丸而兩家之難無所關其辭（宜遼姓也名熊勇士居楚市南楚平王太子建爲費无極所逐奔鄭鄭人殺之其子勝在吳令尹子西召之以爲白公請伐鄭以報讎子西許之而未出師晉人伐鄭以報讎子西救之勝怒曰鄭人在此讎不遠矣欲殺子西其臣石乞曰市南熊宜遼得之可以當五百人乃往視之告其故不從奉之以劒不動而弄丸不輟心志不懼曰不能以子爲乱亦不泄子之事曰公遂殺子西兩雖有難不怨宜遼故曰无所関其辭也）鞅鞈鐵鎧瞋目扼掔其於以禦兵刃縣矣（縣遠也比於德不及之遠）券契束帛刑罰斧鉞其於以解難薄矣（薄於德也）待目而照見待言而使令其於爲治難矣蘧伯玉爲相子貢往觀之曰何以治國曰以弗治治之（蘧伯玉衛大夫蘧瑗也子貢衛人也姓端木名賜孔子弟子也）簡子欲伐衛使史黯往覿焉（簡子晉卿趙鞅也史黯史墨也覿觀之也）還反報曰蘧伯玉爲相未可以加兵（以其賢也）固塞險阻何足以致之（致猶勝也）故皐陶瘖而爲大理天下無虐刑有貴于言者也（雖瘖平獄理訟能得人之情故貴於多言者也）

師曠瞽而爲大宰晉无乱政有貴于見者也雖盲而大治晉国使无有乱政故貴於有所見故不言之令不視之見不言之令皐陶瘖也不視之見師曠瞽也此伏犧神農之所以爲師也以用師法故民之化也不從其所言而從其所行以其志意之所行故齊莊公好勇不使鬬爭而國家多難其漸至于崔杼之亂莊公齊靈公之子光崔杼齊大夫也乱殺莊公也頃襄好色不使風議而民多昏亂其積至昭奇之難楚頃襄王昭奇楚大夫也故至精之所動若春氣之生秋氣之殺也雖馳傳騖置不若此其亟亟疾故君人者其猶射者乎於此豪末於彼尋常矣故慎所以感之也夫榮啓期一彈而孔子三日樂感于和鄒忌一徽而威王終夕悲感于憂徽鶩彈也威王齊宣王之父也在春秋後徽讀紛麻緣車之緯也動諸琴瑟形諸音聲而能使人爲之哀樂哀威王也樂孔子也縣法設賞而不能移風易俗者其誠心弗施也甯戚商歌車下植

公喟然而竊矣至精入人深矣故曰樂聽其音則知其俗見其俗則知其化孔子學鼓琴於師襄（師襄魯樂太師）而諭文王之志見微以知明矣（諭教〻之鼓文正操也）延陵季子聽魯樂而知殷夏之風論近以識遠也作之上古施及千歲而文不滅況於並世化民乎湯之時七年旱以身禱於桑林之際而四海之雲湊（湊會也或作蒸〻升也）千里之雨至抱質效誠感動天地神諭方外令行禁止豈足爲哉古聖王至精形於內而好憎忘於外（形見好憎情欲已充）出言以副情發號以明旨陳之以禮樂風之以歌謠業貫萬世而不壅（貫通壅塞）横扃四方而不窮禽獸昆蟲與之陶化（化從昆虫或作鬼神）又況於執法施令乎故太上神化其次使不得爲非其次賞賢而罰暴（暴虐亂也）衡之於左右無私輕重故可以爲平（衡銓衡也）繩之於內外無

私曲直故可以爲正人主之於用法無私好憎故可以爲命夫權輕重不差蟁首蟁首猶微細也扶撥枉橈不失箴鋒直施矯邪不私辟險姦不能枉讒不能亂德無所立立見怨無所藏是任術而釋人心者也故爲治者不與焉治在道不在智故曰不与焉夫舟浮於水車轉於陸此勢之自然也木擊折轊水戾破舟不怨木石而罪巧拙者罪御者刺舟者之巧拙也知故不載焉言木石无巧詐故不怨也是故道有智則惑言道智則惑也德有心則險心有目則眩眩於物也兵莫憯於志而莫邪爲下寇莫大於陰陽而枹鼓爲小小細憯猶利也以志意精誠伐人為利老子曰重積德則无不剋故以莫邪為下也寇亦兵也推陰陽虛實之道為大故以枹鼓爲小也今夫權衡規矩一定而不易不爲秦楚變節不爲胡越改容常一而不邪方行而不流一日刑之萬世傳之而以無爲爲之言无所爲爲之自爲之故國有亡主而世無廢道亡主桀紂是也湯武以其

民主故曰无廢道也人有困窮而理無不通理道由此觀之無爲者道之宗宗本故得道之宗應物無窮任人之才難以至治才智湯武聖主也而不能與越人乘幹舟而浮於江湖幹舟小船也危險越人習水自能乘之故湯武不能也一曰大舟也伊尹賢相也而不能與胡人騎騵而服駒駼黃馬白腹曰騵詩曰四騵彭々騊駼野馬也胡人所習伊尹雖賢不能与服也孔墨博通而不能與山居者入榛薄險阻也孔孔子也墨々翟也聚木爲榛深草爲薄山居者所習故孔墨不能也阻或作塗也由此觀之則人知之於物也淺矣而欲以徧照海內存萬方不因道之數而專己之能則其窮不達矣故智不足以治天下也桀之力別觡伸鉤索鐵歙金椎移大犧水殺黿鼉陸捕熊羆觡角也索鉤也歙讀攝也然湯革車三百乘因之鳴條擒之焦門焦或作巢由此觀之勇力不足以持天下矣智不足以爲治勇不足以爲強則人材不足任明也而君人者不

下廟堂之上而知四海之外者，因物以識物，因人以知人也。故積力之所舉則無不勝也，衆智之所為則無不成也。埳井之無黿鼉，隘也；園中之無脩木，小也。夫舉重鼎者少力而不能勝也，及至其移徙之，不待其多力者。故千人之群無絶梁，萬人之聚無廢功。夫華騮、緑耳，一日而至千里，然其使之搏兔，不如豺狼，伎能殊也（殊，異）。鴟夜撮蚤蚊，察分秋毫，晝日顛越不能見丘山，形性詭也（鴟々鵂也，謂之老菟，夜鳴人屋上也。夜則目明，合聚人爪以著巢中，故曰察分秋毫；晝則无所見，故曰形性詭也）。夫螣蛇游霧而動，應龍乘雲而舉，猨得木而捷，魚得水而騖（騖，疾）。故古之為車也，漆者不畫，鑿者不斲，工無二伎，士不兼官，各守其職，不得相姦（姦，亂），人得其宜，物得其安。是以器械不苦，而職事不嫚（苦讀監，嫚，楛器嫚，讀慢緩之慢）。夫責少者易償，職寡者易守（寡，少），任輕者易

權〔權謀〕上操約省之分下效易爲之功是以君臣彌久而不
相猒〔猒猒〕君人之道其猶零星之尸也〔尸祭主也尸食飽以知尸神之食亦飽詩曰公尸
宴飲在宗載考〕儼然玄默而吉祥受福〔尸不言語故曰玄默〕是故得道者不爲
醜飾不爲僞善〔不飾爲美非不極爲善也〕一人被之而不褒〔褒大〕萬人蒙之
而不褊〔蒙冒也褊小也〕是故重爲惠若重爲暴則治道通矣〔通猶順也〕爲
惠者尚布施也無功而厚賞無勞而高爵則守職者懈於
官而游居者亟於進矣爲暴者妄誅也無罪者而死亡行
直而被刑則修身者不勸善而爲邪者輕犯上矣〔言不可不慎也〕故
爲惠者生姦而爲暴者生亂姦亂之俗亡國之風〔風化〕是故
明主之治國有誅者而主無怒焉〔因法而行故不怒也〕朝有賞者而君
無與焉〔因功而行故不與也〕誅者不怨君罪之所當也賞者不德上功
之所致也民知誅賞之來皆在於身也故務功修業不受

贛於君（贛物）是故朝廷蕪而無迹田野辟而無草故太上下知有之（言太上之世下知之人皆能有此制）今夫橋直植立而不動俛仰取制焉（橋桔皋上衡也植柱權衡者行之俛仰取制於往也以諭君）人主靜漠而不躁（躁動）百官得修焉譬而軍之持麾者妄指則亂矣慧不足以大寧智不足以安危與其譽（言）堯而毀桀也不如掩聰明而反修其道也（不足以大寧者小惠也不足以安危者小智也如此人者欲譽堯而毀桀以成善惡〻〻之名人猶有強知之〻耳不如掩聰明而夲修之大道成名之遠也人之道亦如此也）人君清靜無為則天與之時廉儉守節則地生之財（人君德行如此故天与之時即生之財天手之時湯武是也地生之財神農后稷也）處愚稱德則聖人之為謀（若伊尹為湯謀傅說為高宗謀是孟子曰伊尹之任國語曰武丁以像旁求聖人得傳說於傅巖也）是故下者萬物歸之虛者天下遺之（遺與）夫人主之聽治也清明而不闇虛心而弱志是故群臣輻湊並進無愚智賢不肖莫不盡其能於是乃始陳其禮建以為基（建立也基業也）是乘

衆勢以爲車御衆智以爲馬雖幽野險塗則无由惑矣幽深也險猶遠也人主深居隱処以避燥濕閨門重襲以避姦賊内不知閭里之情外不知山澤之形帷幕之外目不能見十里之前耳不能聞百步之外天下之物无不通者通知其灌輸之者大而斟酌之者衆也是故不出户而知天下不窺牖而知天道乘衆人之智則天下之不足有也專用其心則獨身不能保也保猶守也是故人主覆之以德不行其智而因萬人之所利夫舉踵天下而得所利故百姓之上弗重也錯之前而弗害也舉之而弗高也推之而弗猒尊重之不自見高也推求也奉也主道員者運轉而无端端涯化育如神虛无因循常後而不先也臣道員者運轉而无方者論是而処當爲事先倡守職分明以立成功也是故君臣異道則治不易奪言相和同

道則亂君所謂可臣亦曰可君所謂否臣亦曰否是同也莫相臣異故曰乱也各得其宜処其當則上下有以相使也君得君道臣得臣道故曰得其宜也夫人主之聽治也虛心而弱意清明而不闇是故群臣輻湊並進无愚智賢不肖莫不盡其能者則君得所以制臣〻得所以事君治国之道明矣文王智而好問故聖好問欲与人同其功武王勇而好問故勝勝股夫乘衆人之智則无不仕也用衆人之力則无不勝也千鈞之重烏獲不能举也千鈞三万斤也烏獲秦武王之力士也武王試其力使举大鼎脈脫而不任故曰不能举也衆人相一則百人有餘力矣是故任一人之力者則烏獲不足恃不能勝不不恃也故乘衆人之制者則天下不足有也人衆力強以天下爲小故曰不足有也禹決江疏河以爲天下興利而不能使水西流稷辟土墾草以爲百姓力農然不能使禾冬〻生豈其人事不至哉其勢不可也夫推而不可爲

之勢而不修道理之數（推行）雖神聖人不能以成其功而況當世之主乎夫載重而馬羸雖造父不能以致遠（造父周穆王之善御者也）車輕馬良雖中工可使追速是故聖人舉事也豈能拂道理之數詭自然之性（拂戾也詭違也）以曲爲直以屈爲伸哉未嘗不因其資而用之也（資才）是以積力之所舉無不勝也而衆智之所爲无不成也聾者可令嗺筋而不可使有聞也瘖者可使守圉而不可使言也形有所不周而能有所不容也是故有一形者處一位有一能者服一事力勝其任則舉之者不重也能稱其事則爲之者不難也毋小大脩短各得其宜則天下一齊无以相過也聖人兼而用之故无棄才人主貴正而尚忠忠正在上位執正營事（營典）則讒佞姦邪无由進矣譬猶方員之不相蓋而曲直之不相入

(入中)夫鳥獸之不可同詳者其類異也虎鹿之不同游者力不敵也是故聖人得志而在上位讒佞姦邪而欲犯主者譬猶雀之見鸇而鼠之遇狸也亦必无餘命矣是故人主之一舉也不可不慎也所任者得其人則国家治上下和群臣親百姓附(附從)所任非其人則國家危上下乖群臣怨百姓亂故一舉而不當終身傷(傷病也亦敗也)得失之道權要在主是故繩正於上木直於下非有事焉(爭治也非治之使宜)所缘以脩者然也故人主誠正則直士任事而姦人伏匿矣人主不正則邪人得志忠者隱蔽矣夫人之所以莫抓玉石而抓瓜瓠者何也(玉石坚抓不能入故不抓)无得於玉石弗犯也使人主執正持平如從繩準高下則群臣以邪來者猶以卵投石以火投水也故靈王好細腰而民有殺食自飢也(靈王蓋楚靈王殺食省食)

越王好勇而民皆処危争死（越王勾踐）由此觀之權勢之柄其以移風易俗矣尧爲匹夫不能仁化一里桀在上位令行禁止由此觀之賢不足以爲治而勢可以易俗明矣書曰一人有慶万民賴之此之謂也

天下多眩於名聲而寡察其實（寡少也察明也實亡其偽之實）是故處人以譽尊（處人隱居也以名譽見尊也）而游者以辯顯（游行之人以辯辭自顯達）察其所尊顯無他故焉人主不明分數利害之地而賢衆口之辯也治国則不然（然如是也）言事者必究於法而為行者必治於官上操其名以責其實臣守其業（業事）以效其功（效致）言不得過其實行不得踰其法群臣輻湊莫敢專君（專制）事不在法律中而可以便国佐治必參五行之陰考以觀其歸並用周聽以察其化不偏一曲不黨一事是以中立而徧運照

海內（中正）群臣公正莫敢爲邪（公方正直）百官述職務致其公迹也主精明於上官勸力於下姦邪滅迹庶功日進（庶衆）是以勇者盡於軍（尽力於軍功也）乱国則不然有衆咸譽者無功而賞守職者無罪而誅主上闇而不明群臣黨而不忠說談者游於辯偷行者競於往（往自益也）主上出令則非之以與法令所禁則犯之邪（以黨与非謗上令也邪姦也）爲智者務為巧詐為勇者務於鬭爭大臣專權下吏持勢朋黨周比以弄其上国雖若存古人之日亡矣且夫不治官職而被甲兵不墮南畝而有賢聖之聲者非所以都於国也騏驥騄駬天下之疾馬也驅之不前引之不止雖愚者不加體焉（加猶止也）今治乱之機轍迹可見也而世主莫之能察此治道之所以塞（塞猶閉也）權勢者人主之車輿爵祿者人臣之轡銜也是故人主処權勢

之要而持爵祿之柄審緩急之度而適取予之節是以天下盡力而不倦夫臣主之相與也非有父子之厚骨肉之親也而竭力殊死不辭其軀者何也勢有使之然也昔者豫讓中行文子之臣（文子晉大夫中行穆子之子荀寅也）智伯伐中行氏并吞其地豫讓背其主而臣智伯智伯与趙襄子戰於晉陽之下身死爲戮國分爲三（韓魏趙三分有之此之謂也）豫讓欲報趙襄子（欲爲智伯報讎殺趙襄子）漆身爲厲吞炭變音擿齒易貌夫以一人之心而事兩主或背而去或欲身徇之豈其趨捨厚薄之勢異哉人之恩澤使之然也紂兼天下朝諸侯人迹所及舟檝所通莫不賓服然而武王甲卒三千人擒之於牧野豈周氏死節而殷民背叛哉其主之德義厚而號令行也夫疾風而波興木茂而鳥集相生之氣也是故臣不得其所欲於君

者君亦不能得其所求於臣也君臣之施者相報之勢也是故臣盡力死節以與君計君垂爵以與臣市故君不能賞無功之臣臣亦不能死無德之君君德不下流於民而欲用之如鞭蹏馬矣是猶不待雨而求熟稼必不可之數也數術

君人之道処靜以修身儉約以率下靜則下不擾矣儉則民不怨矣下擾則政亂民怨則德薄政亂則賢者不為謀德薄則勇者不爲死是故人主好鷙鳥猛獸珍怪奇物全玉為珍詭異為怪非常為奇狡躁康荒康安荒乱不愛民力馳騁田獵出入不時如此則百官務亂事勤財匱勤勞匱乏万民愁苦生業不修矣人主好高臺深池雕琢刻鏤黼黻文章絺綌綺繡寶玩珠玉白与黑為黼青与赤為黻絺綌葛也精曰絺麁曰綌五彩具曰繡也則賦斂無度而万民力竭矣堯之有天下也非貪万民之富而安人主之位也以爲

百姓力征強凌弱衆暴寡於是堯乃身服節儉之行而明相愛之仁以和輯之是故茅茨不翦采椽不斲大路不畫（大路上路四馬車也天子駕六馬不畫不文節也）越席不緣（越結蒲為席也）大羹不和（不致五味）粢食不毇（毇細）巡狩行教勤勞天下周流五嶽豈其奉養不足樂哉舉天下而以為社稷非有利焉年衰志憫（衰者也憫憂也）舉天下而傳之舜猶却行而脫蹝也（言甚易也）衰世則不然一日而有天下之富處人主之勢則竭百姓之力以奉耳目之欲志專在于宮室臺榭陂池苑囿猛獸熊羆玩好珍怪是故貧民糟糠不接於口而虎狼熊羆猒芻豢百姓短褐不完而宮室衣錦繡人主急茲无用之功百姓黎民顦顇於天下（黎齊）是故使天下不安其性（不雀安其正性為詐生也）人主之居也如日月之明也天下之所同側目而視側耳

而聽延頸舉踵而望也是故非澹漠無以明德非寧靜無以致遠非寬大無以兼覆非慈厚無以懷衆非平正無以制斷是故賢主之用人也猶巧工之制木也(制裁)大者以為舟航柱梁(舟航也方兩小船竝与共濟為航也)小者以為楫楔脩者以為櫩榱(櫩屋垂榱穩也)短者以為朱儒枅櫨(朱儒梁上戴蹲跪人也枅讀如雞也)无大小修短皆得其所宜規矩方員各有所施天下之物莫凶於雞毒(雞毒烏頭)然而良醫橐而藏之有所用也是故林莽之材猶无可棄者而況人乎今夫朝延之所不舉鄉曲之所不譽非其人不肖也其所以官之者非其職也鹿之上山獐不能跂也及其下牧豎能追之才有所脩短也是故有大略者不可責以捷巧(略行道也)有小智者不可任以大功人有其才物有其形有任一而太重或任百而尚輕是故審毫釐之

計者必遺天下之大數遺失不失小物之選者或於大事之舉譬猶狸之不可使搏牛虎之不可使搏鼠也今人之才或欲平九州并方外存危国繼絶世志在直道正邪決煩理挐而乃責之以閨閤之礼隩窔之間或佞巧小具謟進愉説隨鄉曲之俗卑下衆人之耳目而乃任之以天下之權治乱之機機理是猶以斧劗毛以刀抵木也劗翦也劗讀驚攢之攢也皆失其宜矣宜適

人主者以天下之目視以天下之耳聽以天下之智慮以天下之力爭是故号令能下究而臣情得上聞聞猶達也百官修通群臣輻湊臣歸君若輻之湊轂故曰輻湊喜不以賞賜怒不以罪誅懼失當也是故威立而不廢聰明先而不蔽蔽闇法令察而不苛察明也苛煩也耳目達而不闇善否之情日陳於前而无所逆是故賢者

盡其智不肖者竭其力德澤兼覆而不偏羣臣勸務而不怠總海近者安其性遠者懷其德性生也懷歸也所以然者何也得用人之道而不任己之才者也故假輿馬者足不勞而致千里假或作駕乘舟檝不能游而絶江海絶猶過也夫人主之情莫不欲總海內之智盡衆人之力然而羣臣志達效忠者希不困其身困猶危也使言之而是也雖在褐夫芻蕘猶不可棄也言雖賤當也故曰不可棄也使言之而非也雖在卿相人君揄策于廟堂之上未必可用人君謂國君也揄出策謀也言之而非雖貴罰也是非之所在不可以貴賤尊卑論也是明主之聽於羣臣其計乃可用不羞其位不羞其位卑而不用其主言可行不責其辯不責其辯口美辭也闇主則不然所愛習親近者雖邪枉不正不能見也疏遠則卑賤者竭力盡忠不能知也有言者窮之以辭有諫者誅之

以罪如此而欲照海内存万方是猶塞耳而聽清濁（商音清宮音濁）掩目而視青黃也其離聽明則亦遠矣（離去）

法者天下之度量而人主之準繩也縣法者法不法也設賞者賞當賞也法定之後中程者賞缺繩者誅尊貴者不輕其罰而卑賤者不重其刑（言平）犯法者雖賢必誅中度者雖不肖必無罪是故公道通而私道塞矣（公正也私邪也塞閉也）古之置有司也（有司蓋有理官士也）所以禁民使不得自恣也（恣放恣也）其立君也所以制有司使无專行（專擅）法籍礼義者所以禁君使無擅斷也人莫得自恣則道勝道勝而理達矣故反於無為無為者非謂其凝滯而不動也以其言莫從己出也夫寸生於稯稯生於日日生於形形生於景此度之本也（稯禾穗稯孚揄頭芒也十稯為一分十分為一寸十寸為一尺十尺為一丈政謂之本也）樂生於音音生於律律

生於風此聲之宗也（宗亦本也）法生於義，義生於衆適，衆適合於人心，此治之要也（要約衆也）故通於本者不乱於末，覩於要者不惑於詳（惑眩）法者非天隋非地生，發於人間而反以自正（反還）是故有諸已不非諸人（有諸已已有聰明也不非諸人恕人行也）無諸已不求諸人（言已雖无獨見之明不求知罪於人也）所立於下者不廢於上（人主所立法禁於民亦自脩之不廢於上言以法也）所禁於民者不行於身（不正之事不獨行之於身言其正已以正人也）所謂亡国非無君也，無法也；變法者非無法也，有法者而不與用，無法等（等同）是故人主之立法，先自為檢式儀表（表正）故令行於天下。孔子曰：其身正，不令而行；其身不正，雖令不從。故禁勝於身，則令行於民矣（禁勝於身身不敢自犯禁也故能令行於民也）聖主之治也，其猶造父之御，齊輯之于轡銜之際，而急緩之于脣吻之和，正度于胷臆之中，而執節于掌握之間（節策）

內得於心中外合於馬志是故能進退履繩（繩直正也）而旋曲中規（曲屈規負）取道致遠而氣力有餘誠得其術也是故權勢者人主之車輿也大臣者人主之駟馬也體離車輿之安而手失駟馬之心而能不危者古今未有也是故輿馬不調王良不能以取道君臣不和唐虞不能以為治執術而御之則管晏之智盡矣明分以示之則跖蹻之姦止矣（盜跖孔子時人蹻莊蹻楚威王之將軍能大為盜也）夫據幹而窺井底雖達視猶不能見其睛（睛目童子也）借明於鑑以照之則寸之分可得而察也（鑑鏡也分毛也一曰疵）是故明主之耳目不勞精神不竭物至而觀其象事來而應其化近者不亂遠者治也是故不用適然之數而行必然之道故万舉而無遺策矣今夫御者馬體調于車御心和于馬則歷險致遠進退周游莫不如志雖有騏驥騄駬

之良而臧獲御之則馬反自恣而人弗能制矣（臧獲古之不能御者魯人也）故治者不貴其自是而貴其不得為非也故曰勿使可欲毋曰弗求勿使可奪毋曰不爭如此則人材釋而公道行矣美者正於度而不足者逮於用故海內可一也夫釋職事而聽非譽棄公勞而用朋黨（公正）則奇材佻長而干次（奇材非常之材能長卒非純賢也故曰干次也）守官者雍遏而不進如此則民俗乱於国而功臣爭於朝（奇材佻長之人干超其次功勞之臣反不顯列故爭於朝也）故法律度量者人主之所以執下（執制）釋之而不用（不用法律度量也）是猶無轡銜而馳也羣臣百姓反弄其上是故有術則制人無術則制於人（為人所擒制也）吞舟之魚蕩而失水則制於螻蟻離其居也（魚能合舟言其大也其居水也）猨狖失木而擒於狐貍非其處也（其処茂木）君人者釋所守而與臣下爭則有司以無為持位（无所為以持其位也）守職者

以從君取容（隨君之欲以取容媚）是以人臣藏智而弗用（不用智謀賛佐其上也）反以事轉任其上矣（賢臣見其不肯為謀故轉任其上令自制之詩云仲山甫旣明且哲以保其身）夫貴富者之於勞也達事者之於察也驕恣者之於恭也勢不及君君人者不任能（不任用臣智能也）而好自爲之則智日困而自負其責也數窮於下則不能伸理行墮於国則不能專制智不足以爲治威不足以行誅則無以与天下交也喜怒形於心者欲見於外則守職者離正而阿上（阿曲從也）有司枉法而從風（風令）賞不當功誅不應罪上下離心而君臣相怨也是以執政阿主而有過則無以責之有罪而不誅則百官煩乱智弗能解也毀譽萌生而明不能照也不正本而反自脩則人主逾勞人臣逾逸是猶代庖宰剥牲而爲大匠斵也與馬競走筋絶而弗能及上車執轡則馬死于衡下故伯樂相

之王良御之明主乘之無御相之勞而致千里者乘於人資以爲羽翼也(資才也)是故君人者無爲而有守也有爲而無好也(无所私好)有爲則讒生有好則諛起(諂諛之人乘志而起)昔者齊桓公好味而易牙亨其首子而餌之(桓公襄公諸兒之子小白)虞君好寶而晉獻以璧馬釣之(釣取)胡王好音而秦穆公以女樂誘之(誘惑)是皆以利見制於人也(制猶檻也)故善建者不拔(言建之无形也)夫火熱而水滅之金剛而火銷之木強而斧伐之水流而土遏之唯造化者物莫能勝也故中欲不出謂之扃外邪不入謂之塞中扃外閉何事之不節外閉中扃何事之不成弗用而後能用之弗爲而後能爲之精神勞則越(越散)耳目淫則竭(竭滅)故有道之主滅想去意清虛以待不伐之言不奪之事循名責實使自司任而弗詔責而弗教以不知爲道(道常未知)

以奈何為寳道貴无形无形不可奈何道之所以為貴也如此則百官之事各有所守矣有所守言不離局也攝權勢之柄其於化民易矣衛君役子路權重也衛君出公輕也景桓公臣管晏位尊也管仲輔相桓公晏嬰相景公二君匹尊故也怯服勇而愚制智其所託勢者勝也故枝不得大於幹末不得強於本則輕重小大有以相制也若五指之屬於臂也搏援攫捷莫不如志言以小屬於大也是故得勢之利者所持甚小其存甚大所守甚約約要也所制甚廣是故十圍之木持千鈞之屋五寸之鍵制開闔豈其材之巨小足哉所居要也孔丘墨翟脩先聖之術通六蓺之論口道其言身行其志慕義從風風化而為之服役者不過數十人役事使居天子之位則天下徧為儒墨矣徧猶盡也楚莊王傷文無畏之死於宋也奮袂而越衣冠相連於道遂成軍

宋城之下權柄重也莊王楚穆王商臣之子旅也使申舟聘於齊不假道於宋无畏曰未必襲殺我王
曰殺汝伐宋見犀而行不假道於宋華元曰過我而不假道鄙我也鄙我亡也以兵殺其使者亦亡也遂殺之莊王聞之怒故投袂
而起戍軍于宋城故曰權柄重也楚文王好服解冠楚國效之文王楚武王熊達之子熊
貲解豸之冠如今御史冠趙武靈王貝帶鵕䴊而朝趙國化之武靈王出春秋後以
大貝飾帶故服鵕䴊讀曰私鈚頭曰郭洛帶粃鈚鏑也使在匹夫布衣雖冠解冠帶貝
帶鵕䴊而朝則不免為人笑也鵕䴊讀曰私鈚頭二字三音也夫民之好善
樂正不待禁誅而自中法度者萬無一也下必行之令從
之者利逆之者凶日陰未移而海內莫不被繩矣繩正故
握劍鋒以離北宮子司馬蒯蕢不使應敵北宮子齊人也孟子所謂北宮
勇也司馬蒯蕢其先程伯休甫宣王命以為司馬因為司馬氏蒯蕢其後也周衰適他国蒯蕢在趙以善擊劍聞應猶擊也操
其觚招其末則庸人能以制勝觚劍柎招本也今使烏獲藉蕃從
後牽牛尾尾絕而不從者逆也烏獲藉蕃皆多力人若指之桑條

以貫其皐則五尺童子牽而周四海者順也夫七尺之橈而制船之左右者以水爲資（橈刺船擀也資用也橈讀煩橈之橈也）天子發號令行禁止以衆爲勢也夫防民之所害開民之所利威行也若發堿決塘（堿水堿也塘堤也皆所以畜水）故循流而下易以至背風而馳易以遠（因其勢也）桓公立政去食肉之獸食粟之鳥係罝之罔三舉百姓說（桓齊桓公）紂殺王子比干而骨肉怨斮朝涉者之脛而萬民叛再舉而天下失矣故義者非能徧利天下之民利一人而天下從風暴者非盡害海內之衆也害一人而天下離叛故桓公三舉而九合諸侯紂再舉而不得爲匹夫故舉錯不可不審（三舉去食肉之獸食粟之鳥係罝之罔再舉殺比干斮朝涉之脛也）人主租斂於民也必先計歲收量民積聚知饑饉有餘不足之數然後取車輿衣食供養其欲高臺層榭接屋連閣非

不麗也然民無掘穴狹廬所以託身者明主弗樂不樂其大麗也肥醲甘脆非不美也然民有糟糠菽粟不接於口者則明主弗甘也不甘其肥醲也匡牀蒻席非不寧也匡安也蒻細也然民有處邊城犯危難澤死暴骸者明主弗安也不安其匡牀蒻席也故古之君人者其慘怛於民也國有飢者食不重味民有寒者而冬不被裘與同寒飢歲登民豐乃始縣鐘鼓陳干戚登成也年穀豐熟也君臣上下同心而樂之國無哀人言皆樂也故古之爲金石管絃者所以宣樂也金鐘石磬管簫也絃琴瑟兵革斧鉞者所以飾怒也觴酌俎豆酬酢之禮所以效善也效致衰絰管屨辟踊哭泣所以諭哀也諭明此皆有充於內而成像於外充實及至亂主取民則不裁其力裁度求於下則不量其積男女不得事耕織之業以供上之求事治業事力勤財匱君臣相疾也故民至於

焦脣沸肝有今無儲（有今日之食而無明日之儲也）而乃始撞大鐘擊鳴鼓吹竽笙彈琴瑟是猶貫甲冑而入宗廟被羅紈而從軍旅失樂之所由生矣夫民之爲生也一人跖耒而耕不過十畝（跖蹈）中田之獲卒歲之收不過畝四石妻子老弱仰而食之時有涔旱災害之患（涔以而水潦也）有以給上之徵賦車馬兵革之費由此觀之則人之生閔矣（閔憂無樂）夫天地之大計三年耕而餘一年之食率九年而有三年之畜十八年而有六年之積（積委也）二十七年而有九年之儲雖涔旱災害之殃民莫困窮流亡也故國無九年之畜謂之不足無六年之積謂之閔急（閔憂急病）無三年之畜謂之窮乏故有仁君明主其取下有節自養有度則得承受於天地而不離飢寒之患矣若得貪主暴君撓於其下侵漁其民以適無

窮之欲則百姓無以被天和而履地德矣（天和氣也地德所生殖也）食者民之本也民者國之本也國者君之本也是故人君者上因天時下盡地財中用人力是以群生遂長五穀蕃植教民養育六畜以時種樹務脩田疇滋植桑麻肥墝高下各因其宜丘陵阪險不生五穀者以樹竹木春伐枯槁夏取果蓏（有核曰果無核曰蓏）秋畜疏食（菜食曰疏穀食曰食）冬伐薪蒸（大者曰薪小者曰蒸）以爲民資（資用）是故生無乏用死無轉尸（轉棄）故先王之法畋不掩群（掩猶盡也）不取麛夭（鹿子曰麛麋子曰夭）不涸澤而漁（涸澤漉池）不焚林而獵（爲盡物也）豺未祭獸罝罦不得布於野（十月之時豺殺獸四面陳之世謂之祭獸也未祭獸罝罦不得施也）獺未祭魚罔罟不得入於水（明堂月令孟春之月獺祭魚獺取鯉四面陳之水邊世謂之祭魚未祭不得捕也）鷹隼未摯羅網不得張於谿谷（立秋鷹摯矣未立秋不得施下准鳥或作隼）草木未落斤斧不得入山林

九月草木節解未解不得伐山林也昆蟲未蟄不得以火燒田十月蟄蟲備藏未蟄不得用燒田也孕育不得殺，鷇卵不得探，魚不長尺不得取，彘不朞年不得食。皆爲盡物是故草木之發若蒸氣，發生禽獸歸之若流原，飛鳥歸之若煙雲，有所以致之也。故先王之政，四海之雲至而脩封疆，立春之後四海出雲蝦蟇鳴燕降而達路除道，三月之時陰降百泉則脩橋梁，十月之時昏張中則務種穀，三月昏張星中於南方張南方朱鳥之宿也大火中則種黍菽，大火東方倉龍之宿四月建巳中在南方菽豆也虛中則種宿麥，虛北方玄武之宿八月建酉中於南方也昴中則收歛畜積伐薪木，昴星西方白虎也季秋之月收歛蓄積也上告于天下，布之民，先王之所以應時脩備，富國利民，實曠來遠者，其道備矣。實滿也曠空也非能目見而足行之也，欲利之也。欲利之也不忘於心，則官自備矣。心之於九竅四肢也，不能一事焉，然而動靜聽視皆以爲主者，不忘于欲利之也。故堯爲善而衆善至矣，桀爲非而衆非來也。善積即功成，非積則禍極。（極，至。）凡人之論，心欲小而志欲大，智欲員而行欲方，能欲多而事欲鮮。所謂心欲小者，慮患未生，備禍未發，戒過慎微，不敢縱其欲也。（詩云：惟此文王，小心翼翼，昭事上帝，聿懷多福。此之謂也。）志欲大者，兼包萬國，壹齊殊俗，幷覆百姓，若合一族，是非輻湊而爲之轂。（轂以諭王。）智欲員者，環復轉運，終始無端，（若順連環，故曰無端。）旁流四達，淵泉而不竭，萬物並興，莫不響應也。（應，和。）行欲方者，直立而不橈，（橈，弱曲也。）素白而不汚，窮不易操，通不肆志。（肆，放。）能欲多者，文武備具，動靜中儀，舉動廢置，曲得其宜，無所擊戾，莫不畢宜也。（擊，掌也。戾，破也。）事欲鮮者，執柄持術，得要以應衆，執約以治廣，處靜持中，運於璇樞，以一合萬，若合符者也。（符，約。）故心小者，禁於微也；志大者，無不懷也。（多所容也。）

知員者無不知也行方者有不爲也（非正道不爲也）能多者無不治也（治猶作也）事鮮者約所持也（約要）古者天子聽朝公卿正諫博士誦詩瞽箴師誦庶人傳語史書其過宰徹其膳猶以爲未足也故堯置敢諫之鼓（欲諫者擊其鼓）舜立誹謗之木（書其善否於表木也）湯有司直之人（司直官名不曲也）武王立戒慎之鞀（欲戒君令慎疑者搖鞀鼓）過若豪氂而既已備之也（備具也）夫聖人之於善也無小而不舉（舉用）其於過也無微而不改（改更）堯舜禹湯武王皆坦然天下而南面焉（背屏而朝諸侯）當此之時鼛鼓而食（鼛鼓王者之食樂也詩云鼓鍾伐鼛）奏雍而徹（雍已食之樂也）已飯而祭竈行不用巫祝（言其率德蹈正無求於神）鬼神弗敢祟山川弗敢禍可謂至貴矣（至德之可貴也）然而戰戰慄慄日慎一日由此觀之則聖人之心小矣詩云惟此文王小心翼翼昭事上帝聿懷多福其斯之謂歟武王伐紂

發鉅橋之粟散鹿臺之錢鉅橋紂倉名也一說鉅鹿漕運之橋粟鹿臺紂錢藏府所積也武王發散以賑疲民封比干之墓比干紂諸父也諫紂之非紂殺之故武王封崇其墓以旌仁也表商容之閭商容殷之賢人老子師故表顯其里繆稱篇又云老子業於商容見舌而知守柔矣是也朝成湯之廟成湯殷受命之王言聖人以類相宗解箕子之囚箕子紂之庶兄論語云箕子爲之奴武王伐紂赦其囚孰問以洪範封之於朝鮮也使各處其宅田其田無故無新唯賢是親用非其有使非其人晏然若故有之由此觀之則聖人之志大也文王周觀得失徧覽是非堯舜所以昌桀紂所以亡者皆著於明堂著猶圖也於是略智博聞以應無方由此觀之則聖人之智員矣成康繼文武之業守明堂之制觀存亡之迹見成敗之變非道不言非聖人之意不敢言非義不行非仁義不敢履行也言不苟出行不苟爲擇善而後從事焉由此觀之則聖人之行方矣孔子之通智過於萇弘勇服於孟賁足躡郊菟

力招城關能亦多矣萇弘周大夫敬王臣也號知天道孟賁勇士也孔子皆能招奉也以一手招城門關端能舉之故曰亦能多也然而勇力不聞人不聞其爲勇力也伎巧不知人不知其有伎巧者專行孝道以成素王事亦鮮矣春秋二百四十二年亡國五十二弑君三十六采善鉏醜以成王道論亦博矣然而圍於匡顏色不變絃歌不輟匡宋邑也今陳留襄邑西匡亭是也孔子曰天生德於予匡人其如予何故顏色不變絃歌不止也臨死亡之地犯患難之危據義行理而志不懾分亦明矣犯猶遭懾猶懼然爲魯司寇聽獄必爲斷爲魯定公司寇作爲春秋不道鬼神不敢專己夫聖人之智固已多矣其所守者有約故舉而必榮愚人之智固已少矣其所事者多故動而必窮矣吳起張儀智不若孔墨而爭萬乘之君此其所以車裂支解也夫以正教化者易而必成以邪巧世者難而必敗凡將設行立趣於天下捨其易成者而從事難而

必敗者愚惑之所致也凡此六反者不可不察也［六反謂孔墨萇弘孟賁吳起張儀也其行悖反故曰六反也］偏知萬物而不知人道不可謂智偏愛群生而不愛人類不可謂仁仁者愛其類也智者不可惑也仁者雖在斷割之中其所不忍之色可見也［不忍智斷割之色見於顏色也］智者雖煩難之事其不闇之效可見也內恕反情心之所欲其不加諸人由近知遠由己知人此人智之所合而行也小有教而大有存也小有誅而大有寧也［小敎之以正故大有存也少責之以義故大有寧也非正則不存非義則不寧也］唯惻隱推而行之此智者之所獨斷也故仁智錯有時合合者爲正錯者爲權其義一也府吏守法君子制義法而無義亦府吏也不足以爲政耕之爲事也勞織之爲事也擾擾勞之事而民不舍者知其可以衣食也人之情不能無衣食衣食之道必始於耕織

萬民之所容見也物之若耕織者始初甚勞終必利也衆愚人之所見者寡事可權者多愚之所權者少此愚者之所多患也物之可備者智者盡備之可權者盡權之此智者所以寡患也故智者先忤而後合忤逆愚者始於樂而終於哀今日何為而榮乎且日何爲而義乎此易言也今日何爲而義且日何爲而榮此知難也問瞽師曰白素何如曰縞然曰黑何若曰黮然援白黑而示之則不處焉人之視白黑以目言白黑以口瞽師有以言白黑無以知白黑故言白黑與人同其別白黑與人異入孝於親出忠於君無愚智賢不肖皆知其為義也使陳忠孝行而知所出者鮮矣凡人思慮莫不先以爲可而後行之其是或非此愚知之所以異凡人之性莫貴於仁莫急於智仁以為質知

以行之兩者爲本而加之以勇力辯慧捷疾劬錄巧敏遲利聰明審察盡衆益也身材未脩伎藝曲備而無仁智以爲表幹而加之以衆美則益其損故不仁而有勇力果敢則狂而操利劒（狂猶亂也）不智而辯慧懷給則棄驥而不式（不知之人辯慧懷給不知所裁之猶棄而或不知所詘也懷佞也）雖有材能其施之不當其處之不宜適足以輔僞飾非伎藝之衆不如其寡也故有野心者不可借便勢（野外）有愚質者不可與利器（老子曰國之利器不可以假人也）魚得水而游焉則樂塘決水涸則爲螻蟻所食有掌脩其隄防補其缺漏則魚得而利之（掌主）國有以存人有以生（國有以存若魚得水也國存故人遂生也）國之所以存者仁義是也人之所以生者行善是也國無義雖大必亡（桀紂是也）人無善志雖勇必傷（論語曰勇而無禮則亂亂則傷也）治國上使不得與焉（使不得與亡傷之危是上術也）孝於父

毋弟於兄嫂信於朋友不得上令而可得為也釋己之所得為而責于其所不得制悖矣士處卑隱欲上達必先反諸己上達有道名譽不起而不能上達矣取譽有道不信於友不能得譽於友有道事親不說不信於友不能說親明友不信之也說親有道脩身不誠不能事親矣誠身有道心不專一不能專誠道在易而求之難易謂反己先修其本也不修其本而欲得說親誠身之名皆難也故曰道在易而求之難也驗在近而求之遠故弗得也驗劾也近謂本遠謂末也故不能得之也

淮南鴻烈解卷第九

淮南鴻烈閒詁第十

太尉祭酒臣許　慎　記上

繆稱訓 繆異之論稱物假類同之神明以知所貴

道至高無上至深無下平乎準直乎繩員乎規方乎矩包裹宇宙而無表裏洞同覆載而無所礙礙挂是故體道者不哀不樂不怒不喜其坐無慮其寢無夢物來而名事來而應

主者國之心心治則百節皆安心擾則百節皆亂故其心治者支體相遺也其國治者君臣相忘也

黃帝曰芒芒昧昧從天之道與元同氣故至德者言同略事同指上下壹心無歧道旁見者遏障之於邪開道之於善而民鄉方矣故易曰同人于野利涉大川言能同人道至于野則可以濟大川大川大難也

道者物之所道也德者性之所扶也仁者積恩之見

證也義者比於人心而合於衆適者也故道滅而德用德衰而仁義生故尚世體道而不德中世守德而弗壞也末世繩繩乎惟恐失仁義君子非仁義無以生失仁義則失其所以生小人非嗜欲無以活失嗜欲則失其所以活故君子懼失義小人懼失利觀其所懼知各殊矣易曰即鹿無虞惟入于林中君子幾不如舍往吝即入也鹿以喻民虞斯也幾終也就民欺之即入林中幾終不如舍之使之不終如其吝也其施厚者其報美其怨大者其禍深薄施而厚望畜怨而無患者古今未之有也是故聖人察其所以往則知其所以來者

聖人之道猶中衢而致尊邪道六通謂之衢尊酒器也過者斟酌多少不同各得其所宜是故得一人所以得百人也一人來得其心百人來亦心得其人以其所願於上以與其下交誰弗載以其所欲於

下以事其上誰弗喜詩云媚茲一人應侯慎德慎德大矣
一人小矣能善小斯能善大矣
君子見過忘罰故能諫見賢忘賤故能讓見不足忘貧故
能施情繫於中行形於外凡行戴情雖過無怨不戴其情
雖忠來惡（戴心所感也情誠也）
后稷廣利天下猶不自矜禹無廢功無廢財自視猶觖如
也（觖不滿也）滿如陷（陷少）實如虛盡之者也凡人各賢其所說而說
其所快世莫不牽賢或以治或以乱非自遁（遁欺）求同乎己
者也已未必得賢而求与己同者而欲得賢亦不幾矣使
堯度舜則可使桀度堯是猶以升量石也今謂狐貍則必
不知狐又不知貍（俱不知此二獸）非未嘗見狐者必未嘗見貍也狐
貍非異同類也而謂狐貍則不知狐貍是故謂不肖者賢

則必不知賢謂賢者不肖則必不知不肖者矣

聖人在上則民樂其治在下則民慕其意小人在上位如寢關曝纊寢謂臥關上之不安纊繭也曝繭躡動搖不休死乃止也不得須臾寧故易曰乘馬班如泣血漣如論乘馬班如難也故有泣血之憂言小人處非其位不可長也物莫無所不用天雄烏喙藥之凶毒也良醫以活人侏儒瞽師人之困慰者也慰可愍也日慰愍人主以備樂是故聖人制其剟材无所不用矣剟賊殺也勇士一呼三軍皆辟其出之也誠故倡而不和意而不戴意恚声也戴嗟也中心必有不合者也故舜不降席而王天下者求諸己也故上多故則民多詐矣身曲而景直者未之聞也說之所不至者容貌至焉說之粗不如容貌精微入人深也容貌之所不至者感忽至焉感乎心明乎智發而成形精之至者可以形

勢接而不可以照誌戎翟之馬皆可以馳驅或近或遠唯造父能盡其力三苗之民皆可使忠信或賢或不肖唯唐虞能齊其美必有不傳者（心教之微眇不可傳）中行繆伯手搏虎（中行繆伯晉臣也力能持生虎也）而不能生也（力能殺虎而德不能服之）蓋力優而克不能及也（克猶能也）用百人之所能則得百人之力舉千人之所愛則得千人之心辟若伐樹而引其本千枝萬葉則莫得弗從也慈父之愛子非為報也不可內解於心聖王之養民非求用也性不能已若火之自熱冰之自寒夫有何脩焉及恃其力賴其功者若失火舟中（言舟中之人同心救火不相為賜）故君子見始斯知終矣媒妁譽人而莫之德也取庸而強飯之莫之愛也雖親父慈母不加於此有以為則恩不接矣故送往者非所以

迎來也施死者非專為生也誠出於己則所動者遠矣錦繡登廟貴文也登猶入也圭璋在前尚質也以王祭之者質也文不勝質之謂君子故終年為車無三寸之鎋不可以驅馳匠人斲戶無一尺之楗不可以閉藏故君子行斯乎其所結結要心終也心之精者可以神化而不可以導人導教目之精者可以消澤而不可以昭誋照道誋誡也不可以教導戒人在混冥之中不可諭於人混冥人心中也故舜不降席而天下治桀不下陛而天下乱蓋情甚乎叫呼也言虽叫呼大語不如心行眞直也無諸己求諸人古今未之聞也同言而民信信在言前也同令而民化誠在令外也聖人在上民遷而化情以先之也動於上不應於下者情與令殊也故易曰亢龍有悔仁君動極在上故有悔也三月嬰兒未知利害也而慈母之愛諭焉者情也故言之用者昭昭乎小哉不

言之用者曠曠乎大哉

身君子之言信也身君子之言體行君子之言也中君子之意忠也忠信形於內感動應於外故禹執干戚舞於兩階之間而三苗服三苗畔禹禹風以禮樂而服之也鷹翔川魚鱉沈禹以德服三苗猶鷹翔川上魚鱉恐皆潛飛鳥揚鳥見鷹而揚去必遠害也鷹懷欲害之心故鳥魚知其情實故遠之子之死父也臣之死君也世有行之者矣非出死以要名也恩心之藏於中而不能違其難也故人之甘甘非正爲蹠也人之甘甘猶樂樂而為之臣之死君子之死父非以求蹠蹠也而蹠焉往言蹠乃往往至也君子之慘怛非正爲僞形也諭乎人心非從外入自中出者也

義尊乎君仁親乎父故君之於臣也能死生之不能使爲苟簡易君不能使臣為苟合易行之義父之於子也能發起之不能使無憂尋憂尋憂長也仁念也仁念父毋不樂子之如此然不能止故義勝君仁勝父則君尊

而臣忠父慈而子孝

聖人在上化育如神太上曰我其性與太上皇德之君也我性自然也其次曰微彼其如此乎其次五帝時也其民如此故我治之如彼故詩曰執轡如組易曰含章可貞動於近成文於遠夫察所夜行周公慚乎景故君子慎其獨也釋近斯遠塞矣聞善易以正身難夫子見禾之三變也夫子孔子也三變始於粟粟生於苗苗成於穗也滔滔然曰狐鄉丘而死我其首禾乎禾穗垂而向根君子不忘本也故君子見善則痛其身焉痛已身善惡自在也身苟正懷遠易矣懷來故詩曰弗躬弗親庶民弗信小人之從事也曰苟得君子曰苟義所求者同所期者異乎擊舟水中魚沈而鳥揚同聞而殊事其情一也僖負羈以壺餕表其閭釐負羈曹臣晉重耳出過曹負羈遺以壺餕重耳反晉伐曹令兵不入其閭趙宣孟以束脯免其軀趙宣孟晉卿以束脯活靈輒後免其難也禮不隆隆多而

德有餘仁心之感恩接而憯怛生故其入人深俱之叫呼也在家老則爲恩厚其在債人則生爭鬬故曰兵莫憯於意志莫邪爲下寇莫大於陰陽抱鼓爲小

聖人爲善非以求名而名從之名不與利期而利歸之故人之憂喜非爲蹝蹝焉往生也言非為其幸往生利意也故至至不容至道之人不飾容也故若眯而撫眯芥入目也撫捫之從中發非為觀容之也若跌而據跌仆

聖人之爲治漠然不見賢焉終而後知其可大也若日之行日行人不見也騏驥不能與之爭遠今夫夜有求與瞽師併東方開斯照矣言人見照用瞽者猶闇而先為人而治治事用思也動而有益則損隨之益所以為損也故易曰剝之不可遂盡也故受之以復言物剝落而復生也

積薄爲厚積卑爲高故君子日孳孳以成煇小人日怏怏以至辱其消息也離珠弗能見也文王聞善如不及宿不

善如不祥非為日不足也其憂尋推之也憂尋憂深故詩曰周雖舊邦其命惟新新國者也懷情抱質天弗能殺地弗能薶也聲揚天地之間配日月之光甘樂之者也苟鄉善雖過無怨苟不鄉善雖忠來患故怨人不如自怨求諸人不如求諸己得也聲自召也貌自示也名自命也文自官也無非己者操銳以刺操刃以擊自召也貌何自怨乎人故筦子文錦也雖醜之登廟筦仲相齊明法度審國刑不能及聖猶文錦雖惡宜以升廟也子產練染也美而不尊子產相鄭先恩而後法猶練染為衣溫厚而非宗廟服也虛而能滿淡而有味被褐懷王者故兩心不可以得一人一心可以得百人男子樹蘭芙而不芳蘭芳草女之美芳也男子樹之蓋不芳繼子得食肥而不澤繼子有情假母也不相與往來也

生所假也无所歸也故弘演直仁而立死（弘演衛懿公臣狄人攻衛食懿公其肝在弘演剖腹以盛之也）王子閭張掖而受刃（楚白公欲立王子閭為王不可劫之以兵子閭不受）不以所託害所歸也故世治則以義衛身世亂則以身衛義死之日行之終也故君子慎一用之

無勇者非先懾也難至而失其守也貪婪者非先欲也見利而忘其害也虞公見垂棘之璧而不知虢禍之及已也故至至之人不可遏奪也（言至道之人其心先定不可臨以利奪其志）人之欲榮也以爲己也於彼何益聖人之行義也其憂尋出乎中也於己何以利故帝王者多矣而三王獨稱貧賤者多矣而伯夷獨舉以責爲聖乎則聖者衆矣以賤爲仁乎則賤者多矣何聖仁之寡也獨專之意樂哉忽乎曰滔滔以自新忘老之及已也始乎叔季歸乎伯孟必此積也（言自少而至長）不身遁斯

亦不遁人［遁隱也已不自隱身之行亦不隱之於人故也］故若行獨梁不爲無人不兢其容［獨梁一木之水權也行其上常兢〻恐陷也］故使人信已者易而蒙衣自信者難［及身不信故難］情先動［言人君以精動導民也］動無不得［動靜得人心也］无不得則無莙發［無莙結發動也］莙而後快［雖莙結快民心］故唐虞之舉錯也非以借情也快已而天下治桀紂非正賊之也快已而百事廢喜憎議而治亂分矣［下有喜議而國治有憎議而國亂也］聖人之行無所合無所離譬若鼓無所與調無所不比絲筦金石小大脩短有敘異聲而和君臣上下官職有差殊事而調夫織者日以進［織帛者進］耕者日以却［耕渭耕者却行］事相反成功一也申喜聞乞人之歌而悲出而視之其母也［申喜三其母母乞食於道］艾陵之戰也夫差曰夷聲陽句吳其庶乎［艾陵之戰吳王夫差與齊戰於艾陵也夷渭吳陽告也句吳夷語不正言吳加以句也庶幾也］同是聲而取信焉異有諸情也故

心哀而歌不樂，心樂而哭不哀。夫子曰：絃則是也，其聲非也。閔子騫三年之喪畢，援琴而彈，其經是也，其聲切切而哀。文者所以接物也，情繫於中而欲發外者也。以文滅情則失情，以情滅文則失文。文情理通則鳳麟極矣。言至德之懷遠也。輸子陽謂其子曰：良工漸乎矩鑿之中，漸，習。矩鑿之中固無物而不周。聖王以治民，造父以治馬，醫駱以治病，醫駱，越醫。同材自取焉。自，從也。矩鑿之中各取治度，或以治民，或以治馬，或以治病，同材而各往從取治法之也。上意而民載，誠中者也。上有意而未言，則民皆載而行之，志或發中之於大。未言而信，弗召而至，或先之也。恔於不已知者，不自知也。恔，急。矜怛生於不足，怛，驕也。不足，知不足也。華誣生於矜，矜，貪功也。誠中之人，樂而不恔，如鴞好聲，忠信之人自樂為之，非恔也，如鴞自好為聲耳。熊之好經，經，動導引。夫有誰為矜？各任自性，非徒矜也。

春女思秋士悲（春女感陽則思秋士見陰而悲）而知物化矣號而哭嘰而哀知聲動矣容貌顏色理詘伸倨佝知情偽矣故聖人栗栗乎其内而至乎至極矣功名遂成天也循理受順人也太公望周公旦天非為武王造之也崇侯惡來天非為紂生之也（崇侯紂時諸侯也惡來紂之臣秦之先也）有其世有其人也

敎本乎君子小人被其澤利本乎小人君子享其功昔東戶季子之世（東戶季子古之人君）道路不拾遺耒耜餘糧宿諸晦首使君子小人各得其宜也故一人有慶兆民賴之

凡高者貴其左（天道左旋）故下之於上曰左之臣辭也（臣道左君）下者貴其右故上之於下曰右之君讓也（君謙攘活助臣）故上左遷則失其所尊也（左臣辭也君以再還故失其尊也）臣右還則失其所貴矣（右君辭也而臣以再還故失其貴也）小快害道斯須害儀（斯須近也）子産騰辭（騰傳也）

產作刑書人有傳辭詰之獄繫而無邪煩多也雖獄益多而下无邪也失諸情者則塞於辭矣失事之情則為世人辭所窮塞也成國之道工無偽事農無遺力士無隱行官無失法譬若設網者引其網而萬目開矣舜禹不再受命受命於人不受於天堯舜傳大焉先形乎小也形見也先見微小以知大刑於寡妻至于兄弟禪於家國而天下從風禪傳也言堯舜禹相傳天下服之也故戒兵以大知小若湯武以義伐不義從大伐小人以小知大人謂天下從風者也堯舜之民以小知堯大也君子之道近而不可以至卑而不可以登無載焉而不勝万物載之皆勝其任大而章遠而隆知此之道不可求於人斯得諸己也釋己而求諸人去之遠矣君子者樂有餘而名不足小人樂不足而名有餘觀於有餘不足之相去昭然遠矣含而弗吐在情而不萌者未之聞也言懷其情而必萌見也君子思義而不慮利小人貪利而不顧義子曰鈞之哭也子孔子鈞等也

曰子予奈何兮乘我何其哀則同其所以哀則異故哀樂之襲人清也深矣鑿地漂池人或有鑿穿成有塡也言用心異也非止以勞苦民也各從其蹠蹠願也而亂生焉其載情一也施人則異矣施於人有善惡故唐虞日孳孳以致於王桀紂日怏怏以致於死不知後世之譏已也

凡人情說其所苦即樂失其所樂則哀故知生之樂必知死之哀有義者不可欺以利有勇者不可劫以懼如飢渴者不可欺以虛器也人多欲虧義欲則貪貪損義多憂害智貪憂閉塞故害智也多懼害勇嫚生乎小人嫚倨小人行也蠻夷皆能之嫚蠻夷之行也善生乎君子誘然與日月爭光誘美稱也天下弗能遏奪故治國樂其所以存亡國亦樂其所以亡也

金錫不消釋則不流刑刑法上憂尋不誠則不法民憂尋

不在民則是絶民之繫也繫所以枸維民君反本而民繫固也至德小節備大節舉齊桓舉而不密齊桓有大節小節疏也晉文密而不舉晉文有小節大節廢也晉文得之乎閨內失之乎境外閨內館而境外亂也齊桓失之乎閨內而得之乎朝閨內亂而朝廷治也水下流而廣大君下臣而聰明君不與臣爭功而治道通矣莞爾吾百里奚經而成之百里奚虞人秦相也齊桓秦穆受而聽之聽用二臣之謀照惑者以東爲西惑也照曉見日而寤矣衛武侯謂其臣曰小子無謂我老武侯蓋年九十五矣而贏我贏勞有過必謁之是武侯如弗贏之必得贏故老而弗舍通乎存亡之論者也人無能作也有能爲也有能爲也而無能成也人之爲天成之終身爲善非天不行終身爲不善非天不亡故善否我也禍福非我也非我也天所爲故君子順其在己者而已矣

性者所受於天也命者所遭於時也有其材不遇其世天也太公何力比干何罪循性而行指或害或利求之有道得之在命故君子能爲善而不能必其得福不忍爲非而未能必免其禍

君根本也臣枝葉也根本不美枝葉茂者未之聞也有道之世以人與國君堯以天下与舜也無道之世以國與人堯王天下而憂不解授舜而憂釋憂而守之而樂與賢終不私其利矣

凡萬物有所施之無小不可爲無所用之不知其所用也碧瑜糞土也諭王不知用之則爲糞土也人之情於害之中爭取小焉於利之中爭取大焉故同味而嗜厚膊者厚膊厚切肉也必其甘之者也同師而超羣者必其樂之者也弗甘弗樂而能爲表者未之聞也表立見也

君子時則進得之以義何幸之有不時則退讓之以義何不幸之有故伯夷餓死首山之下（伯夷孤竹君之子讓國與弟不食周粟故餓也）猶不自悔棄其所賤得其所貴也（善求仁而得也）

福之萌也緜緜禍之生也分分禍福之始萌微故民嫚之唯聖人見其始而知其終故傳曰魯酒薄而邯鄲圍（魯與趙俱朝楚獻酒於楚魯酒薄而趙酒厚楚之主酒吏求酒於趙不與楚吏怒以趙所獻酒於楚王易魯薄酒楚王以爲趙酒薄而圍邯鄲一曰趙魯獻酒於周也事見莊子）羊羹不斟而宋國危（宋將華元與鄭戰殺羊食士不及其御及戰御馳馬入鄭軍華元以獲也）明主之賞罰非以爲己也以爲國也適於己而無功於國者不施賞焉逆於己便於國者不加罰焉故楚莊謂共雍（共雍楚臣）曰有德者受吾爵祿有功者受吾田宅是二者女無一焉吾無以與女可謂不踰於理乎（踰越）其謝之也猶未之莫與（謝謂遣共雍也莫勉之也）

周政至（至於道也）殷政善（善施教未至於道也）夏政行（行尚趣也）行政善善未必至也至至之人不慕乎行不慙乎善含德履道而上下相樂也不知其所由然有國者多矣而齊桓晉文獨名泰山之上有七十壇焉（封乎太山蓋七十二君也）而三王獨道君不求諸臣臣不假之君脩近彌遠而後世稱其大不越鄰而成章而莫能至焉故孝己之禮可為也（孝己殷王高宗之子也蓋放逐而不失礼）而莫能奪之名也必不得其所懷也（不能與孝己爭名者不得孝己之所懷也）義載乎宜之謂君子宜遺乎義之謂小人通智得勞而不勞（通智達道之人）其次勞而不病其下病而不勞古人味而弗貪也（古人知其味而不貪其食）令人貪而弗味（孔子魯人之孝也飲之而已莫之能味者）歌之脩其音也（此言樂所以移風易俗歌長其音）音之不足於其美者也（此音不足以致美化也）金石絲竹助而奏之猶未足以至於極也（極治化之至也）人能尊道行義

喜怒取予〔如此即其化民適於樂也〕欲如草之從風〔草上之風必偃〕召公以桑蠶耕種之時弛獄出拘〔召公周太保也〕使百姓皆得反業脩職文王辭千里之地而請去炮烙之刑〔紂拘文王文王獻寶於紂紂賞以千里之地文王不受願去炮烙之刑〕故聖人之舉事也進退不失時若夏就絺綌上車授綏之謂也

老子學商容見舌而知守柔矣〔商容神人也商容吐舌示老子老子知舌柔齒剛〕列子學壺子觀景柱而知持後矣〔先有形而後有影形可亡而影不可傷〕故聖人不為物先而常制之其類若積薪樵後者在上人以義愛以黨羣以羣強是故德之所施者博則威之所行者遠義之所加者淺則武之所制者小矣鐸以聲自毀〔鐸大鈴出於吳也〕膏燭以明自鑠虎豹之文來射蝯狖之捷來措〔措剌也〕故子路以勇死〔死衛侯輒之難〕萇弘以智困〔欲以術軏周周人殺之〕能以智智而未能

以智不智也故行險者不得履繩出林者不得直道夜行瞑目而前其手事有所至而明有不害人能貫冥冥入於昭昭可與言至矣鵲巢知風之所起歲多風則鵲作巢卑獺穴知水之高下水之所及則獺避而爲穴也暉日知晏暉日鴆鳥也晏无雲也天將晏靜暉日先鳴也陰諧知雨陰諧暉日雌也天將陰雨則鳴爲是謂人智不如鳥獸則不然故通於一伎察於一辭可與曲說未可與廣應也甯戚擊牛角而歌桓公舉以大政雍門子以哭見孟嘗君涕流沾纓歌哭衆人之所能爲也一發聲入人耳感人心精之至者也故唐虞之法可効也其諭人心不可及也簡公以懦殺簡公齊君也以柔濡田成子殺之也子陽以猛劫子陽鄭相也尚刑而劫死皆不得其道者也故歌而不比於律者其清濁一也雖清濁失和故不中律全繩之外與繩之内皆失直者也

紂爲象箸而箕子嘰嘰唏也知象箸必者口玉栝爲栝必極滋味魯以偶人葬而孔子歎偶人桐人也歎其象人而用之也見所始則知所終故水出於山入於海稼生乎野而藏乎倉聖人見其所生則知其所歸矣水濁者魚噞令苛者民亂城峭者必崩岸崝者必陁崝峭也陁落也故商鞅立法而支解商鞅爲秦孝公立治法百姓怨之以罪支解吳起刻削而車裂吳起相楚設貴臣相坐之法卒車裂也治國辟若張瑟大絃組組急也則小絃絕矣故急轡數策者非千里之御也有聲之聲不過百里無聲之聲施於四海是故祿過其功者損名過其實者蔽情行合而名副之禍福不虛至矣身有醜夢不勝正行國有妖祥不勝善政是故前有軒冕之賞不可以無功取也後有斧鉞之禁不可以無罪蒙也素脩正者弗離道也君子不謂小善不足爲也而舍之小善積而爲大善不爲

小不善爲無傷也而爲之小不善積而爲大不善是故積羽沉舟羣輕折軸故君子禁於微壹快不足以成善積快而爲德壹恨不足以成非積恨而成怨故三代之善千歲之積譽也桀紂之謗千歲之積毀也天有四時人有四用何謂四用視而形之莫明於目聽而精之莫聰於耳重而閉之莫固於口含而藏之莫深於心目見其形耳聽其聲口言其誠而心致之精則萬物之化咸有極矣地以德廣（人君以德廣益其土地也）君以德尊上也地以義廣君以義尊次也地以強廣君以強尊之下也故粹者王駿者霸無一焉者亡昔二鳳皇至於庭三代至乎門室至乎澤德彌麤所至彌遠德彌精所至彌近君子誠仁於施亦仁不施亦仁（道无爲而民蒙純此所謂不施而仁）小人誠不仁施亦不仁不施亦不仁善之由我

與其由人若仁德之盛者也故情勝欲者昌欲勝情者亡欲知天道察其數（謂律歷之數）欲知地道物其樹（五土之宜各有所種生之）欲知人道從其欲（君子欲於道小人欲於利）勿驚勿駭萬物將自理勿撓勿攖（纓攖）万物將自清（言治天下各順其情）察一曲者不可與言化（一曲一事也）審一時者不可與言大（猶蟬不知寒也）日不知夜月不知晝日月爲明而弗能兼也唯天地能函之能包天地曰唯無形者也驕溢之君无忠臣口慧之人無必信交拱之木無把之枝（拱抱也把握也）尋常之溝無吞舟之魚根淺則末短本傷則枝枯福生於无爲患生於多欲害生於弗備穢生於弗耨聖人爲善若恐不及備禍若恐不免蒙塵而欲毋眯涉水而欲毋濡不可得也是故知己者不怨人知命者不怨天福由己發禍由己生

聖人不求譽不辟誹正身而直行衆邪自息今釋正而追曲倍是

而從衆是與俗儷走而内行無繩（繩所以準曲也）故聖人反己而弗由也道之有篇章形埒者（形埒兆朕）非至者也嘗之而無味視之而無形不可傳於人大戟去水亭歷愈脹用之不節乃反為病物多類之而非唯聖人知其微

善御者不忘其馬善射者不忘其弩善為人上者不忘其下誠能愛而利之天下可從也弗愛弗利親子叛父

天下有至貴而非勢位也有至富而非金玉也有至壽而非千歲也原心反性則貴矣適情知足則富矣明死生之分則壽矣言無常是行無常宜者小人也察於一事通於一伎者中人也兼覆蓋而并有之度伎能而裁使之者聖人也（裁制也度其伎能而裁制使之）

淮南鴻烈解卷第十

淮南鴻烈解卷第十一

太尉祭酒臣許　慎　記上

齊俗訓第十一（齊壹也四宇之風世之衆理皆混其俗令爲一道也）

率性而行謂之道得其天性謂之德性失然後貴仁道失然後貴義是故仁義立而道德遷矣礼樂飾則純樸散矣是非形則百姓眩矣珠玉尊則天下爭矣凡此四者衰世之造也末世之用也夫禮者所以別尊卑異貴賤義者所以合君臣父子兄弟夫妻友朋之際也今世之爲禮者恭敬而忮（忮害也音寘）爲義者布施而德君臣以相非骨肉以生怨則失禮義之本也故構而多責（構謂以權相交權盡而交疏構之然也）夫水積則生相食之魚土積則生自穴之獸禮義飾則生僞匿之本夫吹灰而欲無眯涉水而欲無濡不可得也古者

民童蒙不知東西貌不羨乎情而言不溢乎行其衣致煖而無文其兵戈銖而無刃（楚人謂刃頓為銖）其歌樂而无轉其哭哀而無聲鑿井而飲耕田而食無所施其美亦不求得親戚不相毀譽朋友不相怨德及至禮義之生貨財之貴而詐僞萌興非譽相紛怨德並行於是乃有曾參孝己之美而生盜跖莊蹻之邪故有大路龍旂羽蓋垂緌（大路天子車也龍旂龍旗）結駟連騎則必有穿窬拊楗抽箕踰備之姦（抽掘也備後垣）有詭文繁繡弱緆羅紈（弱緆細布也羅縠紈素也）必有菅屩跐（音此）踦短褐不完者（菅茅也跐偶也踦適也楚人謂袍為短褐大布）故高下之相傾也短脩之相形也亦明矣夫蝦蟇為鶉（鶉鵪也）水蠆為蟌莣（青蛉也音矛音務）皆生非其類唯聖人知其化（其化視陰入陽從陽入陰）夫胡人見黂（黂麻子也）不知其可以為布也越人見毳不知其可以為旃也故不通於

物者難與言化昔太公望周公旦受封而相見太公問周公曰何以治魯周公曰尊尊親親太公曰魯從此弱矣（尊尊親親仁者弱也）周公問太公曰何以治齊太公曰舉賢而上功周公曰後世必有劫殺之君（奉賢上功則民競故劫殺）其後齊日以大至於霸二十四世而田氏代之（齊臣田氏奪其君位而代之）魯日以削至三十二世而亡（魯禄去公室至楚考烈王滅之）故易曰履霜堅冰至聖人之見終始微言故糟丘生乎象櫡（紂為長夜之飲積糟成丘者起於象櫡）炮烙生乎熱升（庖人進羹於紂熱以為惡以熱升殺之趙国升可以殺人故起炮烙）子路撜溺而受牛謝（撜舉也升出溺人主謝以牛也）孔子曰魯國必好救人於患子贛贖人而不受金於府（魯國之法贖人於他国者受金于府）孔子曰魯國不復贖人矣子路受而勸德子贛讓而止善孔子之明以小知大以近知遠通於論者也由此觀之廉有所在而不可公行也故行齊於俗可隨也

事周於能易爲也矜僞以惑世伉行以違衆聖人不以爲民俗廣廈闊屋連闥通房人之所安也鳥入之而憂高山險阻深林叢薄虎豹之所樂也人入之而畏川谷通原積水重泉黿鼉之所便也人入之而死咸池承雲（皆黃帝樂）九韶（舜樂）六英（帝顓頊樂）人之所樂也鳥獸聞之而驚深谿峭岸峻木尋枝蝯狖之所樂也人上之而慄形殊性詭所以爲樂者乃所以爲哀所以爲安者乃所以爲危也乃至天地之所覆載日月之照誋（音告）使各便其性安其居處其宜爲其能故愚者有所脩智者有所不足柱不可以摘齒筐不可以持屋（筐小簪也）馬不可以服重牛不可以追速鉛不可以爲刀銅不可以爲弩鐵不可以爲舟木不可以爲釜各用之於其所適施之於其所宜即萬物一齊而無由相過夫明鏡便

於照形其於以函食不如簞犧牛粹毛宜於廟牲其於以致雨不若黑蜧（黑蜧神蛇也潛於神淵蓋能興雲雨）由此觀之物無貴賤因其所貴而貴之物無不貴也因其所賤而賤之物無不賤也夫玉璞不厭厚角觿（魚沼反）不厭薄（角觿刀劒羽閒之覆角也）漆不厭黑粉不厭白此四者相反也所急則均其用一也今之裘與蓑孰急見雨則裘不用升堂則蓑不御此代爲常者也譬若舟車楯肆窮廬固有所宜也（木固宜舟陸地宜車沙地宜四泥地宜楯草野宜窮廬）故老子曰不上賢者言不致魚於水沉鳥於淵（物各因其宜故不須用賢也）故堯之治天下也舜爲司徒契爲司馬禹爲司空后稷爲大田師奚仲爲工其導萬民也水處者漁山處者木谷處者牧陸處者農地宜其事事宜其械械宜其用用宜其人澤皋織網陵阪耕田得以所有易所無以所工易所拙是

故離叛者寡而聽從者衆譬若播棊丸於地員者走澤方者處高各從其所安夫有何上下焉若風之過簫也（簫籟）忽然感之各以清濁應矣夫猨狖得茂木不舍而穴狟狢得埵防弗去而緣（狟貆豚也埵水埒也防隄也）物莫避其所利而就其所害是故鄰國相望鷄狗之音相聞而足迹不接諸侯之境車軌不結千里之外者皆各得其所安故亂國若盛治國若虛亡國若不足存國若有餘虛者非無人也皆守其職也盛者非多人也皆徼於末也有餘者非多財也欲節事寡也不足者非無貨也民躁而費多也故先王之法籍非所作也其所因也其禁誅非所為也其所守也凡以物治物者不以物以睦治睦者不以睦以人治人者不以人以君治君者不於君以欲治欲者不於欲以性治性者不於性

以德治德者不以德以道原人之性蕪濊而不得清明者物或堁之也（堁坋塵也）羌氐僰翟嬰兒生皆同聲（羌西戎氐南夷僰西夷也翟北狄也）及其長也雖重象狄騠（象狄騠譯也象狄騠之語也）不能通其言教俗殊也今令三月嬰兒生而徙國則不能知其故俗由此觀之衣服禮俗者非人之性也所受於外也夫竹之性浮殘以爲牒束而投之水則沉失其體也金之性沉託之於舟上則浮勢有所枝也夫素之質白染之以涅則黑縑之性黄染之以丹則赤人之性無邪久湛於俗則易易而忘其本合於若性（若性合於他性自若本性）故日月欲明浮雲蓋之河水欲清沙石濊之人性欲平嗜欲害之唯聖人能遺物而反已夫乘舟而惑者不知東西見斗極則寤矣夫性亦人之斗極也以有自見也則不失物之情無以自見則動而惑

譬若隴西之遊愈躁愈沉孔子謂顔回曰吾服汝也忘（孔子謙自謂无知而服回此忘行也）而汝服於我也亦忘雖然汝雖忘乎吾猶有不忘者存孔子知其本也夫縱欲而失性動未嘗正物以治身則危以治國則亂以入軍則破是故不聞道者無以反性故古之聖王能得諸己故令行禁止名傳後世德施四海是故凡將舉事必先平意神清意平物乃可正若璽之抑埴（璽印也埴泥也）正與之正（印正而封正也）傾與之傾故堯之舉舜也決之於目桓公之取甯戚也斷之於耳而已矣爲是釋術數而任耳目其亂必甚矣夫耳目之可以斷也反情性也聽失於誹譽而目淫於采色而欲得事正則難矣夫載哀者聞歌聲而泣載樂者見哭者而笑哀可樂者笑可哀者載使然也是故貴虛（虛者心无所載於哀樂也）故水擊則波興

氣亂則智〻昏〻不可以為政波水不可以為平故聖王執一而勿失萬物之情既矣四夷九州服矣夫一者至貴無適於天下聖王人記於無適故民命繫矣為仁者必以哀樂論之為義者必以取予明之人目所見不過十里而欲徧照海內之民哀樂弗能給也無天下之委財而欲徧贍萬民利不能足也且喜怒哀樂有感而自然者也故哭之發於口涕之出於目此皆憤於中而形於外者也譬若水之下流煙之上尋也夫有孰推之者故強哭者雖病不哀強親者雖笑不和情發於中而聲應於外故釐負羈之壺餮愈於晉獻公之垂棘（獻公以垂棘滅虞虢）趙宣孟之東脯賢於智伯之大鍾（智伯以大鍾滅仇由）故禮豐不足以效愛而誠心可以懷遠故公西華之養親也若與朋友處（公西華孔子弟子也與朋友處睦而少敬）曾

參之養親也若事嚴主烈君（烈酷也曾子事親其敬多）其於養一也故胡人彈骨（胡人之盟約置酒人頭中飲以相詛）越人契臂（刻臂出血）中國歃血也（殺牲歃血相與為信）所由各異其於信一也三苗髽首（三苗之國在彭蠡洞庭之野髽以枲束髮也）羌人括領（括結）中國冠筓（筓簪）越人劗髮（劗斷）其於服一也帝顓頊之法婦人不辟男子於路者拂之於四達之衢（拂拭）今之國都男女切踦（踦足）肩摩於道其於俗一也故四夷之禮不同皆尊其主而愛其親敬其兄獫狁之俗相反（獫狁北胡也其俗物與中國相反也）皆慈其子而嚴其上夫鳥飛成行獸處成羣有孰教之故魯國服儒者之禮行孔子之術地削名卑不能親近來遠越王句踐劗髮文身無皮弁搢笏之服（皮弁以為爵冠也搢佩紟笏佩玉也長三尺杼上終葵首）拘罷拒折之容（拘罷圜也拒折方也）然而勝夫差於五湖南面而霸天下泗上十二諸侯皆率九夷以朝

胡貉匈奴之國縱體施髮〔施縱也〕箕倨反言而國不亡者未必无禮也楚莊王裾衣博袍〔裾褢也衣裾〕令行乎天下遂霸諸侯晉文君大布之衣〔大布粗布〕牂羊之裘韋以帶劒威立于海內豈必鄒魯之禮之謂禮乎〔鄒孟軻邑魯孔子邑〕是故入其國者從其俗入其家者避其諱不犯禁而入不迕逆而進雖之夷狄徒倮之國〔徒倮不衣〕結軌乎遠方之外而無所困矣禮者實之文也仁者恩之效也故禮因人情而爲之節文而仁發怍以見容〔怍色也〕禮不過實仁不溢恩也治世之道也夫三年之喪是強人所不及也而以僞輔情也三月之服是絕哀而迫切之性也〔三月之服夏后氏禮〕夫儒墨不原人情之終始而務以行相反之制五縗之服〔五縗謂三年朞九月五月三月服也〕悲哀抱於情葬薶稱於養不強人之所不能爲不絕人之所能已度量不失

於適誹譽無所由生古者非不知繁升降槃還之禮也蹀采齊肆夏之容也采齊肆夏皆樂名也以爲曠日煩民而無所用故制禮足以佐實喻意而已矣古者非不能陳鐘鼓盛筦簫揚干戚奮羽旄以爲費財亂政制樂足以合歡宣意而已喜不羨於音非不能竭國麋民虛府殫財含珠鱗施綸組節束鱗施五田也綸組絜也束縛也追送死也以爲窮民絕業而無益於槁骨腐肉也故葬薶足以收斂蓋藏而已昔舜葬蒼梧市不變其肆舜南巡狩死蒼梧葬令道九疑山不煩於市有所發禹葬會稽之山農不易其畝禹會羣臣於會稽葬山陰之陽不煩農人之田畝明乎死生之分通乎侈儉之適者也亂國則不然言與行相悖情與貌相反禮節以煩樂優以淫崇死以害生久喪以招行是以風俗濁於世而誹譽萌於朝是故聖人廢而弗用也義者循理而行宜也

禮者體情制文者也義者宜也禮者體也昔有扈氏為義而亡（有扈夏啓之庶兄也以堯舜舉賢禹獨與子故伐啓啓亡之）知義而不知宜也魯治礼而削知禮而不知體也有虞氏之祀其社用土（封土為社）祀中霤葬成畝（因畝而葬）其樂咸池承雲九韶（舜兼用黃帝樂九韶舜所作也）其服尚黃（舜土德也故尚黃）夏后氏其社用松（所樹之木皆所生地之所宜也）祀戶（春祭先戶夏木德也）葬牆置翣（翣棺衣飾也）其樂夏籥九成六佾六列六英（九成变也六列六六為行列也六英）禹兼用顓頊之樂也）其服尚青（木德故尚青也）殷人之禮其社用石（以石為社主也）祀門（秋祭先門殷金德也）葬樹松其樂大護晨露（大護晨露湯所作樂）其服尚白（金德故尚白也）周人之禮其社用栗祀竈（夏祭先竈周火德也鄒子曰吾德之次從所不勝故虞土夏木殷金周火）葬樹柏其樂大武三象棘下（三象棘下武象樂也）其服尚赤（火德尚赤也）禮樂相詭服制相反然而皆不失親踈之恩上下之倫今握一君之法籍以非傳代之俗譬由膠柱而調琴也故明主制

禮義而為衣分節行而為帶衣足覆形從典墳虛循撓便身體適行步不務於奇麗之容隅眥之削帶足以結紐收衽束牢連固不亟於為文句疏短之鞵故制禮義行至德而不拘於儒墨所謂明者非謂其見彼也自見而已所謂聰者非謂聞彼也自聞而已所謂達者非謂知彼也自知而已是故身者道之所託身德則道得矣道之得也以視則明以聽則聰以言則公以行則從故聖人財制物也猶工匠之斲削鑿枘也宰庖之切割分別也曲得其宜而不折傷拙工則不然大則塞而不入小則窕而不周動於心枝於手而愈醜夫聖人之斲削物也剖之判之離之散之已淫已失復揆以一既出其根復歸其門已雕已琢還反於樸合而為道德離而為儀表其轉入玄冥其散應無

形禮義節行又何以窮至治之本哉世之明事者多離道
德之本曰禮義足以治天下此未可與言術也所謂禮義
者五帝三王之法籍風俗一世之迹也譬若芻狗土龍之始
成芻狗束芻爲狗以謝過求福土龍以請雨文以青黃綃以綺繡纏以朱絲尸祝
袀袨袀純服袨黑齋衣也大夫端冕端冕禮也以送迎之及其已用之後則
壤土草薊蒩而已夫有孰貴之言弃之不貴也故當舜之時有苗
不服於是舜脩政偃兵執干戚而舞之禹之時天下大雨
禹令民聚土積薪擇丘陵而處之武王伐紂載尸而行武王
伐紂伯夷曰父死未葬爰及干戈河謂孝乎海内未定故不爲三年之喪三年之喪始於武王禹
遭鴻水之患陂塘之事故朝死而暮葬此皆聖人之所
以應時耦變見形而施宜者也今知脩干戚而笑钁插钁所
屬知三年而非一日是從牛非馬以徵笑羽也以此應化無

以異於彈一絃而會棘下（棘下樂名一絃會之不可成也）夫以一世之變欲以耦化應時譬猶冬被葛而夏被裘夫一儀不可以百發（儀弩招頭也射百發遠近不可皆以一儀也）一衣不可以出歲儀必應乎高下衣必適乎寒暑是故世異即事變時移即俗易故聖人論世而立法隨時而舉事尚古之王封於泰山禪於梁父七十餘聖法度不同非務相反也時世異也是故不法其以成之法而法其所以為法所以為法者與化推移者也夫能與化推移為人者至貴在焉爾故狐梁之歌可隨也其所以歌者不可為也聖人之法可觀也其所以作法不可原也辯士言可聽也其所以言不可形也淳均之劍不可愛也而歐冶之巧可貴也今夫王喬（王喬蜀武陽人也為伯人令得道而仙也）赤誦子（赤誦子上谷人也病癘入山導引輕舉）吹嘔呼吸吐故納新遺形去智抱

素反眞以遊玄眇上通雲天今欲學其道不得其養
氣處神而放其一吐一吸時詘時伸其不能乘雲升
假亦明矣 假上也 五帝三王輕天下細萬物齊死生同
變化抱大聖之心以鎮萬物之情上與神明爲友下
與造化爲人今欲學其道不得其清明玄聖而守其
法籍憲令不能爲治亦明矣故曰得十利劒不若得
歐冶之巧得百走馬不若得伯樂之數樸至大者無
形狀道至眇者無度量故天之圓也不中規地之方也
不中矩往古來今謂之宙四方上下謂之宇道在其間
而莫知其所故其見不遠者不可與語大其智不閎者
不可與論至昔者馮夷得道以潛大川 馮夷河伯也華陰潼鄉隄首里人服八石
得水僊 鉗且得道以處崑崙 鉗且得仙道升居崑崙山 扁鵲以治病 扁鵲盧人姓秦

名越人趙簡子時人也造父以御馬羿以之射倕以之斵倕堯巧工所爲者各異而所道者一也夫禀道以通物者無以相非也譬若同陂而漑田其受水鈞也今屠牛而烹其肉或以爲酸或以爲甘煎熬燎炙齊味萬方其本一牛之躰伐楩柟豫樟而剖棃之剖判棃分或爲棺槨或爲柱梁披斷撥檖披解也撥拼理檖順所用萬方然一木之樸也故百家之言指奏相反其合道一體也譬若絲竹金石之會樂同也其曲家異而不失於體伯樂韓風秦牙管青四子皆古善相馬者所相各異其知馬一也故三皇五帝法籍殊方其得民心鈞也故湯入夏而用其法武王入殷而行其禮桀紂之所以亡而湯武之所以為治故剞劂銷錆削鋸陳非良工不能以制木鑪橐埵坊設鑪橐埵皆治具也坊土刑也非巧冶不能以治金屠牛吐齊之大屠一朝解九牛

而刀以剃毛（剃鬄髮也）庖丁用刀十九年（庖丁齊屠伯也）而刀如新剖硎（剖始也硎磨刀也）何則游乎衆虛之間（衆虛之間剖中理也）若夫規矩鉤繩者此巧之具也而非所以巧也故瑟無絃雖師文不能以成曲（師文樂師）徒絃則不能悲故絃悲之具也而非所以爲悲也若夫工匠之爲連鐖運開陰閉眩錯（連鐖鐖發也運開相通也陰閉獨閉也眩因而相錯也）入於冥冥之眇神調之極游乎心手衆虛之間而莫與物爲際者父不能以教子瞽師之放意相物寫神愈舞而形乎絃者兄不能以喻弟今夫爲平者準也爲直者繩也若夫不在於繩準之中可以平直者此不共之術也故叩宮而宮應彈角而角動此同音之相應者也其於五音無所比而二十五絃皆應此不傳之道也故蕭條者形之君（蕭條深靜）而寂漠者音之主也（微音生於寂漠）天下是非無所定世

各是其所是而非其所非所謂是與非各異皆自是而非人由此觀之事有合於已者而未始有是也有忤於心者而未始有非也故求是者非求道理也求合於已者也去非者非批邪施（施微曲也）去忤於心者也忤於我未必不合於人也合於我未必不非於俗也至是之是無非至非之非無是此眞是非也若夫是於此而非於彼非於此而是於彼者此之謂一是一非也此一是非隅曲也夫一是非宇宙也今吾欲擇是而居之擇非而去之不知世之所謂是非者不知孰是孰非老子曰治大國若烹小鮮爲寬裕者曰勿數撓（裕饒也）爲刻削者曰致其醎酸而已矣晉平公出言而不當師曠舉琴而撞之跌衽宮壁（跌衽至平公衣衽中宮壁）左右欲塗之（欲塗師曠所敗壁也）平公曰舍之以此爲寡人失孔子聞之曰

平公非不痛其體也欲來諫者也韓子聞之韓子韓公子非曰群臣失禮而弗誅是縱過也有以也夫平公之不霸也故賓有見人於宓子者宓子子賤者也賓出宓子曰子之賓獨有三過望我而笑是攓也攓慢也談語而不稱師是返也交淺而言深是亂也賓曰望君而笑是公也談語而不稱師是通也交淺而言深是忠也故賓之容一體也或以爲君子或以爲小人所自視之異也故趣舍合即言忠而益親身疏即謀當而見疑親母爲其子治扢禿而血流至耳見者以爲其愛之至也使在於繼母則過者以爲嫉也事之情一也所從觀者異也從城上視牛如羊視羊如豕所居高也闚面於盤水則員於杯則隨面形不變其故有所員有所隨者所自闚之異也今吾雖欲正身而待物庸遽知世之所自窺

我者乎若轉化而與世競走譬猶逃雨也無之而不濡常
欲在於虛則有不能爲虛矣（爲者失之執者敗之）若夫不爲虛而自
虛者（性自然也）此所慕而不能致也故通於道者如車軸不運
於己而與轂致千里轉無窮之原也不通於道者若迷惑
告以東西南北所居聆聆（聆聆意曉解也）壹曲而辟（小邪辟也）然忽不得
復迷惑也故終身隸於人辟若俔之見風也（俔候風雨也世所謂五兩者也）無
須臾之間定矣故聖人體道反性不化以待化（无爲以待有爲）則幾
於免矣（近於免世難也）治世之體易守也其事易爲也其禮易行
也其責易償也是以人不兼官官不兼事士農工商鄉別
州異是故農與農言力士與士言行工與工言巧商與商
言數是以士無遺行農無廢功工無苦事商無析貨各安
其性不得相干故伊尹之興土功也修脛者使之跖钁（長脛以蹋）

揗者使（而入深）強脊者使之負土（脊強者在負重）眇者使之準（目不正因令睹）傴者使之塗（傴人塗地因其便也）各有所宜而人性齊矣胡人便於馬越人便於舟異形殊類易事而悖失處而賤得勢而貴聖人摠而用之其數一也夫先知遠見達視千里人才之隆也而治世不以責於民（言民不以己求備於下也）博聞強志口辯辭給人智之美也而明主不以求於下敖世輕物不汚於俗士之伉行也而治世不以爲民化神機陰閉剞劂無迹人巧之妙也而治世不以爲民業故萇弘師曠先知禍福言無遺筴而不可與衆同職也公孫龍折辯抗辭別同異離堅白（公孫龍趙人好分折詭異之言以白馬不得合為一物離而為二也）不可以衆同道也北人无擇非舜而自投清泠之淵（北人无擇古隱士也非舜非其德之衰也）不可以為世儀魯般墨子以木為鳶而飛之三日不集而不可使為工也故高不可及者不

可以為人量行不可逮者不可以為國俗夫脊輕重不失銖兩聖人弗用而縣之乎銓衡視高下不差尺寸明主弗任而求之乎浣準浣準水望之平何則人才不可專用而度量可世傳也故國治可與愚守也而軍制可與權用也夫待騕褭飛兔而駕之騕褭良馬飛兔其子褭兔走蓋皆一日萬里也則世莫乘車待西施毛嬙而爲配西施毛嬙古好女也則終身不家矣然非待古之英俊而人自足者因所有而並用之夫騏驥千里一日而通駑馬十舍旬亦至之旬十日也由是觀之人材不足專恃而道術可公行也亂世之法高為量而罪不及重為任而罰不勝危為禁而誅不敢民困於三責則飾智而詐上犯邪而干免干求也故雖峭法嚴刑不能禁其姦何力不足也故諺曰鳥窮則噣獸窮則觸人窮則詐此之謂也道德之論譬言

猶日月也江南河北不能易其指馳騖千里不能易其處趨舍禮俗猶室宅之居也東家謂之西家西家謂之東家雖臯陶爲之理不能定其處故趨舍同誹譽在俗意行鈞窮達在時湯武之累行積善可及也其遭桀紂之世天授也今有湯武之意而無桀紂之時而欲成霸王之業亦不幾矣昔武王執戈秉鉞以伐紂勝殷搢笏杖殳以臨朝殳木杖也武王既歿殷民叛之周公踐東宮東宮太子宮也履乘石人君升車有乘石也攝天子之位負扆而朝諸侯戶牖之間謂之扆放蔡叔誅管叔周公兄也克殷殘商殘商誅紂紂子祿父祀文王于明堂七年而致政成王夫武王先武而後文非意變也以應時也周公放兄誅弟非不仁也以匡亂也故事周於世則功成務合於時則名立昔齊桓公合諸侯以乘車退誅於國以斧鉞晉文公

合諸侯以革車退行於国以禮義桓公前柔而後剛文公前剛而後柔然而令行乎天下權制諸侯鈞者審於勢之變也顏闔魯君欲相之顏闔魯隱士也而不肯使人以幣先焉鑿培而遁之培屋後牆為天下顯武楚人謂士為武使遇商鞅申不害刑及三族又況身乎世多稱古之人而高其行並世有與同者而弗知貴也非才下也時弗宜也故六騏驥駟駃騠駃騠北翟之良馬也以濟江河不若窾木便者窾空處勢然也是故立功之人簡於行而謹於時今世俗之人以功成為賢以勝患為智以遭難為愚以死節為戇愚吾以爲各致其所極而已王子比干非不智箕子被髮佯狂以免其身也然而樂直行盡忠以死節故不為也伯夷叔齊非不能受祿任官以致其功也然而樂離世伉行以絶衆故不務也許由善卷非

不能撫天下寧海內以德民也然而羞以物滑和故弗受也豫讓要離豫讓智伯臣要離吳王闔閭臣非不知樂家室安妻子以偷生也然而樂推誠行必以死主故不留也今從箕子視比干則愚矣從比干視箕子則卑矣從管晏視伯夷則戇矣從伯夷視管晏則貪矣趨舍相非嗜欲相反而各樂其務將誰使正之曾子曰擊舟水中鳥聞之而高翔魚聞之而淵藏故所趨各異而皆得所便故惠子從車百乘以過孟諸惠子名施仕爲梁相視車百乘志尚未足孟諸宋澤莊子見之棄其餘魚莊子名周蒙人隱而不仕見惠施之不足故棄餘魚也鵜胡飲水數斗而不足鵜胡汚澤鳥鱓鮪入口若露而死鱓鮪魚名智伯有三晉而欲不贍三晉智伯有范中行之地贍足林類榮啓期衣若縣衰林類榮啓期皆隱賢意不慊慊恨由此觀之則趣行各異何以相非也夫重生者不以利害已立節者見難不苟免貪

祿者見利不顧身而好名者非義不苟得此相為論譬猶冰炭鉤繩也何時而合若以聖人為之中則兼覆而并之未有可是非者也夫飛鳥主巢狐狸主穴巢者巢成而得棲焉穴者穴成而得宿焉趣舍行義亦人之所棲宿也各樂其所安致其所蹠蹠躐謂之成人故以道論者總而齊之治國之道上無苛令官無煩治士無偽行工無淫巧其事經而不擾其器完而不飾亂世則不然為行者相揭以高揭舉為禮者相矜以偽車輿極於雕琢器用逐於刻鏤求貨者爭難得以為寶詆文者處煩撓以為慧爭為佹辯久積而不決無益於治工為奇器歷歲而後成不周於用故神農之法曰丈夫丁壯而不耕天下有受其飢者婦人當年而不織天下有受其寒者故身自耕妻親織以為天下先

其導民也不貴難得之貨不器無用之物是故其耕不強者無以養生其織不力者無以揜形有餘不足各歸其身衣食饒溢姦邪不生安樂無事而天下均平故孔丘曾參無所施其善孟賁成荊無所行其威（成荊古勇士也）衰世之俗以其知巧詐偽飾衆無用貴遠方之貨珍難得之財不積於養生之具澆天下之淳（澆薄也淳厚也）析天下之樸牿服馬牛以為牢滑万民以清為濁性命飛揚皆乱以營貞信漫瀾人失其情性於是乃有翡翠犀象黼黻文章以乱其目芻豢黍粱荊吳芬馨以嚂（音藍）其口（荊吳国也芬珍求也嚂貪求也）鍾鼓笙簫絲竹金石以淫其耳趨舍行義禮節謗議以營其心於是百姓糜沸豪乱暮行逐利煩挐澆淺（淺薄也既薄尚澆也）法與義相非行與利相反雖十管仲弗能治也且富人則車輿衣纂錦（纂繒）馬

飾傅旄象帷幕茵席綺繡條組青黃相錯不可為象貧人則夏被褐帶索唅菽飲水以充腸以支暑熱冬則羊裘解札[解札裘敗解也]短褐不揜形而煬竈口[煬炙]故其為編戶齊民無以異然貧富之相去也猶人君與僕虜不足以論之夫乘奇技偽邪施者自足乎一世之間守正脩理不苟得者不免乎飢寒之患而欲民之去末反本是由發其原而壅其流也夫雕琢刻鏤傷農事者也錦繡纂組害女工者也農事廢女工傷則飢之本而寒之原也夫飢寒並至能不犯法干誅者古今未之聞也故仕鄙在時不在行利害在命不在智夫敗軍之卒勇武遁逃將不能止也勝軍之陳怯者死行懼不能走也故江河決沉一鄉父子兄弟相遺而走爭升陵阪上高丘輕足先升不能相顧也世樂志平見鄰

国之人溺尚猶哀之又況親戚乎故身安則恩及隣国志為之滅身危則忠其親戚而仁不能解也游者不能拯溺手足有所急也灼者不能救火身躰有所痛也夫民有餘即讓不足則爭讓則礼義生爭則暴乱起扣門求水莫弗與者所饒足也林中不賣薪湖上不鬻魚所有餘也故物豐則欲省求贍則爭止秦王之時或人葅子（生子殺葅之）利不足也劉氏持政（劉氏謂漢也）獨夫收孤財有餘也故世治則小人守正而利不能誘也世乱則君子為姦而法弗能禁也

淮南鴻烈解卷第十一

古典精粹

淮南鴻烈

下册

[漢]劉安 編
[漢]許慎 注

中國書店

淮南鴻烈解卷第十二

太尉祭酒臣許　慎　記上

道應訓第十二（道之所行物動而應考之禍福以知驗符也）

太清問於無窮（太清元氣之清者也無窮無形也）曰子知道乎无窮曰吾弗知也又問於無爲（無爲有形而不爲也）曰子知道乎无爲曰吾知道（無爲有形故知道也）子之知道亦有數乎無爲曰吾知道有數曰其數奈何無爲曰吾知道之可以弱可以強可以柔可以剛可以陰可以陽可以窈可以明可以包裹天地可以應待無方此吾所以知道之數也太清又問於無始（無始未始有之氣也）曰鄉者吾問道於無窮無窮曰吾弗知之又問於無爲無爲曰吾知道曰子之知道亦有數乎無爲曰吾知道有數曰其數奈何無爲曰吾知道之可以弱可以強可以柔可以剛

可以陰可以陽可以窈可以明可以包裹天地可以應待無方吾所以知道之數也若是則無爲知與無窮之弗知孰是孰非無始曰弗知之深而知之淺弗知内而知之外弗知精而知之粗太清仰而歎曰然則不知乃知邪知乃不知邪孰知知之爲弗知弗知之爲知邪無始曰道不可聞聞而非也道不可見見而非也道不可言言而非也孰知形之不形者乎故老子曰天下皆知善之爲善斯不善也故知者不言言者不知也

白公問於孔子曰人可以微言（白公楚平正孫太子建勝也建見殺白公怨而欲復讎故問微言也）孔子不應（知白公有陰謀故不應也）白公曰若以石投水中何如曰吴越之善没者能取之矣曰若以水投水何如孔子曰菑澠之水合易牙嘗而知之（菑澠齊二水也）白公曰然則人固不可

與微言乎孔子曰何謂不可誰知言之謂者乎夫知言之謂者不以言言也（不以言必知之）爭魚者濡逐獸者趨非樂之也故至言去言至爲無爲夫淺知之所爭者末矣白公不得也故死於洛室（楚殺白公於洛室之地也）故老子曰言有宗事有君夫唯無知是以不吾知也白公之謂也

惠子爲惠王爲國法（惠王梁惠王惠子惠施也）已成而示諸先生先生皆善之奏之惠王惠王甚說之以示翟煎曰善惠王曰善可行乎翟煎曰不可惠王曰善而不可行何也翟煎對曰今夫舉大木者前呼邪許後亦應之此舉重勸力之歌也豈無鄭衛激楚之音哉然而不用者不若此其宜也治國有禮不在文辯故老子曰法令滋彰盜賊多有此之謂也

田駢以道術說齊王（田駢齊人諸臣）王應之曰寡人所有齊國也

道術難以除患願聞國之政田駢對曰臣之言無政而可以爲政譬之若林木無材而可以爲材願王察其所謂而自取齊國之政焉已雖無除其患天地之間六合之內可陶冶而變化也齊國之政何足問哉此老聃之所謂無狀之狀無物之象者也若王之所問者齊也田駢所稱者材也材不及林林不及雨（雨然後材乃得生也）雨不及陰陽陰陽不及和和不及道（道者求之由生之本也）白公勝得荆國不能以府庫分人（白公纂得楚國貪其財而不分人也得積七日也）七日石乞入曰（石乞白公之黨也）不義得之又不能布施患必至矣不能予人不若焚之毋令人害我白公弗聽也九日葉公入（葉公楚大夫子高自方城之外入殺白公也）乃發太府之貨以予衆出高庫之兵以賦民因而致之十有九日而擒白公（葉公殺白公也）夫國非其有也而欲有之可謂至貪也不能爲

人又無以自爲可謂至愚矣譬白公之嗇也何以異於梟之愛其子也（梟子長食其母）故老子曰持而盈之不知其已揣而鋭之不可長保也

趙簡子以襄子爲後董閼于曰無卹賤（董閼于趙氏臣也無卹襄子之名簡子之庶子也）今以爲後何也簡子曰是爲人也能爲社稷忍羞（襄子能柔能忍恥也）異日知伯與襄子飲而批襄子之首大夫請殺之襄子曰先君之立我也曰能爲社稷忍羞豈曰能刺人哉處十月知伯圍襄子於晉陽襄子疏隊而擊之（疏分也隊軍二百人爲一隊分斷隊卒擊之）大敗知伯破其首以爲飲器故老子曰知其雄守其雌其爲天下谿

齧缺問道於被衣（齧缺被衣皆堯時老人也）被衣曰正女形壹女視天和將至攝女知正女度神將來舍德將來附若美而道將

爲女居惷乎若新生之犢而無求其故言未卒齧缺繼以讎夷（讎夷熟視不言）被衣行歌而去曰形若槁骸心如死灰直實知不以故自持墨墨恢恢無心可與謀彼何人哉故老子曰明白四達能無以知乎

趙襄子攻翟而勝之尤人終人（尤人終人翟之二邑）使者來謁之襄子方將食而有憂色左右曰一朝而兩城下此人之所喜也今君有憂色何也襄子曰江河之大也不過三日（三日而滅）飄風暴雨日中不須臾（言其不終日）今趙氏之德行無所積今一朝兩城下亡其及我乎孔子聞之曰趙氏其昌乎夫憂所以爲昌也而喜所以爲亡也勝非其難者也賢主以此持勝故其福及後世齊楚吳越皆嘗勝矣然而卒取亡焉不通乎持勝也唯有道之主能持勝孔子勁杓國門之關

杓引也古者縣門下從上杓引之者難也而不肯以力聞墨子爲守攻公輸般服而不肯以兵知墨子雖善爲兵而不肯以知兵聞也善持勝者以强爲弱故老子曰道沖而用之又弗盈也

惠盂見宋康王蹀足謦欬疾言曰寡人所說者勇有功也不說爲仁義者也客將何以教寡人惠盂對曰臣有道於此人雖勇刺之不入雖巧有力擊之不中大王獨無意邪宋王曰善此寡人之所欲聞也惠盂曰夫刺之而不入擊之而不中此猶辱也臣有道於此使人雖有勇弗敢刺雖有力不敢擊夫不敢刺不敢擊非無其意也臣有道於此使人本無其意也夫無其意未有愛利之心也臣有道於此使天下丈夫女子莫不歡然皆欲愛利之心此其賢於勇有力也四累之上也此上凡四事皆累於世而男女莫不歡然爲上也大王獨無

意邪宋王曰此寡人所欲得也惠孟對曰孔墨是已孔丘墨翟無地而爲君無官而爲長（無地爲君以道當也無官爲長以德尊也）天下丈夫女子莫不延頸舉踵而願安利之者今大王萬乘之主也誠有其志則四境之內皆得其利矣此賢於孔墨也遠矣宋王無以應惠孟出宋王謂左右曰辯矣客之以說勝寡人也故老子曰勇於不敢則活由此觀之大勇反爲不勇耳

昔堯之佐九人（謂禹臯陶稷契伯夷倕益夔龍也）舜之佐七人（皆與堯同臣其七人也）武王之佐五人（謂周公邵公太公畢公毛公也）堯舜武王於九七五者不能一事焉然而垂拱受成功焉善乘人之資也故人與驥逐走則不勝驥託於車上則驥不能勝人北方有獸其名曰蹷鼠前而兔後（鼠前足短兔後足長故謂之蹷）趨則頓走則顛常爲蛩蛩駏

驉取甘草以與之（蛩蛩駏驉前足長後足短故能乘虛而走不能上也）蹷有患害蛩蛩駏驉必負而走此以其能託其所不能故老子曰夫代大匠斲者希不傷其手

薄疑說衛嗣君以王術（嗣君衛國君也）嗣君應之曰予所有者千乘也願以受教薄疑對曰烏獲舉千鈞又況一斤乎杜赫以安天下說周昭文君（昭文君周襄分為西東各自立其君也）文君謂杜赫曰願學所以安周赫對曰臣之所言不可則不能安周臣之所言可則周自安矣此所謂弗安而安者也故老子曰大制無割故致數輿無輿也

魯國之法魯人爲人妾於諸侯有能贖之者取金於府子贛贖魯人於諸侯來而辭不受金孔子曰賜失之矣夫聖人之舉事也可以移風易俗而受教順可施後世非獨以

適身之行也今國之富者寡而貧者衆贖而受金則爲不廉不受金則不復贖人自今以來魯人不復贖人於諸侯矣孔子亦可謂知禮矣故老子曰見小曰明

魏武侯問於李克（李克武侯之相）曰吳之所以亡者何也李克對曰數戰而數勝武侯曰數戰數勝國家之福其獨以亡何故也對曰數戰則民罷數勝則主憍以憍主使罷民而國不亡者天下鮮矣憍則恣恣則極慮上下俱極吳之亡猶晚此夫差之所以自剄於干遂也（越伐吳夫差所自殺也）故老子曰功成名遂身退天之道也

甯越欲干齊桓公困窮無以自達於是爲商旅將任車（任載也詩曰我任我輦）以商於齊暮宿於郭門之外桓公郊迎客夜開門辟任車爝火甚盛（爝炬火也）從者甚衆甯越飯牛車下望見

桓公而悲擊牛角而疾商歌桓公聞之撫其僕之手曰異哉歌者非常人也命後車載之桓公及至從者以請桓公贛之衣冠而見説以爲天下桓公大説將任之群臣爭之曰客衞人也衞之去齊不遠君不若使人問之問之而故賢者也用之未晚桓公曰不然問之患其有小惡也以人之小惡而忘人之大美此人主之所以失天下之士也凡聽必有驗一聽而弗復問合其所以也（合己聽知之意所以用之）且人固難合也權而用其長者而已矣當是舉也桓公得之矣故老子曰天大地大道大王亦大域中有四大而王處其一焉以言其能包裹之也

大王亶父居邠翟人攻之事之以皮帛珠玉而弗受曰翟人之所求者地無以財物爲也大王亶父曰與人之兄居而

殺其弟與人之父處而殺其子弗爲皆勉處矣爲吾臣與翟人奚以異且吾聞之也不以其所養害其養杖策而去民相連而從之遂成國於岐山之下岐山今之美陽北也其下有周地因是以為天下号也大王亶父可謂能保生矣雖富貴不以養傷身雖貧賤不以利累形今受其先人之爵祿則必重失之所自來者久矣而輕失之豈不惑哉故老子曰貴以身爲天下焉可以託天下愛以身爲天下焉可以寄天下矣

中山公子牟中山鮮虞之國謂詹子曰身處江海之上心在魏闕之下爲之奈何江海之上言志在於已身心之魏闕也言內守詹子曰重生重生則輕利重生已之性也中山公子牟曰雖知之猶不能自勝則從之從之神無怨乎言不勝已之情欲則當縱心意則已神無怨也不能自勝而強弗從者此之謂重傷之人無壽類矣故老子曰知和曰常知常曰明益生

曰祥心使氣曰強是故用其光復歸其明也

楚莊王問詹何曰治國奈何對曰何明於治身而不明於治國楚王曰寡人得立宗廟社稷願學所以守之詹何對曰臣未嘗聞身治而國亂者也未嘗聞身亂而國治者也故本任於身不敢對以末楚王曰善故老子曰修之身其德乃眞也

桓公讀書於堂桓公齊君輪人斲輪於堂下釋其椎鑿而問桓公曰君之所讀書者何書也桓公曰聖人之書輪扁曰其人在焉扁輪之名問作書之人何在也桓公曰已死矣輪扁曰是直聖人之糟粕耳糟酒滓也粕已漉之粕也桓公悖然作色而怒曰寡人讀書工人焉得而譏之哉有說則可無說則死輪扁曰然有說臣誠以臣之斲輪語之大疾則苦而不入苦急意也大徐則甘而不固甘緩意也不

甘不若應於手猒于心而可以至妙者臣不能以教臣之子而臣之子亦不能得之於臣是以行年六十老而為輪今聖人之所言者亦以懷其實窮而死獨其糟粕在耳故老子曰道可道非常道名可名非常名

昔者司城子罕相宋謂宋君曰夫國家之危安百姓之治亂在君行賞罰夫爵賞賜予民之所好也君自行之殺戮刑罰民之所怨也臣請當之宋君曰善寡人當其美子受其怨寡人自知不為諸侯笑矣國人皆知殺戮之制專在子罕也大臣親之百姓畏之居不至朞年子罕遂卻宋君而專其政故老子曰魚不可脫于淵國之利器不可以示人

王壽負書而行見徐馮於周（王壽古好書之人徐馮周之隱者也）徐馮曰事者應變而動變生於時故知時者無常行書者言之所出也

言出於知者知者藏書於是王壽乃焚書而舞之自喜林其書故舞之也故老子曰多言數窮不如守中

令尹子佩請飲莊王子佩楚莊王之相請飲請置酒也莊王許諾子佩疏揖北面立於殿下疏徒跣也揖舉手也曰昔者君王許之今不果往果誠也意者臣有罪乎莊王曰吾聞子具於強臺強臺者南望料山以臨方皇料山名方皇水名也一曰山名左江而右淮其樂忘死若吾薄德之人不可以當此樂也恐留而不能反故老子曰不見可欲使心不亂

晉公子重耳出亡過曹無禮焉曹共公聞重耳駢脅使袒而捕魚設薄以觀之釐負羈之妻謂釐負羈曰君無禮於晉公子吾觀其從者皆賢人也從者狐偃趙衰之屬也若以相夫子反晉國必伐曹子何不先加德焉釐負羈遺之壺餕而加璧焉重耳受其餕而反

其辟土及其反國起師伐曹勉之令三軍無入釐負羈之里

故老子曰曲則全枉則正

越王勾踐與吳戰而不勝國破身亡困於會稽忿心張膽氣如涌泉選練甲卒赴火若滅然而請身爲臣妻爲妾親執戈爲吳兵先馬走（先馬走，走馬前）果擒之於干遂故老子曰柔之勝剛也弱之勝強也天下莫不知而莫之能行越王親之故霸中國

趙簡子死未葬中牟入齊（中牟自入臣於齊也）已葬五日襄子起兵攻圍之未合而城自壞者十丈襄子擊金而退之（軍法鼓以進衆征以退之）軍吏諫曰君誅中牟之罪而城自壞是天助我何故去之襄子曰吾聞之叔向曰君子不乘人於利不迫人於險使之治城城治而後攻之中牟聞其義乃請降故老子曰

夫唯不爭故莫能與之爭

秦穆公謂伯樂曰子之年長矣子姓有可使求馬者乎（子姓謂伯樂子）對曰良馬者可以形容筋骨相也相天下之馬者若滅若失若亡（若滅其相不可見也若失作入乍出也若亡髣髴不及也）其一若此馬者絕塵弭徹（絕塵不及也弭徹引跡疾也）臣之子皆下材也可告以良馬而不可告以天下之馬臣有所與供儋纆采薪者九方堙（纆索也九方堙人姓名也）此其於馬非臣之下也請見之穆公見之使之求馬三月而反報曰已得馬矣在於沙丘穆公曰何馬也對曰牡而黃使人往取之牡而驪穆公不說召伯樂而問之曰敗矣子之所使求者毛物牝牡弗能知又何馬之能知伯樂喟然大息曰一至此乎是乃其所以千萬臣而无數者也若堙之所觀者天機也得其精而忘其粗在其內而忘其

外見其所見而不見其所不見視其所視而遺其所不視若彼之所相者乃有貴乎馬者馬至而果千里之馬故老子曰大直若屈大巧若拙

吴起爲楚令尹適魏問屈宜若（屈宜若楚大夫亡在魏者也）曰王不知起之不肖而以爲令尹先生試觀起之爲人也屈子曰將奈何吴起曰將衰楚國之爵而平其制祿損其有餘而綏其不足砥礪甲兵時爭利於天下屈子曰宜若聞之昔善治國家者不變其故不易其常今子將衰楚國之爵而平其制祿損其有餘而綏其不足是變其故易其常也行之者不利宜若聞之曰怒者逆德也兵者凶器也爭者人之所本也今子陰謀逆德好用凶器始人之所本（本者謂兵爭也）逆之至也且子用魯兵不宜得志於齊而得志焉（吴起爲將）

伐齊敗之子用魏兵不宜得志於秦而得志焉吴起爲魏西河守秦兵不敢東下也宜若聞之非禍人不能成禍吾固惑吾王之數逆天道戾人理至今无禍差須夫子也差須猶意須也吴起惕然曰尚可更乎屈子曰成刑之徒不可更也成刑之徒刑禍已成於衆子不若敦愛而篤行之老子曰挫其銳解其紛和其光同其塵

晉伐楚三舍不止大夫請擊之莊王曰先君之時晉不伐楚及孤之身而晉伐楚是孤之過也若何其辱群大夫曰先臣之時晉不伐楚今臣之身而晉伐楚此臣之罪也請王擊之王俛而泣涕沾襟起而拜君大夫晉人聞之曰君臣爭以過爲在己且輕下其臣不可伐也夜還師而歸老子曰能受國之垢是謂社稷主

宋景公之時熒惑在心公懼召子韋而問焉子韋司星者也曰熒

惑在心何也子韋曰熒惑天罰也心宋分野（宋之分野上屬房心之星）禍且當君雖然可移於宰相公曰宰相所使治國家也而移死焉不祥子韋曰可移於民公曰臣死寡人誰爲君乎寧獨死耳子韋曰可移於歲公曰歲民之命歲饑民必死矣爲人君而欲殺其民以自活也其誰以我爲君者乎是寡人之命固已盡矣子韋无復言矣子韋還走北面再拜曰敢賀君天之處高而聽卑君有君人之言三天必有三賞君今夕星必徙三舍君延年二十一歲公曰子奚以知之對曰君有君人之言三故有三賞星必三徙舍舍行七里三七二十一故君移年二十一歲臣請伏於陛下以司之星不徙臣請死之公曰可是夕也星果三徙舍救老子曰能受國之不祥是謂天下之王

昔者公孫龍在趙之時謂弟子曰人而無能者龍不能與遊有客衣褐帶索而見曰臣能呼公孫龍顧謂弟子曰門下故有能呼者乎對曰無有公孫龍曰與之弟子之籍後數日往說燕王至於河上而航在一汜（汜水涯也）使善呼之一呼而航來故曰聖人之處世不逆有伎能之士故老子曰人無弃人物無弃物是謂襲明

子發攻蔡踰之（子發楚宣王之將軍踰越勝之也）宣王郊迎列田百頃而封之執圭（楚爵功臣賜以圭謂之執圭比附庸之君也）子發辭不受曰治國立政諸侯入賓此君之德也發号施令師未合而敵遁此將軍之威也兵陳戰而勝敵者此庶民之力也夫乘民之功勞而取其爵禄非仁義之道也故辭而弗受故老子曰功成而不居夫唯不居是以不去

晉文公伐原（原周邑周襄王以原賜文公原叛伐也）與大夫期三日三日而原不降文公令去之軍吏曰原不過一二日將降矣君曰吾不知原三日而不可得下也以與大夫期盡而不罷失信得原吾弗爲也原人聞之曰有君若此可弗降也遂降溫人聞亦請降（時周人亦以溫予文公溫相連俱叛）故老子曰窈兮冥兮其中有精其精甚眞其中有信故美言可以市尊美行可以加人

公儀休相魯（公儀休故魯博士也）而嗜魚一國獻魚公儀子不受其弟子諫曰夫子嗜魚弗受何也答曰夫唯嗜魚故弗受夫受魚而免於相雖嗜魚不能自給魚毋受魚而不免於相則能長自給魚此明於爲人爲己者也故老子曰後其身而身先外其身而身存非以無私故能成其私一曰知足不辱

狐丘丈人謂孫叔敖（丈人老而杖於人者）曰人有三怨子知之乎孫叔敖曰何謂也對曰爵高者士妬之官大者主惡之祿厚者怨處之孫叔敖曰吾爵益高吾志益下吾官益大吾心益小吾祿益厚吾施益博是以免三怨可乎故老子曰故貴必以賤爲本高必以下爲基

大司馬捶（觀果反）鉤者年八十矣（捶鍛擊也鉤鉤鉤也）而不失鉤芒大司馬曰子巧邪有道邪曰臣有守也臣年二十好捶鉤於物無視也非鉤無察也是以用之者必假於弗用也而以長得其用而況持不用者乎物孰不濟焉故老子曰從事於道者同於道

文王砥德脩政三年而天下二垂歸之（砥礪也文王三分天下有其二也）紂聞而患之曰余夙興夜寐與之競行則苦心勞形縱而置之

恐伐余一人崇侯虎曰周伯昌行仁義而善謀夫子發勇敢而不疑中子旦恭儉而知時若與之從則不堪其殃縱而赦之身必危亡冠雖弊必加於頭及未成請圖之屈商乃拘文王於羑里（屈商紂臣也羑里地名也在河內湯陰）於是散宜生乃以千金求天下之珍怪得騶虞雞斯之乘（騶虞白虎黑文而仁食自死之獸日行千里雞斯神馬也）玄玉百工（二玉為一工也）大貝百朋（五貝為一朋也）玄豹黃羆青犴（音岸犴胡地野犬也）白虎文皮千合以獻於紂因費仲而通（費仲紂佞臣也）紂見而說之乃免其身殺牛而賜之文王歸乃爲玉門築靈臺相女童擊鍾鼓（玉門以玉飾門為柱樞也相女童相視之一曰相匠也）以待紂之失也紂聞之曰周伯昌改道易行吾無憂矣乃爲炮烙剖比干剔孕婦殺諫者文王乃遂其謀故老子曰知其榮守其辱為天下谷

成王問政於尹佚曰吾何德之行(尹佚史佚)而民親其上對曰使之時而敬順之王曰其度安至曰如臨深淵如履薄冰王曰懼哉王人乎尹佚曰天地之間四海之内善之則吾畜也不善則吾讎也昔夏商之臣反讎桀紂而臣湯武宿沙之民皆自攻其君而歸神農(伏羲神農之間有共工宿沙霸天下者也)此世之所明知也如何其無懼也故老子曰人之所畏不可不畏也

跖之徒問跖曰盜亦有道乎跖曰奚適其無道也夫意而中藏者聖也入先者勇也出後者義也分均者仁也知可否者智也五者不備而能成大盜者天下無之由此觀之盜賊之心必託聖人之道而後可行故老子曰絶聖弃智民利百倍

楚將子發好求技道之士楚有善爲偷者往見曰聞君求

技道之士臣偷也願以技齎一卒齎備卒足子發聞之衣不給帶冠不暇正出見而禮之左右諫曰偷者天下之盜也何爲之禮君曰此非左右之所得與後無幾何齊興兵伐楚子發將師以當之兵三却楚賢良大夫皆盡其計而悉其誠齊師愈強於是市偷進請曰臣有薄技願爲君行之子發曰諾不問其辭而遣之偷則夜解齊將軍之幬帳而獻之子發因使人歸之曰卒有出薪者得將軍之帷使歸之於執事明又復往取其枕子發又使人歸之明日又復往取其簪子發又使歸之齊師聞之大駭將軍與軍吏謀曰今日不去楚軍恐取吾頭則還師而去故曰無細而能薄在人君用之耳故老子曰不善人善人之資也

顔回謂仲尼曰回益矣仲尼曰何謂也曰回忘禮樂矣回忘

禮樂絶聖棄知入於无爲也仲尼曰可矣猶未也異日復見曰回益矣仲尼曰何謂也曰回忘仁義矣仲尼曰可矣猶未也異日復見曰回坐忘矣言坐自忘其身以至道也仲尼造然曰何謂坐忘顏回曰隳支體黜聰明離形去知洞於化通是謂坐忘仲尼曰洞則無善也化則無常矣而夫子薦賢薦先也回人賢丘請從之後故老子曰載營魄抱一能毋離乎專氣至柔能如嬰兒乎

秦穆公興師將以襲鄭蹇叔曰不可臣聞襲國者以車不過百里以人不過三十里爲其謀未及發泄也甲兵未及鈍弊也糧食未及乏絶也人民未及罷病也皆以其氣之高與其力之盛至是以犯敵能威今行數千里又數絶諸侯之地以襲國臣不知其可也君重圖之穆公不聽蹇叔送師衰絰而哭之師遂行過周而東鄭賈人弦高矯鄭伯

之命以十二牛勞秦師而賓之三帥乃懼而謀曰吾行數千里以襲人未至而人已知之其備必先成不可襲也還師而去當此之時晉文公適薨未葬先軫言於襄公先軫晉大夫也襄公晉文公子曰昔吾先君與穆公交天下莫不聞諸侯莫不知今吾君薨未葬而不弔吾喪而不假道是死吾君而弱吾孤也請擊之襄公許諾先軫舉兵而與秦師遇於殽大破之擒其三軍以歸穆公聞之素服廟臨以說於衆說解故老子曰知而不知尚矣不知而知病也

齊王后死王欲置后而未定使群臣議薛公欲中王之意薛公田嬰也因獻十珥而美其一旦日因問美珥之所在因勸立以為王后齊王大說遂尊重薛公故人主之意欲見於外則為人臣之所制故老子曰塞其兌閉其門終身不勤

盧敖游乎北海（盧敖燕人秦始皇召以爲博士使求神仙亡而不返也）經乎太陰入乎玄闕（太陰北方也玄闕北方之山也）至於蒙穀之上（蒙穀山名）見一士焉深目而玄鬢淚注（淚水）而鳶肩豐上而殺下軒軒然方迎風而舞顧見盧敖慢然下其臂（慢然止舞也）遯逃乎碑（匿於碑陰）盧敖就而視之方倦龜殼（楚人謂倨爲倦龜殼龜甲也）而食蛤梨（蛤梨海蚌）盧敖與之語曰唯敖爲背群離黨窮觀於六合之外者非敖而已乎敖幼而好遊至長不渝周行四極唯北陰之未闚今卒睹天子於是子殆可與敖爲友乎若士者齤（音拳）然而笑曰嘻子中州之民寧肯而遠至此此猶光乎日月（言太陰之地尚見日月也）而載列星陰陽之所行四時之所生其比夫不名之地猶窔奧也（言我所游不可字名之地以盧敖而所行比之則如窔奧窔奧室中也）若我南游乎岡㝗之野北息乎沉墨之鄉西窮窅冥之黨東開鴻濛之光此其下無

地而上無天聽焉無聞視焉無眴此其外猶有汰沃之氾汰沃四海予天之際水流聲也氾涯也其餘一舉而千萬里千万里沃氾之外也吾猶夫能之在吾尚未至此也今子游始於此乃語窮觀豈不亦遠哉然子處矣吾與汗漫期于九垓之外汗漫不可知之也九垓九天之外吾不可以久駐若士舉臂而竦身遂入雲中盧敖仰而視之弗見乃止駕止其所駕之車止柸治楚人謂恨不得爲柸治也悖若有喪也曰吾比夫子猶黃鵠與蠰蟲也蠰蟲蟲之幼也終日行不離咫尺八寸爲咫十寸爲尺而自以爲遠豈不悲哉故莊子曰小人不及大人小知不及大知朝菌不知晦朔朝菌朝生暮死之蟲也生水上狀似蠶蛾一名孳母海南謂之蟲邪蟪蛄不知春秋蟪蛄貂蟟此言明之有所不見也

季子治亶父三年季子子賤而巫馬期絻衣短褐巫馬期孔子弟子也易容貌往觀化焉易服而往微以視之見夜魚釋之巫馬期問焉曰凡子

所爲魚者欲得也今得而釋之何也漁者對曰季子不欲人取小魚也古者魚不盈尺不上俎也所得者小魚是以釋之巫馬期歸以報孔子曰季子之德至矣使人闇行若有嚴刑在其側者季子何以至於此孔子曰丘嘗問之以治言曰誠於此者刑於彼季子必行此術也故老子曰去彼取此

罔兩問於景罔兩水之精物也景日月水光照也曰昭昭者神明也罔兩恍惚之物見景光明以爲神也景曰非也罔兩曰子何以知之景曰扶桑受謝日炤宇宙扶桑日所出之木也受謝扶桑受日且澤出之也炤炤之光輝燭四海闔戶塞牖則無由入矣若神明四通並流無所不極上際於天下蟠於地化育萬物而不可爲象俛仰之間而撫四海之外昭昭何足以名之故老子曰天下之至柔馳騁於天下之至堅

光耀問於無有光耀可見而無有至虛者曰子果有乎其果無有子有形生於

（無形何以能生物故問果有乎其无有也）無有弗應也光耀不得問而就視其狀貌冥然忽然視之不見其形聽之不聞其聲搏之不可得望之不可極也光耀曰貴矣哉孰能至于此乎予能有無矣未能無無也（言我能使形不可得未能殊無形也）及其為無無又何從至於此哉故老子曰無有入于無間吾是以知無為之有益也

白公勝慮亂（白公將為父復讎起兵亂因思慮之也）罷朝而立到杖策錣（音針）上貫頤（策馬捶端有針以刺馬謂之錣到杖策故錣貫頤也）血流至地而弗知也鄭人聞之曰頤之忘將何不忘哉（白公之父死鄭人預之故懼之也）此言精神之越於外智慮之蕩於內則不能漏理其形也（漏補空也）是故神之所用者遠則所遺者近也（近謂身也）故老子曰不出戶以知天下不窺牖以見天道其出彌遠其知彌少此之謂也

秦皇帝得天下恐不能守發邊戍築長城脩關梁設障

塞具傳車置邊吏然劉氏奪之若轉閉錘閉鍾格也上之錘所以編簿席反後之易昔武王伐紂破之牧野乃封比干之墓表商容之閭柴箕子之門紂死箕子亡之朝鮮舊居空故柴護之朝成湯之廟發鉅橋之粟散鹿臺之錢破鼓折枹弛弓絶絃去舍露宿以示平易解劔帶笏以示无仇於此天下歌謠而樂之諸侯執幣相朝三十四世不奪故老子曰善閉者无関鍵而不可開也善結者無繩約而不可解也

尹需學御三年而無得焉私自苦痛常寢想之寢想之思之中夜夢受秋駕於師秋駕善御之術明日往朝師望之謂之曰吾非受道於子也恐子不可予也今日將教子以秋駕尹需反走北面再拜曰臣有天幸今夕固夢受之故老子曰致虛極守靜篤萬物並作吾以觀其復也

昔孫叔敖三得令尹無喜志三去令尹无憂色延陵季子吳人願一以爲王而不肯許由讓天下而弗受晏子與崔杼盟臨死地不變其儀此皆有所遠通也精神通於死生則物孰能惑之荆有佽非得寶劒於干隊干音寒干国在今臨淮出寶劒盖爲莫邪洞鋭之形也還反度江至於中流陽侯之波兩蛟挾繞其船蛟龍屬也魚滿二千五百斤蛟來爲之主也佽非謂枻船者枻櫂曰嘗有如此而得活者乎對曰未嘗見也於是佽非瞋目勃然攘臂拔劒曰武王可以仁義之禮說也不可劫而奪也此江中之腐肉朽骨弃劒而已余有奚愛焉赴江刺蛟遂斷其頭船中人盡活風波畢除荆爵爲執圭孔子聞之曰夫善哉腐肉朽骨弃劒者佽非之謂乎故老子曰夫唯無以生爲者是賢於貴生焉齊人淳于髡以從說魏王魏王辯之約車十乘將使荆辭

而行人以爲從未足也復以衡說其辭若然（从說說諸侯之計當相從也衡說从之非是當横更計也）魏王乃止其行而疏其身失從心志而有不能成衡之事是其所以固也夫言有宗事有本失其宗本技能雖多不若其寡也故周鼎著倕而使齕其指先王以見大巧之不可也故慎子曰匠人知爲門能以門（慎子名到齊人）所以不知門也（不知門之要也）故必杜然後能門（門之要在門外）墨者有田鳩者（田鳩學墨子之術也）欲見秦惠王約車申轅（申束）留於秦周年不得見客有言之楚王者往見楚王楚王甚悅之予以節使於秦至因見予之將軍之節惠王而說之出舍喟然而歎告從者曰吾留秦三年不得見不識道之可以從楚也物固有近之而遠遠之而近者故大人之行不掩以繩（掩猶揮也）至所極而已矣此所謂筦子梟飛而維繩者（言爲士者）

上下无常進退无恒下可繩也以喻飛梟以下繩維之而欲翱翔則不可也

豐水之深千仞而不受塵垢於金鐵鍼焉則形見於外非不深且清也魚鱉黿龍蛇莫肯之歸也是故石上不生五穀禿山不游麋鹿無所陰蔽隱也

昔趙文子問於叔向曰晉六將軍其孰先亡乎六將軍韓魏趙范中行知伯也對曰中行知氏文子曰何乎對曰其爲政也以苛爲察以切爲明以刻下爲忠以計多爲功譬言之猶廓革者也廓之大則大矣裂之道也故老子曰其政惛惛其民純純其政察察其民缺缺

景公謂太卜曰子之道何能對曰能動地動震晏子往見公公曰寡人問太卜曰子之道何能對曰能動地地可動乎晏子默然不對出見太卜曰昔吾見句星在房心之閒地

其動乎（句星客星也駟四房句星守房心則地動也）太卜曰然晏子出太卜走往見公曰臣非能動地地固將動也田子陽聞之（田子陽齊臣也）曰晏子默而不對者不欲太卜之死往見太卜者恐公之欺也晏子可謂忠於上而惠於下矣故老子曰方而不割廉而不劌

魏文侯觴諸大夫於曲陽飲酒酣文侯喟然歎曰吾獨無豫讓以爲臣子（豫讓事知伯知伯死其難故文侯思以爲臣）蹇重舉白而進之（蹇重文侯臣也）舉白進酒曰請浮君（浮猶罰也以酒罰君也）君曰何也對曰臣聞之有命之父母不知孝子有道之君不知忠臣夫豫讓之君亦何如哉（豫讓相其君而君見殺亦何如不足貴也）文侯受觴而飲釂而不獻（釂盡）曰無管仲鮑叔以爲臣故有豫讓之功故老子曰國家昏亂有忠臣

孔子觀桓公之廟（桓公齊君也）有器焉謂之宥卮（宥在坐右）孔子曰善哉予得見此器顧曰弟子取水水至灌之其中則正（中水）

宥卮中也其盈則覆孔子造然革容曰善哉持盈者乎子貢在側曰請問持盈曰揖而損之曰何謂揖而損之曰夫物盛而衰樂極則悲日中而移月盈而虧是故聰明睿知守之以愚多聞博辯守之以儉武力毅勇守之以畏富貴廣大守之以陋德施天下守之以讓此五者先王所以守天下而弗失也反此五者未嘗不危也故老子曰服此道者不欲盈夫唯不盈是以能弊而不新成

武王問太公曰寡人伐紂天下是臣殺其主而下伐其上也吾恐後世之用兵不休鬬爭無已爲之奈何太公曰甚善王之問也夫未得獸者唯恐其創之小也獵禽恐不能殺故恐其創小也已得之唯恐傷肉之多也王若欲久持之則塞民於兑兑耳目鼻口也老子曰塞其兑也道全爲無用之事煩擾之教彼皆樂其業

供其情昭昭而道冥冥於是乃去其瞀而載之木瞀被髮也水鷸鳥冠也知文者冠鷸解其劍而帶之笏爲三年之喪令類不蕃高辭卑讓使民不爭酒肉以通之竽瑟以娛之鬼神以畏之繁文滋禮以弇其質厚葬久喪以亶音丹其家含珠鱗施綸組以貧其財深鑿高壟以盡其力家貧族少慮患者寡以此移風可以持天下弗失故老子曰化而欲作吾將鎮之以無名之樸也

淮南鴻烈解卷第十二

淮南鴻烈解卷第十三

太尉祭酒臣許　慎　記上

氾論訓第十三博說世間古今得失以道爲化大歸於一故曰氾論因以題篇

古者有鍪而綣領以王天下者矣古者蓋三皇以前也鍪頭著兜鍪帽言未知制冠也綣領皮衣屈而紩之如今胡家韋襲反褶以爲領也一說鍪放髮也綣繞頸而已皆无飾其德生而不辱刑措不用也予而不奪予予无財也不奪无所徵求於民也天下不非其服同懷其德非猶譏呵也懷歸也當此之時陰陽和平風雨時節萬物蕃息政不虐生无夭折烏鵲之巢可俯而探也禽獸可羈而從也從猶牽也豈必褒衣博帶句襟委章甫哉褒衣謂方勻之衣如今吏人之左衣也博帶大帶詩云垂帶若厲句襟令之曲領曲領褒衣也委〻貌冠章甫亦冠之名也古者民澤處復穴處居也復穴重窟一說穴毀隄防崖岸之中以爲窟堂也冬日則不勝霜雪霧露夏日則不勝暑熱蟁蝱蝱讀詩云言采其蝱之蝱也聖人乃作作起也爲之築土構木以爲宮室構架也謂材木相乘架也上棟下宇以蔽風雨棟屋穩也宇屋之垂

以避寒暑而百姓安之（安樂也）伯余之初作衣也（伯余黃帝臣也世本曰伯余製衣裳一曰伯余黃帝）緂麻索縷手經指挂其成猶網羅（緂銳索功也緂讀恬然不動之恬）後世爲之機杼勝複以便其用而民得以掩形御寒（掩蔽御止）古者剡耜而耕摩蜃而耨（剡利也耜耒屬也蜃大蛤摩令利用之耨ゝ除苗穢也）木鉤而樵抱甀而汲（鉤鎌也鉤讀濟陰句陽之句樵薪蒸甀武令兗州曰小武爲甀幽州曰瓦也）民勞而利薄後世爲之耒耜耰鉏斧柯而樵桔皐而汲（耰謂曰優椓椎也三輔謂之儓所以覆種也）民逸而利多焉古者大川名谷衝絕道路不通往來也乃爲窬木方板以爲舟航（窬空也方並也舟相連爲航也）故地勢有无得相委輸（運所有輸所无）乃爲靻蹻而超千里肩負儋之勤也（靻蹻靻鞻也勤勞也）而作爲之楺輪建輿駕馬服牛民以致遠而不勞（代負儋故不勞也）爲鷙禽猛獸之害傷人而无以禁御也而作爲之鑄金鍛鐵以爲兵刃猛獸不能爲害（以兵刃備之故不得爲人害也）故居迫其難則求其便困

其患則造其備人各以其所知去其所害就其所利常故不可循器械不可因也(循隨也當時之可發則發之故曰不可也)則先王之法度有移易者矣古之制婚禮不稱主人(當婚者之身不稱其名也稱諸父兄師友)舜不告而娶非禮也(堯知舜賢以二女妻舜不告父父頑常欲殺舜舜知告則不得娶也不孝莫大於无後故孟子曰舜不告猶告耳)立子以長文王舍伯邑考而用武王非制也禮三十而娶(三十而娶者陰陽未分時俱生於子男從子數左行三十年立於巳女從子數右行二十年亦立於巳合夫婦故聖人因是制禮使男三十而娶女二十而嫁共男子自巳數左行十得寅故人十月而生於寅故男子數從寅起女自巳數右行得申亦十月而生於申故女子數以申起生伯邑考武王兄廢長立聖以庶代嫡聖人之權耳)文王十五而生武王非法也(歲星十二歲而周天天道十二而備故國君十二歲而冠冠而娶十五生子重國嗣也不從故制也上句言之冝伯邑考娶也)夏后氏殯於阼階之上(禮飯於牖下小斂於戶內大斂於阼階在牀曰尸在棺曰柩殯於賓位祖於庭葬於墓也於阼階猶在主位未忍以賓道遠之)殷人殯於兩楹之間(楹柱也記曰殷殯之於堂上兩柱之閒賓主共)周人殯於西階之上(蓋以賓道遺之)此禮之不同者也有虞

氏用瓦棺有虞氏舜世也瓦棺陶瓦也夏后氏聖周夏后氏禹世无棺槨以瓦廣二尺長四尺側身累之以蔽土曰聖周也殷人用槨用栢爲槨厚之宜以棺爲制也周人牆置翣此葬之不同者也周人兼用棺槨故牆設翣翣狀如今要扇畫文插置棺車箱以爲飾多少之差各從其爵命之數也夏后氏祭於闇於室中中夜祭之也殷人祭於陽於堂上日平旦祭也周人祭於日出以朝於日出時祭於庭中朝者庭也此祭之不同者也堯大章堯樂也舜九韶舜樂也書曰簫韶九成是也禹大夏禹樂也湯大護湯樂也周武象武王樂也此樂之不同者也故五帝異道而德覆天下三王殊事而名施後世此皆因時變而制礼樂者辟言猶師曠之施瑟柱也所推移上下者无寸尺之度而靡不中音故通於礼樂之情者能作音有本主於中而以知槼矱之所周者也槼方也矱度法也魯昭公有慈母而愛之死爲之練冠故有慈母之服慈母者父所命養已者此大夫之妾士之妻謂之女母礼

（爲之緦麻三月昭公獨練言其記礼之所由興也）陽侯殺蓼侯而竊其夫人故大饗廢夫人之禮（陽侯陽陵国侯也蓼侯皐陶之後偃姓之国侯也今在盧江古者大饗飲酒君執爵夫人執豆陽侯見蓼侯夫人美艷因殺蓼侯而娶夫人由是廢致夫人之礼記所由廢也）先王之制不宜則廢之末世之事善則著之是故礼樂未始有常也故聖人制礼樂而不制於礼樂（聖人能作礼樂不爲礼樂所制）治国有常而利民爲本（本要）政教有經而令行爲上（經常也上最也）苟利於民不必法古苟周於事不必循舊（舊常也傳曰舊不必良舊或作咎也）夫夏商之衰也不变法而亡（亡謂桀紂）三代之起也不相襲而王（三代禹湯武也襲因也）故聖人法與時变礼与俗化（化易）衣服器械各便其用法度制令各因其宜故变古未可非而循俗未足多也（循隨也俗常也）百川異源而皆歸於海（以海爲宗）百家殊業而皆務治（業事也以治爲要也）王道缺而詩作（詩所以刺王道）周室廢礼義壞而春秋作（春秋所以貶絶不由礼義也）

詩春秋斈之美者也皆衰世之造也儒者循之以教導於世豈若三代之盛哉以詩春秋為古之道而貴之又有未作詩春秋之時失道之鈌也不若道其全也誦先王之詩書不若聞得其言聞得其言不若得其所以言聞聖人之言不如得其未言時本意得其所以言者言弗能言也聖人所言微妙凡人雖得之口不能以言故道可道者非常道也常道深隱幽冥不可道也猶聖人之言微妙不可言周公事文王也行无專制專獨制斷事无由已請而後行身若不勝衣言若不出口有奉持於文王洞洞屬屬如將不能恐失之洞洞屬屬婉順貌也而將不能勝之恐失之慎至也洞讀涏桐之桐屬讀犁牛𤛓之𤛓也可謂能子矣武王崩成王幼少周公繼文王之業履天子之籍聽天下之政籍圖籍也政治也籍或作阼也平夷狄之乱夷狄滑夏平除之也誅管蔡之罪蔡叔周公兄也管叔周公弟也二叔監殷而道紂子祿父為流言欲以乱周周公誅之為国故也傳曰大義滅親也

負扆而朝諸侯 負背也扆户牖之間也言南面也 誅賞制斷無所顧問 決之於心 威動天地声懾海内 懾服也服四海之内 可謂能武矣成王既壯周公屬籍致政北面委質而臣事之 以屬籍什屬成王致猶歸北面委玉帛之質執臣之礼也 請而後為復而後行 每事必請復白 无擅恣之志无伐矜之色 不自伐其功勞也不自矜大其善也 可謂能臣矣故一人之身而三变者所以應時矣何況乎君數易世国數易君人以其位達其好憎 人人以其寵位行其所好憎其所憎也 以其威勢供嗜欲而欲以一行之礼一定之法應時偶变其不能中權亦明矣 一行之礼非隨時礼也一定之法非隨時法也故曰不能中權權則因事制宜不失中道也 故聖人所由曰道所為曰事道猶金石一調不更事猶琴瑟每終改調 金石鐘声也故曰調而不更琴瑟必絃有數急往有前却故調事亦如之也 故法制礼義者治人之具也而非所以為治也 言法制礼義可以為治之基耳非以為治治在其人之德猶曰矣躰之具也非能必中也中在其

（人之功也）故仁以為經，義以為紀，此万世不更者也。若乃人考其身才而時省其用，雖日变可也。（言人能考度其才，時省其行，擇其善者而崇用之，不必脩常，故曰雖日变可也。唯仁義不可改易，故万世不更矣。）天下豈有常法哉！（隨其時，於其宜。）當於世事，得於人理，順於天地，祥於鬼神，則可以正治矣。（當，合也。祥，順也。）古者民醇工庬，商樸女重，（醇，厚不虛華也。工庬，氣堅緻也。商樸，不為詐也。女重，貞正无邪也。）是以政教易化，風俗易移也。今世德益衰，民俗益薄，欲以樸重之法治既弊之民，是猶无鏑銜橛策錣而御馯馬也。（鏑銜，口中央鐵，大如雞子中黃，所制馬口也。錣，端頭箴也。馯馬，突馬也。）昔者神農无制令而民從，（无制令，結繩以治之。）唐虞有制令而无刑罰，（有制令，煥乎其文章也。其政常仁義，民无犯法干誅，故曰无刑也。）夏后氏不負言，（言而信也。）殷人誓，（以言語要誓，亦不違。）周人盟，（有事而會，不協而盟。盟者，殺牲歃血以為信也。）逮至當今之世，（謂淮南王作此書時。）忍訽而輕辱，貪得而寡羞，欲以神農之道治之，則其亂必矣。伯成子高辭為諸侯而耕天下高而伯成子高蓋堯時人也詢讀夏后之后也今時之人辭官而隱処為鄉邑之下豈可同哉古之兵弓劒而已矣槽柔无擊脩戟无别槽柔木矛也无擊无心刃也刺鋒也柦讀領如蛣蟾之蟾也晚世之兵隆衝以攻渠幨以守隆高也衝所以臨敵城衝突壞之渠塹也一曰渠甲名也国語曰奉文渠之甲是也幨憶所以禦矢矣連弩以鉄銷車以鬬連車弩通一弦以牛挽之以刃著左右為機關發之日銷車銷讀笣銷之消也古之伐国不殺黃口不獲二毛黃口幼也二毛有白髮於古為義於今為笑古之所以為榮者伯成子高今之所以為辱也為鄉邑之下也古之所以為治者今之所以為乱也夫神農伏犧不施賞罰而民不為非然而立政者不能廢法而治民不能及神農伏羲舜執干戚而服有苗舜之初有而叛舜執干戚而舞於兩階之間有苗服從之以德化懷來也然而征伐者不能釋甲兵而制彊暴不能及舜由此觀之法度者所以論民俗而節緩急也器械者因時变而制宜

適夫聖人作法而万物制焉制猶從也賢者立礼而不肖者拘焉拘猶檢也制法之民不可与達辱拘礼之人不可使應变耳不知清濁之分者不可令調意不知治乱之源者不可令制法必有獨聞之耳獨見之明然後能擅道而行矣夫殷变夏周变殷春秋变周变改三代之礼不同何古之從大人作而弟子循循遵知法治所由生則應時而变不知法治之源雖循古终乱今世之法藉与時变礼義与俗易為季者循先襲業據籍守舊教以爲非此不治是猶持方柄而周負鑿也欲得宜適致固焉則難矣今儒墨者稱三代文武而弗行是言其所不行也不能行徂言之而已非今時之世而弗改是行其所非也稱其所是行其所非是以尽日極慮而无益於治勞形竭智而无補於主也今夫

圖工好畫鬼魅而憎圖狗馬者何也鬼魅不世出而狗馬可日見也夫存危治乱非智不能道而先稱古雖愚有餘故不用之法聖王弗行不驗之言聖王不聽（聽受）天地之氣莫大於和（和故能生万物）和者陰陽調日夜分而生物春分而生秋分而成生之与成必得和之精（精氣）故聖人之道寬而栗嚴而溫柔而直猛而仁（言剛柔寬猛相濟也）太剛則折太柔則卷聖人正在剛柔之閒乃得道之本（本原也）積陰則沉積陽則飛陰陽相接乃能成和夫繩之為度也可卷而伸也引而伸之可直而睎（睎望）故聖人以身躰之（躰行）夫脩而不橫短而不窮直而不剛久而不志者其唯繩乎故恩推則懦懦則不威（推猶移也）嚴推則猛猛則不和愛推則縱縱則不令（縱放）刑推則虐虐則无親（虐害也害人人无親之）昔者齊簡公釋其国家之

柄而專任其大臣簡公悼公陽生之子任也一德不解曰簡大臣陳成子也將相攝威擅勢私門成黨而公道不行黨羣故使陳成田常鴟夷子皮得成其難難殺簡公之難使呂氏絶祀太公姓呂簡公其後也絶祀陳氏代之而陳氏有国者此柔懦所生也鄭子陽剛毅而好罰子陽鄭君也一曰鄭相其於罰也執而无赦舍人有折弓者畏罪而恐誅則因猘狗之驚以殺子陽舍人家臣也国人逐猘狗以乱擾舍人因之以殺子陽畏其嚴也此剛猛之所致也今不知道者見柔懦者侵則矜於為剛毅見剛毅者亡則矜於為柔懦此本无主於中而聞見舛馳於外者也舛乖故終身而无所定趨定安也趨歸也譬猶不知音者之歌也濁之則鬱而无轉鬱湮也轉讀傳譟之傳也清之則憔而不謳憔悴也謳和也及至韓娥秦青薛談之謳三人皆善謳侯同曼聲之歌二人善歌一曰曼長憤於志積於内盈而發音則莫不比於律而和於人

心何則中有本主以定清濁不受於外而自為儀表也今夫盲者行於道人謂之左則左謂之右則右遇君子則易道遇小人則陷溝壑何則目無以接物也（接見）故魏兩用樓翟吳起而亡西河（魏文侯任樓翟吳起不用他賢秦伐取其西河之地）湣王專用淖齒而死于東廟（湣讀汶水之汶湣王田常之後代呂氏為齊侯也春秋之後僭號稱王淖齒楚將奔齊為臣湣王无道淖齒殺之擢其筋懸廟門之梁三日死見戰国策也）無術以御之也文王兩用呂望召公奭而王（呂望太公呂尚也善用兵謀奭召康公善理民物有甘棠之歌也）楚莊王專任孫叔敖而霸有術以御之也（孫叔敖楚大夫薳賈伯盈子或曰童子也任其賢故致於霸也）夫弦歌鼓舞以為樂盤旋揖讓以脩禮厚葬久喪以送死孔子之所立也而墨子非之（非猶譏也）兼愛上賢右鬼非命墨子之所立也而楊子非之（兼三老五更是以兼愛選士大射是以上賢宗祀嚴父是以右鬼右鬼猶尊也順四時而行是以非命皆楊子所不貴故非也）全性保眞不以物累形楊子之所立

也而孟子非之全性保真謂不拔骭毛以利天下弗爲不以物累己身形也孟子受業於子思之門成唐虞三代之德欲詩書孔子之意塞楊墨淫辭故非之也趨捨人異各有曉心故是非有処得其處則無非失其處則無是丹穴太蒙反踵空同大夏北戶奇肱脩股之民是非各異習俗相反丹穴南方當日下之地也太蒙西方日所入処也反踵国名其人南行武迹北向空同戴勝極下之地大夏在西方北戶在南方奇肱脩股之民在西南方凡此八者皆九州之外入寅之域者也君臣上下夫婦父子自以相使也此之是非彼之是也此之非非彼之非也此近諭諸華也彼遠諭八寅也於諸華之所是八寅之所非而廢也於諸華所非八寅所是而行也譬若斤斧椎鑿之各有所施也施宜禹之時以五音聽治禹鯀頊後五世鮌之子也名文命受禪成功曰禹五音宮商角徵羽也懸鍾鼓磬鐸置鞀以待四方之士爲號曰教寡人以道者擊鼓道和陰陽鼓一声以調五音故擊之諭寡人以義者擊鍾鍾金也义者断割故擊鍾也告寡人以事者振鐸鐸鈴金口木舌台爲音声事者非一品故振之語寡人以憂者擊

磬磬石也声急憂亦急務故擊磬有獄訟者搖鞀獄亦訟之一辯於事故取小鞀搖當此之
時一饋而十起一沐而三捉髮饋者食也以勞天下之民勞猶憂也勞讀
勞來之勞也此而不能達善效忠者則才不足也當此之時不能達其善效致其忠自為先有其才也
秦之時高為臺榭大為苑囿遠為馳道鑄金人秦皇帝二小云年初
兼天下有長人見於臨洮其高五丈足達云只放寫其形鑄金人以象之翁仲君何是也發適戍入芻稾戍守其城
也入芻稾之稅以洪国用也頭會箕賦輸於少府頭會隨民口數人責其稅箕賦似箕然斂人財多取意
也少府官名如今司農丁壯丈夫西至臨洮狄道臨洮隴西之縣洮水出北狄道漢陽之縣是也東至
會稽浮石會稽山名也浮石隨水高下言不沒自在邊西界一說會稽山在太山下封于太山禪於會稽是也會稽或作滄海
南至豫章桂林豫章〻〻郡桂林鬱林郡也北至飛狐陽原飛狐蓋在代郡南飛狐山
也陽原蓋在太原或曰代郡廣昌東五阮門是也道路死人以溝量言滿溝也當此之時忠
諫者謂之不祥而道仁義者謂之狂逮至高皇帝存亡
繼絕漢高祖劉季也舉天下之大義身自奮袂執銳以為百姓請

命于室天執利兵伐無道以求百姓之命所之於皇天也當此之時天下雄儁乃豪英暴露于野澤才過千人為儁乃百人為豪萬人為其也前蒙矢石而後墮谿壑出百死而紿一生以爭天下之權墮入也紿至也紿頑仍代之代也奮武厲誠以決一旦之命當此之時豐衣博帶而道儒墨者以爲不肖言尚武也逮至暴亂已勝勝暴亂也海内大定繼文之業立武之功繼文王受命之業武王誅兇道之功履天子之圖籍造劉氏之貌冠高祖於新豐所作竹皮冠也一曰委貌冠總鄒魯之儒墨通先聖之遺教戴天子之旗乘大路建九斿撞大鐘擊鳴鼓奏咸池揚干戚周禮天子五路大路上路也王者功成作樂故撞鐘擊鼓咸池黄帝樂也干楯也戚斧也春夏舞者所執當此之時有立武者見疑疑恠也一世之間而文武代爲雌雄有時而用也今世之爲武者則非文也爲文者則非武也文武更相非而不知時世之用也此見隅曲之一指而不知八極之廣大也隅曲室中之區隅言狹小八極八方之極言廣大也

故東面而望不見西牆南面而視不覩北方唯無所嚮者則無所不通 無所向則可以見四方故曰無所不通 国之所以存者道德也 道德施行民説其化故国存也 家之所以亡者理塞也 理道 堯無百戶之郭舜無植錐之地以有天下禹無十人之衆湯無七里之分以王諸侯文王處岐周之間也地方不過百里而立爲天子者有王道也 堯舜禹湯文王皆王有天下孟子曰以德行仁者身王不待亦是也 夏桀殷紂之盛也人跡所至舟車所通莫不爲郡縣然而身死人手爲天下笑者有亡形也 孟子曰惡死亡樂不仁不口必死亡故曰有亡形也 故聖人見化以觀其徵 徵成 德有昌衰風先萌焉 風氣也萌見也言有盛德者謂文王也伯夷太公先見之有衰德者謂桀太史令終古及向艾先去之也 故得王道者雖小必大 湯武是也 有亡形者雖成必敗 桀紂是也 夫夏之將亡太史令終古先奔於商三年而桀乃亡 湯滅之也 殷之將敗也太史令向藝先歸

文王朞年而紂乃亡武王滅之故聖人之見存亡之迹成敗之際也非乃鳴條之野甲子之日也湯伐桀禽於鳴條武王誅紂以早子剋之今謂疆者勝則度地計衆富者利則量粟稱金若此則千乘之君無不霸王者而萬乘之国無不破亡者矣存亡之迹若此其易知也愚夫惷婦皆能論之惷亦愚无智之貌也趙襄子以晉陽之城霸智伯以三晉之地擒智伯智鎟襄子无恤也三晉智氏兼有韓魏智伯帥韓魏之君圍趙襄子於晉陽趙襄子使張孟談与韓魏通謀韓魏反而擊之大破智伯之軍獲其首以為飲器故曰以三晉之地擒也湣王以大齊亡為淖齒所殺也田單以即墨有功燕伐齊而滅之得七十城唯即墨未下田單以市吏牽即墨市民以擊燕師破之故能有功也故国之亡也雖大不足恃大猶亡智伯是道之行也雖小不可輕湯以七十里文王以百里皆有天下故雖小不可輕也由此觀之有在得道而不在於大也得道之君雖小為善而能王天下故曰不在於大也亡在失道而不在於小也無道之君雖小以為惡无傷而弗革積必亡故曰不在於小也詩云乃眷西

顧此椎輿宅言去豳而遷于周也紂治朝歌在東文王国於岐周在西天乃眷然顧西土此惟居周言我宅也故曰去豳而遷于周也故亂国之君務廣其地而不務仁義務高其位而不務道德是釋其所以存而造其所以亡也故桀囚於焦門而不能自非其所行不自非行之惡而悔不殺湯於夏臺臺或作宫紂拘於宣室而不反其過反悔而悔不誅文王於羑里於佷也羑里今河内湯陰是也羑古牖字二君處彊大勢位脩仁義之道湯武救罪之不給何謀之敢當二君桀紂也當其君也彊大之勢不能自知所行之非也假令能脩仁義之道則湯武不敢生誅之謀也若上亂三光之明下失萬民之心三光日月星辰也失萬民心施民所惡也誰微湯武孰弗能奪也言遺人能奪之不必湯武也今不審其在已者而反備之于人言不慎行已之德而乃反偶天下之人朱誅也天下非一湯武也殺一人則必有繼之者也且湯武之所以處小弱而能以王者以其有道也桀紂之所以處彊大而見奪者以其无道也今不行人之所以王者

而反益已之所以奪是趨亡之道也武王剋殷欲築宮於五行之山五行山今太行山也在河内野王縣北上黨關也周公曰不可夫五行之山固塞險阻之地也使我德能覆之則天下納其貢職者迴也迴迂難也迴或作固固必也使我有暴亂之行則天下之伐我難矣謂周公言我有暴亂之行則天下當來伐我無爲於五行之山使天下來我者難也言其依德不恃險也此所以三十六世而不奪也周公可謂能持滿矣滿而不溢也故曰能持滿也

昔者周書有言曰周史之書上言者下用也下言者上用也可否相濟上言者常也爲君常也下言者權也此存亡之術也權謀也謀度事宜不失其道也唯聖人爲能知權言而必信期而必當天下之高行也直躬其父攘羊而子證之直躬楚葉縣人也葉公子高謂孔子曰吾黨存直躬者其父攘羊而子證之孔子曰吾黨之直者異於是父爲子隱子爲父隱直在其中矣凡六畜自來而取之曰攘也尾生與婦人期而死之尾生魯人与婦人期於梁下水至溺死也直

而證父信而溺死雖有直信孰能貴之夫三軍矯命過之大者也秦穆公興兵襲鄭過周而東以兵伐國不擊鼓密声曰龍衣周者王城也公羊傳曰王城者河西周也今河南縣也鄭賈人弦高將西敗牛道遇秦師於周鄭之間乃矯鄭伯之命犒以十二牛賓秦師而却之非君命也而稱君命曰矯酒肉曰餉牛羊曰犒勞其指犒也秦師曰行千里而龍衣之遠主有備而師无從不知還遂還師而去也故曰却之以存鄭國故事有所至信反為過誕反為功信為過者尾生是誕為功者弦高是也何謂失礼而有大功昔楚恭王戰於陰陵恭王与晉厲戰於陰陵呂錡射於恭王中厥因而擒之過而能敗故曰暴也潘尫養由基黃衰微公孫丙相與簒之四手楚大夫簒晉取恭王袁讀繩之維徽讀救臧之救也恭王懼而失體威儀不如常生不能起也黃衰微舉足蹴其體恭王乃覺怒其失礼奮體而起四大夫載而行失礼謂奉足蹵君也昔蒼吾繞娶妻而美以讓兄此所謂忠愛而

不可行者也（蹇吾繞孔子時人以妻美好推与其兄於兄是則爱矣而違親近曲顧之義故曰不可行也）故聖人論事之局曲直與之屈伸偃仰無常儀表時屈時伸卑弱柔如蒲韋非攝奪也剛彊猛毅志厲青雲非本矜也以乘時應變也夫君臣之接屈膝卑拜以相尊礼也至其迫於患也則舉足蹵其體天下莫能非也是故忠之所在礼不足以難之也孝子之事親和顏卑體奉帶運履（運正迴也）至其溺也則捽其髮而拯（拯升也出溺曰拯也）非敢驕侮以救其死也故溺則捽父祝則名君（孟子曰嫂溺而不拯是豺狼也而况父兄乎故溺則捽之祝則名君周人以諱事神欲至也）勢不得不然也此權之所設也故孔子曰可以共學矣而未可與適道也（適之道仁義之善道）可與適道未可以立也（立德立功立言）可以立未可與權權者聖人之所獨見也

故忤而後合者謂之知權（忤逆不合也權因事制宜權量輕重无常形勢能令醜反善合於冝適故聖人獨見之也）合而後舛者謂之不知權不知權者善反醜矣故禮者實之華而僞之文也方於卒迫窮遽之中也則无所用矣（无所用於礼也）是故聖人以文交於世而以實從事於宜不結於一迹之途凝滯而不化是故敗事少而成事多號令行于天下而莫之能非矣（結猶衆也）猩猩知往而不知來（猩猩北方獸名人面獸身黄色礼記曰猩猩能言不離走獸見人往走則知人姓字此知往也又嗜酒人以酒搏之飲而不能息不知當醉以禽其身故曰不能知來也）乾鵲知來而不知往（乾鵲鵲也人將有來事憂喜之徵則鳴且知來也知歲多風多巢於木枝人皆探其卵故曰不知往也乾讀乾燥之乾鵲讀告退之告）此脩短之分也昔者萇弘周室之執數者也（萇弘周景王之人夫也數曆術）天地之氣日月之行風雨之變律曆之數无所不通然而不能自知車裂而死（晉范中行氏之難以畔其君也周劉氏与晉范氏世爲婚姻萇弘事劉文公故周人助范

氏至敬王二十八年晉人讓周周爲殺萇弘以釋之故曰而不能自知車裂而死也蘇秦匹夫徒步之人也靻蹻嬴蓋經營萬乘之主服諾諸侯然不能自免於車裂之患蘇秦洛陽人也嬴簦嬴囊也蓋步蓋也蘇秦相趙趙封之爲武安君初帶簦嬴囊擔步蓋歷說万乘之君合東山之從利病之勢无所不下使諸侯服從无有不服諾者故曰服諾諸侯不自免於車裂之患說在說言之篇徐偃王被服慈惠身行仁義陸地之朝者三十二國然而身死國亡子孫無類偃王於衰亂之世脩行仁義不設武備楚文王滅之故身死国亡也七諫篇曰荊文寤而徐亡是也大夫種輔翼越王句踐而爲之報怨雪恥禽夫差之身開地數千里然而身伏屬鏤而死句踐奮計報怨於吳王夫差獲千里之地而越王終已疑之賜其屬鏤以死也屬鏤利劒也一曰長劒摽施鹿盧鋒曳地屬鏤而行之也此皆達於治亂之機機要也而未知全性之具者故萇弘知天道而不知人事蘇秦知權謀而不知禍福徐偃王知仁義而不知時大夫種知忠而不知謀不知自爲身謀聖人則不然論世而爲之事權事而爲之謀

是故舒之天下而不窕内之尋常而不塞（不窕在大能大也八尺曰尋倍尋曰
常在小能小不塞急也）使天下荒亂礼義絶綱紀廢強弱相乘力征相
攘臣主无差貴賤无序甲冑生蟣虱（乘加也攘平除生蟣虱不離躰也）燕雀
處帷幄（幄幕也処猶巢也）而兵不休息而乃始服屬臾之貌（謹也）恭儉
之禮則必滅抑而不能興矣天下安寧政教和平百姓肅
睦上下相親而乃始立氣矜（矜自大也）奮勇力則必不免於有
司之法矣是故聖人者能陰能陽能弱能強隨時而動靜
因資而立功物動而知其反事萌而察其變化則爲之象
運則爲之應是以終身行而无所困故事有可行而不可言
者有可言而不可行者有易爲而難成者有難成而易敗
者所謂可行而不可言者趨舍也可言而不可行者僞詐
也易爲而難成者事也難成而易敗者名也此四策者聖

人之所獨見而留意也誳寸而伸尺聖人為之（寸小尺大）小枉而大直君子行之（枉曲也直直其道也）周公有殺弟之累（誅管蔡也）齊桓有爭国之名（自昔先入殺子糺也）然而周公以義補缺（謂翼成王以致太平七年歸政北面為臣）故曰以義補缺也）桓公以功滅醜（立九合国之功以滅爭国之惡）而皆為賢今以人之小過揜其大美則天下无聖王賢相矣故目中有疵不害於視不可灼也（疵贅灼燃）喉中有病无害於息不可鑿也（鑿穿）河上之丘冢不可勝數猶之為易也（言河上本非丘壟之処有易之地猶多以大言之也以諭万事多覆於少）水激興波高下相臨差以尋常猶之為平（雖有激波猶以為平平者多也猶橘柚冬生人曰冬死者衆也薺麥夏死人曰夏生者多也）昔者曹子為魯將兵三戰不勝亡地千里使曹子計不顧後足不旋踵刎頸於陳中則終身為破軍擒將矣然而曹子不羞其敗恥死而无功柯之盟揄三尺之刃造桓公之胷三戰所亡一朝

而反之勇聞于天下功立於魯国復攻陽之田也管仲輔公子糾而不能遂遂不可謂智遁逃奔走不死其難不死于糾之難也不可謂勇束縛桎梏不諱其恥不可謂貞當此三行者布衣弗友人君弗臣布衣之士不以為益友也人君不以為義臣也然而管仲免於束縛之中立齊国之政九合諸侯一匡天下使管仲出死捐軀不顧後圖豈有此霸功哉今人君論其臣也不計其大功摠其略行而求小善則失賢之數也略大也小善忠也數術也故人有厚德無問其小節而有大誉无疵其小故夫牛蹏之涔不能生鱣鮪涔雨水也滿牛蹏跡中言其小也故不能生鱣鮪也鱣大魚長丈餘細鱗黄首白身知頭口在腹下鮪大魚亦長丈餘仲春二月從河西上得過龍門便為龍先師說云也而蜂房不容鵠卵房巢小形不足以包大躰也夫人之情莫不有所短誠其大略是也雖有小過不足以為累訞其實略其行若其大略非也雖有閭里之行

未足大舉（舉用）夫顏喙聚梁父之大盜也（梁父齊邑今屬太山）而爲齊忠臣段干木晉國之大駔也而爲文侯師（駔驕怚一曰駔市儈也言魏國之大會也）孟卯妻其嫂有五子焉然而相魏寧其危解其患（孟卯齊人也及爲魏臣能安其危國賴其勲也戰國策曰芒卯也）景陽淫酒被髮而御於婦人威服諸侯（景陽楚將）此四人者皆有所短然而功名不滅者其略得也（略猶道也）季襄陳仲子立節抗行不入洿君之朝不食亂世之食遂餓而死（季襄魯人孔子弟子陳仲子齊人孟子弟子居於陵也）不能存亡接絶者何小節伸而大略屈（伸用屈廢）故小謹者無成功訾行者不容於衆（好揚人之善揚人之短訾毀人行自獨畢藏衆人所疾而不容之也一說訾毀也行有毀缺者不爲衆人所容）躰大者節疏躐距者舉遠（疏長也躐足也距大也）自古及今五帝三王未有能全其行者也故易曰小過亨利貞言人莫不有過而不欲其大也夫堯舜湯武世主之隆也（隆盛）齊桓晉文五霸之

豪英也然堯有不慈之名（謂天下不以予子丹朱也）舜有卑父之謗（謂鼓瞍降在廡人也）湯武有放弒之事（殷湯放桀南巢周武弒紂宣室也）伍伯有暴亂之謀（齊桓晉文宋襄楚莊秦穆德未能純皆有爭奪之險故曰有暴亂之謀也）是故君子不責備於一人方正而不以割廉直而不以切博通而不以訾文武而不以責（文武以備具而不責備於人）求於一人則任以人力（在其力所能任也）自脩則以道德責人以人力易償也自脩以道德難爲也難爲則行高矣易償則求贍矣夫夏后氏之璜不能无考（半圭曰章夏后氏之珍玉也考瑕釁也）明月之珠不能无纇（夜光之味有似月光故曰明月纇纇若絲之結纇也）然而天下寶之者何也其小惡不足妨大美也今志人之所短而忘人之所脩而求得其賢乎天下則難矣夫百里奚之飯牛（百里奚虞人也自鬻爲秦養飯牛得五羖羊皮號爲五羖大夫也）伊尹之負鼎（伊尹負鼎俎調五味以干湯卒爲賢相）太公之鼓刀（太公河內汲人有屠釣之困卒爲文王佐翼武王伐紂也）甯戚之

商歌（甯戚衛人也商旅於齊宿郭門外疾世商歌以干桓公夜出迎客聞之舉以為大田其歌曲在道應訓也）其美有存焉者矣衆人見其位之卑賤事之洿辱而不知其大略以為不肖及其為天子三公而立為諸侯賢相乃始信於異衆也（信知）夫發于鼎俎之間（伊尹）出于屠酤之肆（肆列也謂太公呂尚也）解于累紲之中（累紲所以束縛人謂管仲）興于牛頷之下（與起也謂百里奚也頷讀合集之合）洗之以湯沐祓之以爟火立之于本朝之上倚之于三公之位（爟火取火於日之官也周禮司爟掌行火之正令火所以祓除不祥也立置也本朝国朝也）內不慙於国家外不愧於諸侯符勢有以內合（內合於君）故未有功而知其賢者堯之知舜功成事立而知其賢者市人之知舜也為是釋度數而求之於朝肆草莽之中其失人也必多矣（為上自任耳目聰明以得賢人之故不復用度量之術取人而亟求賢於朝四之列草莽之中失賢人必多矣何言求賢）何則能効其求而不知其所以取人也夫物之相類

者世主之所亂惑也嫌疑肖象者衆人之所眩耀（狀似象也嫌疑）
（謂白骨之肖象牙也碧盧似玉虵牀似麋蕪也）故很者類知而非知（很者自用有知非眞知）愚
者類仁而非仁（愚者不能斷割有似於仁非眞仁也）戇者類勇而非勇也（戇者
不知畏危難有似於勇非眞勇）使人之相去也若玉之與石美之與惡則論人
易矣夫亂人者芎藭之与藁本也虵牀之与麋蕪也此
皆相似者（言其相類但其芳臭不同猶小人類君子但其仁与不仁異也）故劒工或劒之似莫
邪者唯歐冶能名其種（歐冶良工）玉工眩玉之似碧盧者唯猗
頓不失其情（碧盧或云碔砆猗頓魯之富人能知玉理不失其情也）闇主亂于姦臣
小人之疑君子者唯聖人能見微以知明故虵夲首尺而
脩短可知也象見其牙而大小可論也薛燭庸子見若
狐甲於劒而利鈍識矣（薛齊邑也燭庸氏子通利劒）臾兒易牙淄澠
之水合者嘗一哈水如甘苦知矣（臾兒易牙皆齊之知味者也哈口也）故聖

人之論賢也，見其一行而賢不肖分也。孔子辭廩丘，終不盜刀鉤（廩丘齊邑今屬濟陰齊景公養孔子以言未見從道未得行不欲虛祿辭而不受故不復利人刀鉤也）；許由讓天子，終不利封侯（許由隱者陽成人堯欲以天下与之洗耳而不就故曰不利於封侯也）。故未嘗灼而不敢握火者，見其有所燒也；未嘗傷而不敢握刀者，見其有所害也。由此觀之，見者可以論未發也，而觀小節足以知大體矣。故論人之道，貴則觀其所舉，富則觀其所施，窮則觀其所不受，賤則觀其所不為，貧則觀其所不取。視其更難，以知其勇；動以喜樂，以觀其守；委以貨財，以論其人；振以恐懼，以知其節；則人情備矣。古之善賞者，費少而勸衆（趙襄子行之是）；善罰者，刑省而姦禁（齊威王行之是也）；善予者，用約而為德（秦穆公行之是）；善取者，入多而无怨（齊桓公行之也）。趙襄子圍於晉陽，罷圍而賞有功者五人，高赫爲賞首左右曰晉陽之難赫无大功今爲賞首何也（智伯求地於趙襄子不与智伯率韓魏以圍之三月不克趙氏之臣張孟談潛与韓魏通謀反智伯而殺之張孟談之力也故曰高赫无大功也）襄子曰晉陽之圍寡人社稷危国家殆羣臣无不有驕侮之心唯赫不失君臣之礼故賞一人而天下爲忠之臣者莫不終忠於其君此賞少而勸善者衆也齊威王設大鼎於庭中而數无益今曰子之言日聞吾耳察子之事田野蕪倉廩虛囹圄實子以姦事我者也乃烹之齊以此三十二歲道路不拾遺此刑省姦禁者也秦穆公出遊而車敗右服失馬（服中失馬）野人得之穆公追而及之岐山之陽野人方屠而食之穆公曰夫食駿馬之肉而不還飲酒者傷人吾恐其傷汝等徧飲而去之処一年与晉惠公爲韓之戰（処一年者謂飲食肉人酒之明年也晉惠公夷吾倍秦納已之恩秦興兵伐晉戰於晉也韓原也）晉師圍穆公之

車梁由靡御穆公之驂獲之（梁由靡晉大夫和犄䡖也將獲穆公）食馬肉者三百餘人皆出死為穆公戰於車下遂克晉虜惠公以歸此用約而為得者也齊桓公將欲征伐甲兵不足令有重罪者出犀甲一戟（犀甲取其堅也戟車戟也長丈六尺犀或作三直出三甲也）有輕罪者贖以金分（輕小以金分出金隨罪輕重有分兩）訟而不勝者出一束箭（不勝猶不直也箭十二為束也）百姓皆說乃矯箭為矢（治箭之笄好者也）鑄金而為刃（刃五刃也刀劒矛戟矢也）以伐不義而征无道遂霸天下此入多而无怨者也故聖人因民之所喜而勸善因民之所惡以禁姦故賞一人而天下喜之罰一人而天下畏之故至賞不費（賞當賞不虛費）至刑不濫（刑當刑不傷善濫讀取斂之斂也）孔子誅少正卯而魯国之邪塞（少正官卯其名也魯之諂人孔子相魯七日誅之於東觀之下刑不濫也）子產誅鄧析而鄭国之姦禁（鄧析詭辯姦人之雄也子產誅之故姦止也傳曰鄭駟遄殺鄧析而用其竹刑鄧析制刑書之於竹鄭国用不以人廢言）

也以近論遠以小知大也故聖人守約而治廣者此之謂天

下莫易於為善而莫難於為不善也（為言淨身无欲信仁而已慎其天性故易為不

善貪欲无猒殺人自滅戾其天性欲難也）所謂為善者靜而无為也所謂為不善

者躁而多欲也適情辭无所誘惑循性保眞无變於己故

曰為善易越城郭踰險塞姦符節盜管金篡弒矯誣非

人之性也（姦私齊盜也符節成信也而盜取之管壯籥也金印封亦所以為信也圍閉藏也篡弒下謀上也矯擅作君命誣以惡覆

人也皆非人本所受天之善性也）故曰為不善難今人所以犯囹圄之罪而陷

於刑戮之患者由嗜慾无猒不循度量之故也何以知其

然天下縣官法曰發墓者誅竊盜者刑此執政之所司也

夫法令者罔其姦邪勤率隨其蹤跡（勤者閭吏率大任也）无愚夫惷

婦皆知為姦之无脫也犯禁之不得免也然而不材子不

勝其欲蒙死亡之罪而被刑戮之羞（蒙冒）然而立秋之後

司寇之徒繼踵於門不死市之人血流於路何則惑於財利之得而蔽於死亡之患也夫今陳卒設兵兩軍相當將施令曰斬首拜爵而屈橈者要斬然而隊階之卒皆不能前遂斬首之功遂（成）而後被要斬之罪是去恐死而就必死也故利害之反禍福之接不可不審也事或欲之適足以失之或避之適足以就之楚人有乘船而遇大風者波至而自投於水非不貪生而畏死也惑於恐死而反忘生也故人之嗜慾亦猶此也齊人有盜金者當市繁之時至掇而走勒問其故曰而盜金於市中何也（繁衆也勒主問吏故猶意也而汝也）對曰吾不見人徒見金耳志所欲則忘其為矣是故聖人審動靜之變而適受與之度理好憎之情和喜怒之節夫動靜得則患弗過也受與適則

罪弗累也好憎理則憂弗近也喜怒節則怨弗犯也故達道之人不苟得不讓福其有弗棄非其有弗索常滿而不溢恒虛而易足虛无欲也今夫霤水足以溢壺榼而江河不能實漏危故人心猶是也自當以道術度量食充虛衣御寒則足以養七尺之形矣若无道術度量而以自儉約則万乘之勢不足以為尊天下之富不足以為樂矣諭若桀與紂无道術度量不得為匹夫何尊樂之有乎孫叔敖三去令尹而无憂色爵祿不能累也不以爵祿累其身也荆佽非兩蛟夾繞其船而志不動怪物不能驚也勇而不惑聖人心平志易精神內守物莫足以惑之夫醉者俛入城門以為七尺之閨也超江淮以為尋常之溝也酒濁其神也法者夜見立表以為鬼也見寢石以為虎也懼揜其氣也揜奄又況无天地之

怪物乎夫雌雄相接陰陽相薄羽者為雛𪃿毛者為駒犢柔者為皮肉堅者為齒角人弗怪也水生蠪蝦山生金玉人弗怪也老槐生火久血為燐人弗怪也（血精在地暴露百日則為燐遙望烱烱若燃火也）山出嘄陽（嘄陽山精也人形長大面黑色身有毛若反踵見人而笑）水生罔象（水之精也国語曰龍罔象也）木生畢方（木之精也狀如鳥青色赤腳一足不食五穀也）井生墳羊（土之精也魯季子穿井獲土缶其中有羊也）人怪之聞見鮮而識物淺也天下之怪物聖人之所獨見利害之反覆知者之所獨明達也同異嫌疑者世俗之所眩惑也夫見不可布於海內聞不可明於百姓是故因鬼神禨祥而為之立禁（禨祥言凶禁戒）總形推類而為之變象何以知其然也世俗言曰饗大高者而彘為上牲（大高祖一曰上帝）葬死人者裘不可以藏相戲以刃者太祖軵其肘（軵擠也讀近茸）枕戶橉而臥者鬼神蹠其首此皆不著於法令而聖人（多心察言之）

之所不口傳也夫饗大高而彘為上牲者非彘能賢於野獸麋鹿也而神明獨饗之何也以為彘者家人所當畜而易得之物也故因其便以尊之裘不可以藏者非能具綈綿曼帛溫煖於身也世以為裘者難得貴賈之物也曼帛細帛也裘狐之屬也故曰貴貴之物而可傳於後世无益於死者而足以養生故因其資以讋之資用也讋忌恐相戲以刃太祖軵其肘者夫以刃相戲必為過失過失相傷其患必大无涉血之仇爭忿鬬而以小事自內於刑戮愚者所不知忌也故因太祖以累其心累恐枕戶橉而臥鬼神履其首者使鬼神能玄化則不待戶牖之行若循虛而出入則亦无能履也虛孔窾也夫戶牖者風氣之所從往來而風氣者陰陽粗捔者也離者必病離遭故託鬼神以申誡之也凡此之屬皆不可勝著於書策竹

帛而藏於宮府者也故以禨祥明之為愚者之不知其害乃借鬼神之威以聲其教所由來者遠矣而愚者以為禨祥而很者以為非唯有道者能通其志今世之祭井竈門戶箕帚臼杵者非以其神為能饗之也恃賴其德煩若之无已也是故以時見其德所以不忘其功也觸右而出膚寸而合不崇朝而雨天下者唯太山[崇終也日旦至食時為終朝也]赤地三年而不絕流澤及百里而潤草木者唯江河也是以天子秩而祭之故馬免人於難者其死也葬之牛其死也葬以大車為薦牛馬有功猶不可忘又況人乎此聖人所以重仁襲恩[襲亦重累]故炎帝於火死而為竈[炎帝神農以火德王天下死託祀於竈神]禹勞天下死為社[勞力謂天下治水之功也託祀於后土之神]后稷作稼穡而死為稷[稷周弃也]羿除天下之害死而為宗布此鬼神之所以立

羿古之諸侯河伯溺殺人羿射其左目風伯壞人屋室羿射中其膝又誅九嬰窫窳之屬有功於天下故死託祀於宗布祭田為宗布謂出也一曰今人室中所禍之宗布是也或曰司命傍布也堂堯曰羿非有窮后羿

北楚有任俠者其子孫數諫而止之不聽也縣有賊大搜其廬事果發覺夜驚而走追道及之其所施德者皆為之戰得免而遂反語其子曰汝數止吾為俠今有難果賴而免身而諫我不可用也知所以免於難而知所以无難論事如此豈不惑哉宋人有嫁子者告其子曰嫁未必成也有如出不可不私藏私藏而富其於以復嫁易其子聽父之計竊而藏之君公知其盜也逐而去之其父不自非也而反得其計知為出藏財而不知藏財所以出也為論如此豈不勃哉今夫僦載者救一車之任極一牛之力為軸之折也有如轅軸其上以為造不知軸轅之趣軸折也楚王之佩玦而逐

莵為走而破其玦也因珮兩玦以為之豫兩玦相觸破乃逾疾乱国之治有似於此夫鴟目大而睡不若鼠蚈足衆而走不若蚰物固有大不若小衆不若少者及至夫彊之弱弱之彊危之安在之亡也非聖人孰能觀之大小尊卑未足以論也唯道之在者為貴何以明之天子處於郊亭則九卿趨大夫走坐者伏倚者齊當此之時明堂太廟懸冠解劒緩帶而寢非郊亭大而廟堂狹小也至尊居之也天道之貴也非特天子之為尊也所在而衆仰之夫蟄蟲鵲巢皆鄉向天一者至和在焉爾帝者誠能包稟道合至和則禽獸草木莫不被其澤矣而况兆民乎

淮南鴻烈解卷第十三

淮南鴻烈解卷第十四

太尉祭酒臣許　慎記上

詮言訓第十四 詮就也就萬物之指以言其徵事之所謂道之所依也

洞同天地渾沌爲樸未造而成物謂之太一太一元神總萬物者同出於一所為各異有鳥有魚有獸謂之分物方以類别物以羣分性命不同皆形於有隔而不通分而爲萬物莫能及宗謂及己之性宗同於洞同故動而爲之生死而爲之窮皆為物矣非不物而物物者也不物之物恍惚虚无物物者亡乎萬物之中物物者造万物者也此不在万物之中也稽古太初人生於无形於有有形而制於物能反其所生若未有形謂之真人真人者未始分於太一者也聖人不以名尸尸主不爲謀府不爲事任不為智主藏無形行無迹遊无朕朕兆不爲福先不爲禍始保於虚無動於不

得已欲福者或爲禍欲利者或離害故死爲而寧者失其所以寧則危死事而治者失其所以治則乱星列於天而明故人指之義列於德而見故人視之人之所指動則有章人之所視行則有迹動有章則詞行有迹則議故聖人掩明於不形藏迹於無爲

王子慶忌死於劒王子慶忌者吳王僚之弟子闔閭弑僚慶忌勇健亡在鄭闔閭畏之使要離刺慶忌也羿死於桃棓棓大杖以桃木爲之以擊殺羿猶是已來鬼畏桃也子路菹於衛蘇秦死於日蘇秦好說爲齊所殺人莫不貴其所有而賤其所短然而皆溺其所貴而極其所賤所貴者有形所賤者死朕也故虎豹之彊來射蝯貁之捷來措人能貴其所賤賤其所貴可與言至論矣

自信者不可以誹譽迁也知足者不可以勢利誘也故通

性之情者不務性之所無以爲（人性之無以爲者不務也）通命之情者不憂命之所無奈何通於道者物莫不足滑其調詹何曰未嘗聞身治而国亂者也未嘗聞身乱而国治者也矩不正不可以爲方規不正不可以爲員身者事之規矩也未聞枉己而能正人者也原天命治心術理好憎適情性則治道通矣原天命則不惑禍福治心術則不志喜怒理好憎則不貪無用適情性則欲不過節不惑禍福則動靜循理不妄喜怒則賞罰不阿不貪無用則不以欲用害性欲不過節則養性知足凡此四者弗求於外弗假於人反己而得矣天下不可以智爲也不可以慧識也不可以事治也不可以仁附也不可以強勝也五者皆人才也德不盛不能成一焉德立則五无殆五見則德无位矣（五事皆見而德无所立位）故

得道則愚者有餘失道則智者不足度水而无游数雖強必沉有游数雖羸必遂又況託於舟航之上乎爲治之本務在於安民安民之本在於足用足用之本在於勿奪時勿奪時之本在於省事省事之本在於節欲節欲之本在於反性反性之本在於去載（去浮華載於士者也）去載則虚虚則平平者道之素也虚者道之舍也

能有天下者必不失其国能有其国者必不喪其家能治其家者必不遺其身能脩其身者必不忘其心能原其心者必不虧其性能全其性者必不惑於道故廣成子曰愼守而內周閉而外（廣成子黃帝時人也）多知為敗毋視毋聽抱神以靜形將自正不得之己而能知彼者未之有也故易曰括囊无咎无譽能成霸王者必得勝者也能勝敵者必強者

也能強者必用人力者也能用人力者必得人心也能得人心者必自得者也能自得者必柔弱也強勝不若已者至於與同則格（言人力能與己力同也己以強加之則戰格也）柔勝出於己者其力不可度故能以衆不勝成大勝者唯聖人能之善游者不學刺舟而便用之勁筋者不學騎馬而便居之輕天下者身不累於物故能處之泰王亶父處邠狄人攻之事之以皮幣珠玉而不聽乃謝耆老而徙岐周百姓攜幼扶老而從之遂成国焉推此意四世而有天下不亦宜乎（四世太王王季文王武王）無以天下爲者必能治天下者霜雪雨露生殺萬物天無爲焉猶之貴天也厭文搔法（厭持也搔勞也）治官理民者有司也君無事焉猶尊君也辟地墾草者后稷也決河濬江者禹也聽獄制中者皋陶也有聖名者堯也故得道以御者身

雖無能必使能者爲已用不得其道伎藝雖多未有益也方船濟乎江有虛船從一方來觸而覆之雖有忮心必無怨色有一人在其中一謂張之一謂歙之（持舟檝者爲近岸爲歙遠岸爲張也）再三呼而不應必以醜聲隨其後嚮不怒而今怒嚮虛而今實也人能虛已以遊於世孰能訾之

釋道而任智者必危棄數而用才者必困有以欲多而亡者未有以無欲而危者也有以欲治而亂者未有以守常而失者也故智不足免患愚不足以至於失寧守其分循其理失之不憂得之不喜故成者非所爲也得者非所求也入者有受而無取出者有授而無予因春而生因秋而殺所生者弗德所殺者非怨則幾於道也聖人不爲可非之行不憎人之非已也脩足譽之德不求人之譽已也不

能使禍不至信己之不迎也不能使福必來信己之不攘也（攘卻）禍之至也非其求所生故窮而不憂福之至非其求所成故通而弗矜（矜自我其功也）知禍福之制不在於己也故閑居而樂無爲而治聖人守其所以有不求其所未得求其所無則所有者亡矣脩其所有則所欲者至故用兵者先爲不可勝以待敵之可勝也治國者先爲不可奪以待敵之可奪也舜脩之歷山而海内從化文王脩之岐周而天下移風使舜趨天下之利而忘脩己之道身猶弗能保何尺地之有故治未固於不亂（治不亂之道尚未牢固也）而事爲治者必危行未固於無非而急求名者必剉也福莫大無禍利莫美不喪動之爲物不損則益（動有益也）不成則毀不利則病皆險也（險言危難險不可行）道之者危故秦勝乎戎而敗乎殽（秦穆公勝西戎爲晉所敗於殽）

楚勝乎諸夏而敗乎栢莒楚昭王服諸夏而吴敗之栢莒故道不可以勸而就利者而可以寧避害者故常無禍不常有福常無罪不常有功

聖人無思慮無設儲來者弗迎去者弗將將送人雖東西南北獨立中央故處衆枉之中不失其直天下皆流獨不離其壇域故不爲善不避醜遵天之道不爲始不專己循天之理不豫謀不棄時與天爲期不求得不辭福從天之則不求所無不失所得內無旁禍外無旁福禍福不生安有人賊爲善則觀衆人之所觀也爲不善則議觀則生貴議則生患故道術不可以進而求名而可以退而脩身不可以得利而可以離害故聖人不以行求名不以智見譽法脩自然己無所與慮不勝數行不勝德事不勝道爲者有不成求

者有不得人有窮而道無不通與道爭則凶故詩曰弗識弗知順帝之則

有智而無爲與無智者同道有能而無事與無能者同德其智也告之者至然後覺其動也使之者至然後覺其爲也有智若無智有能若無能道理爲正也故功蓋天下不施其美澤及後世不有其名道理通而人爲滅也名與道不兩明人受名則道不用道勝人則名息矣道與人競長章人者則道者也章明也息止也人章道息則危不遠矣故世有聖名則道如日至矣欲尸名者必爲善欲爲善者必生事事生則釋公而就私貨數而任己欲見譽於爲善而立名於爲質則治不脩故而事不須時治不脩故則多責事不須時則無功責多功鮮無以塞之則妄發而邀當妄爲而要中功之成也不

足更責更償事之敗也不足以弊身故重爲善若重爲非而幾於道矣天下非無信士也臨貨分財必探籌而定分促籌以爲有心者之於平不若無心者天下非無廉士也然而守重寶者必關戶而全封以爲有欲者之於廉不若無欲者也人舉其疵則怨人舉說己之疵則怨之鑑見其醜則善鑑鑑鏡也鏡見人之好醜以爲善鏡也人能接物而不與己焉則免於累矣而不與己若鏡人形而不有好謂也公孫龍粲於辭而貿名公孫龍以白馬非馬冰不寒炭不熱故曰貿也鄧析巧辯而亂法鄧析敎鄭人以訟訟不俱回子産誅之也蘇秦善說而亡國蘇秦死於齊也由其道則善無章脩其理則功無名故以巧鬬力者始於陽常卒於陰言知巧之所施始之於陽善終於陰惡也以慧治國者始於治常卒於亂使水流下孰弗能治激而上之非巧不能故文勝則質掩邪巧則正塞之也

德可以自脩而不可以使人暴道可以自治而不可以使人亂雖有賢聖之寶不遇暴亂之世可以全身而未可以霸王也湯武之王也遇桀紂之暴也桀紂非以湯武之賢暴也湯武遭桀紂之暴而王也故雖賢王必待遇遇者能遭於時而得之也非知能所求而成也

君子脩行而使善无名布施而使仁無章故士行善而不知善之所由來民贍利而不知利之所由出故無爲而自治善有章則士爭名利有本則民爭功二爭者生雖有賢者弗能治故聖人揜跡於爲善而息名於爲仁也外交而爲援事大而爲安不若內治而待時凡事人者非以寶幣必以卑辭事以玉帛則貨殫而欲不饜卑躰婉辭則諭說而交不結約束誓盟則約定而反無日（反皆叛也）雖割国之鎦錘

以事人六兩曰錙倍錙曰錘而無自恃之道不足以爲全若誠外釋交之策而慎脩其境内之事盡其地力以多其積厲其民死以牢其城上下一心君臣同志與之守社稷效死而民弗離則爲名者不伐無罪而爲利者不攻難勝此必全之道也民有道所同道有法所同守民凡所道行者同道而法度有所共守也爲義之不能相固威之不能相必也故立君以壹民君執一則治死常則乱君道者非所以爲也所以無爲也何謂無爲智者不以位爲事勇者不以位爲暴仁者不以位爲患可謂無爲矣夫無爲則得於一也一也者万物之本也无敵之道也凡人之性少則昌狂壯則暴強老則好利一身之身既数既変矣又況君数易法国数易君人以其位通其好憎下之徑衢不可勝理故君失一則亂甚於無君之時故詩

曰不愆不忘率由舊章此之謂也君好智則倍時而任己棄數而用慮天下之物博而智淺以淺贍博未有能者也獨任其智失必多矣故好智窮術也好勇則輕敵而簡備自負而辭助（自負自恃辭助不受傍人之助）一人之力以圉強敵不杖衆多而專用身才必不堪也故好勇危術也好與則無定分上之分不定則下之望無止若多賦斂實府庫則與民為讎少取多與數未之有也故好與來怨之道也仁智勇力人之美才也而莫足以治天下由此觀之賢能之不足任也而道術之可脩明矣

聖人勝心（心者欲之所生也聖人止欲故勝其心而以百姓為心也）衆人勝欲（心欲之而能勝之也）君子行正氣小人行邪氣內便於性外合於義循理而動不繫於物者正氣也推於滋味淫於聲色發於喜怒不顧後患

者邪氣也邪與正相傷欲與性相害不可兩立一植一廢故聖人損欲而從事於性目好色耳好聲口好味接而說之不知利害嗜慾也食之不寧於躰聽之不合於道視之不便於性三宮交爭（三宮三關謂食視聽）以義為制者心也割痤疽非不痛也飲毒藥非不苦也然而為之者便於身也渴而飲水非不快也飢而大飧非不贍也然而弗為者害於性也此四者耳目鼻口不知所取去心為之制各得其所由是觀之欲之不可勝明矣

凡治身養性節寢處適飲食和喜怒便動靜使在己者得而邪氣因而不生豈若憂瘕疵之與痤疽之發而豫備之哉夫函牛之鼎沸而蠅蚋弗敢入（函牛受一牛之鼎也）崑山之玉瑱（崑崑崙也山々瑱弍也）而塵垢弗能污也聖人無去之心而心無醜無取之

美而美不失故祭祀思親不求福饗賓修敬不思德唯弗求者能有之（言不求而所求至也）處尊位者以有公道而無私說故稱尊焉不稱賢也有大地者以有常術而無鈐謀故稱平焉不稱也內無暴事以離怨於百姓外無賢行以見忌於諸侯上下之禮襲而不離而爲論者莫然不見所觀焉此所謂藏無形者非藏無形孰能形（形形而言之並見也）三代之所道者因也故禹決江河因水也后稷播種樹穀因地也湯武平暴亂因時也故天下可得而不可取也（不可强取）霸王可受而不可求也在智則人與之訟在力則人與之爭未有使人無智者（言已不能使敵國遇而無智也）有使人不能用其智於已者也（使人之智不能于已）未有使人無力者有使人不能施其力於已者也（言已不能使人無智力但能使人不以智力加於已）此兩者常在久見故君賢不

見諸侯不備不肖不見則百姓不怨百姓不怨則民用可得諸侯弗備則天下之時可承（若湯武承桀紂而起）事所與衆同也功所與時成也聖人無焉故老子曰虎無所措其爪兕無所措其角蓋謂此也鼓不滅於聲故能有聲鏡不沒於形故能有形金石有聲弗叩弗鳴管簫有音弗吹無聲聖人內藏不為物先倡事來而制物至而應飾其外者傷其內扶其情者害其神見其文者蔽其質無須臾忘為質者必困於性（常思為質不修自然則性困也）百步之中不忘其容者必累其形故羽翼美者傷骨骸（鵜鷹一舉千里則形如塵芳以其翮美也）枝葉美者害根莖能兩美者天下無之也天有明不憂民之晦也百姓穿戶鑿牖自取照焉地有財不憂民之貧也百姓伐木芟草自取富焉至德道者若邱山嵬然不動行者以為期也（行道）

之人指以爲期直已而足物已已山也言山特自生萬物以足百姓不爲百姓故生之也不爲人贛用之者亦不受其德故寧而能久天地無予也故無奪也日月無德也故無怨也喜得者必多怨喜予者必善奪唯滅迹於無爲而隨天地自然者唯能勝理理事理情欲也勝理去之而爲受名名興則道行道行則人無位矣故譽生則毀隨之善見則怨從之利則爲害始福則爲禍先唯不求利者爲無害唯不求福者爲無禍侯而求霸者必失其侯霸而求王者必喪其霸故國以全爲常霸王其寄也身以生爲常富貴其寄也能不以天下傷其國而不以國害其身者爲可以託天下也言不貪天下之利故可以天下托也不知道者釋其所已有而求其所未得也苦心愁慮以行曲故福至則喜禍至則怖神勞於謀智遽於事禍福萌生終身不悔已之所生乃反愁人

禍福皆生於己非旁人也不喜則憂中未嘗平持無所監謂之狂生（時無所監所監者非元德故謂狂生）人主好仁則無功者賞有罪者釋好刑則有功者廢無罪者誅及無好者誅而無怨施而不德放準循繩身無與事若天若地何不覆載故合而舍之者君也制而誅之者法也民已受誅怨無所滅謂之道道勝則人無事矣聖人無屈奇之服（屈短奇長也服之不衷身之災也）無瑰異之行服不視（其所服衆不觀治也）行不觀言不議通而不華窮而不懾榮而不顯隱而不窮異而不見怪容而與衆同無以名之此之謂大通升降揖讓趨翔周遊不得已而爲也非性所有於身情無符檢（情無符檢非所樂也）行所不得已之事（揖讓者不得已而爲）而不解構耳豈加故爲哉（豈故者遭時宜而制禮非故爲也）故不得已而歌者不事爲悲不得已而舞者不矜爲麗歌舞而不事爲悲麗者皆無有根心者（中無根心強爲悲麗）

善博者不欲牟（博其棊不傷爲之也）不恐不勝平心定意捉得其齊（齊得其適）行由其理雖不必勝得籌必多何則勝在於數不在於欲（欲勝也）馳者不貪最先（馳競驅也）不恐獨後緩急調乎手御心調乎馬雖不能必先哉馬力必盡矣何則先在於數而不在於欲也是故滅欲則數勝棄智則道立矣賈多端則貧工多技則窮心不一也故木之大者害其條水之大者害其深有智而無術雖鑽之不通（雖有智慧鑽之猶牢無術不能達也）有百技而無一道雖得之弗能守故詩曰淑人君子其儀一也其儀一也心如結也君子其結於一乎舜彈五絃之琴（古琴五絃至周有七律增爲七絃也）而歌南風之詩（南風愷樂之風）以治天下周公散臑不收於前（臑前肩之美也）鐘鼓不解於縣以輔成王而海內平匹夫百晦一守（百晦之田一夫子婦中也）不遑啓處（遑暇啓開）無所移之也以一人兼

聽天下日有餘而治不足使人爲之也

處尊位者如尸守官者如祝宰尸雖能剥狗燒彘弗爲也弗能無虧（尸不能治狗事不虧也）俎豆之列次黍稷之先後雖知弗教也弗能无害也不能祝者不可以爲祝无害於爲尸（無害者可以爲尸也）不能御者不以爲僕無害於爲佐（佐君位也）故位愈尊而身愈佚官愈大而事愈少譬如張琴小絃雖急大絃必緩無爲者道之體也執後者道之容也無爲制有爲術也執後之制先數也放於術則強審於數則寧今與人弁民之譬未受者先也求而致之雖怨不逆者後也三人同舍二人相爭〻者各自以爲直不能相聽一人雖愚必從旁而決之非以智不爭也兩人相鬬一羸在側（羸劣人也）助一人則勝救一人則免鬬者雖彊必制一羸非以勇也以不

鬩也内是觀之後之制先静之勝躁數也
倍道棄數以求苟遇變常易故以知要𢾾遇則自非中則
以為候閽行繆改終身不寤此之謂狂有滑則詘有福則
贏有過則悔有功則矜遂不知反此謂狂人
員之中規方之中矩行成獸有謂古禮執羔麛鹿取其跪乳羣而不黨止成文
文謂成儀文采可以將少而不可以將衆蓼菜成行蓼菜小皆有行列也瓶
甌有堤堤瓶甌下安也量粟而舂數米而炊可以治家而不可以
治國滌杯而食洗爵而飲浣而後饋饋進食也可以養家老而
不可以饗三軍非易不可以治大非簡不可以合衆大樂
必易大禮必簡易故能天簡故能地大樂无怨大禮不責
四海之内莫不繫統故能帝也
心有憂者筐牀在席弗能安也在柔弱也菰飯犓牛弗能甘

也（菰凋蝴也）琴瑟鳴竽弗能樂也患解憂除然後食甘寢寧居安遊樂由是觀之性有以樂也死有以哀也今務益性之所不能樂而以害性之所以樂故雖富有天下貴為天子而不免爲哀之人凡人之性樂恬而憎憫（憫憂有所在也）樂佚而憎勞心常无欲可謂恬矣形常無事可謂佚矣遊心於恬舍形於佚以俟天命自樂於內無急於外雖天下之大不足以易其一槩日月廋而無溉於志（廋隱也溉灌也已自隱藏不以他欲灌其志也）故雖賤如貴雖貧如富大道無形大仁無親大辯無聲大廉不嗛大勇不矜五者無棄而幾鄉方矣（方道也庶幾鄉於道）軍多令則亂酒多約則辯亂則降北辯則相賊故始於都者常大於鄙始於樂者常大於悲其作始簡者其終本必調今有美酒嘉肴以相饗卑體婉辭以接之欲以合

懽爭盈爵之間爵所以歛爭滿不滿之間反生鬭鬭而相傷三族結怨反其所憎此酒之敗也詩之失僻詩者衰世之風也故邪而以之正小人失其正則入於邪樂之失剌鄉飲酒之樂歌鹿鳴鹿鳴之作君有酒肴不召其臣臣怨而剌上者非也禮之失責禮無往不復有施於人則責之徵音非无羽聲也羽音非无徵聲也五音莫不有聲而以徵羽定名者以勝者也徵音之中有羽聲而以徵音名之者羽音徵以著言者也故仁義智勇聖人之所備有也然而皆立一名者立一名謂仁義智勇兼以聖人之諱言其大者也陽氣起於東北盡於西南陰氣起於西南盡於東北陰陽之始皆調適相似日長其類以侵相遠言陽氣自大寒日月長溫以致大熱与大寒相遠也或熱焦沙或寒凝水故聖人謹愼其所積水出於山而入於海稼生於野而藏於廩見所始則知終矣席之先雚蕈席之先所從生出於雚与蕈蕈也樽之上玄樽樽酒器所尊者玄水俎之先生魚祭俎止肴以生魚也豆之先泰羹木豆謂之豆所盛木羹羹不調五味

此皆不快於耳目不適於口腹而先王貴之[貴之所祭宗廟]先本而後末聖人之接物千变萬軫必有不化而應化者夫寒之與煖相反大寒地坼水凝火弗爲衰其暑大熱鑠石流金火弗爲益其烈寒暑之变无損益於己質有之也[言人質不可變於火]聖常後而不先常應而不唱不進而求不退而讓隨時三年時去我走去時三年時在我後无去无就中立其所天道无親唯德是与有道者不失時與人[失時失其時非其時以与人]無道者失於時而取人直己而待命之去不可迎而反也要遮而求合時之去不可追而援也故不曰我無以爲而天下遠不曰我不欲而天下不至

古之存已者樂德而忘賤故名不動志[不以名移志也]樂道而忘貧故利不動心名利充天下足以概志故兼而能樂靜而

能澹故其身治者可與言道矣自身以上至於荒芒爾遠矣身以上從己生以前至於荒芒荒芒上古時也故遠矣自死而天地无窮爾滔矣從己身死之後至天地无窮滔蔓長也以數雜之壽雜匝也人生子從子至亥爲一匝憂天下之亂猶憂河水之少泣而益之也龜三千歲龜吐故內新故壽三千歲浮游不過三日浮游渠略也生三日死也以浮游而爲龜憂養生之具人必笑之矣故不憂天下之亂而樂其身之治也可与言道矣君子爲善不能使富必來不爲非而不能使禍无至福之至也非其所求故不伐其功禍之來也非其所生故不悔其行內脩極㥛而橫禍至者皆天也非人也故中心常恬漠累積其德狗吠而不驚自信其情故知道者不惑知命者不憂萬乘之主卒葬其骸於曠野之中祀其鬼神於明堂之上廟之中謂之明堂也神貴於形也以人神在堂而形骸在野故神制則形從神制

謂情也情欲使不作也而形躰從心以合形勝則神窮形勝謂人躰躁動勝其精神神窮而去也聰明

雖用必反諸神聰明雖用於内以守明神安而身全謂之太沖沖謂也

淮南鴻烈解卷第十四

淮南鴻烈解卷第十五

太尉祭酒臣許　慎　記上

兵略訓第十五 兵防也防乱之萌皆在略謀解喻至論用師之意也

古之用兵非利土壤之廣而貪金玉之略 略獲得也 將以存亡繼絶平天下之亂而除万民之害也凡有血氣之蟲含牙帶角前爪後距有角者觸有齒者噬有毒者螫有蹏者趹喜而相戲怒而相害天之性也人有衣食之情而物弗能足也故羣居雜處分不均求不贍則爭爭則強脅弱而勇侵怯人無筋骨之強爪牙之利故割革而為甲鑠鐵而為刃貪昧饕餮之人殘賊天下万人搔動莫寧其所有聖人勃然而起乃討強暴平亂世夷險除穢以濁為清以危為寧故不得不中絕 中絕謂若殷上中相絕滅 兵之所由來者遠矣黃帝

嘗與炎帝戰矣黃帝神農之末世也与黃帝戰於阪泉黃帝滅之顓頊嘗與共工爭矣共工与顓頊爭為帝觸不周山故黃帝戰於涿鹿之野黃帝与蚩尤戰於涿鹿涿鹿在上谷堯戰於丹水之浦堯以楚伯受命滅不義於丹水丹水在南陽舜伐有苗有苗三苗啓攻有扈禹之子啓伐有扈甘〻在右扶風郡自五帝而弗能偃也又況衰世乎夫兵者所以禁暴討亂也炎帝為火災故黃帝擒之共工為水害故顓頊誅之教之以道導之以德而不聽則臨之以威武臨之威武而不從則制之以兵革故聖人之用兵也若櫛髮耨苗所去者少而所利者多殺無罪之民而養無義之君害莫大焉殫天下之財而贍一人之欲禍莫深焉使夏桀殷紂有害於民而立被其患不至於為炮烙晉厲宋康行一不義而身死國亡不至於侵奪為暴此四君者皆有小過而莫之討也故至於攘天下攘亂

害百姓肆一人之邪而長海內之禍此大論之所不取也所爲立君者以禁暴討亂也今乘万民之力而反爲殘賊是爲虎傅翼曷爲弗除夫畜池魚者必去猵獺（猵獺之類）養禽獸者也必去犲狼又況治人乎故霸王之兵以論慮之以策圖之以義扶之非以亡存也將以存亡也故聞敵國之君有加虐於民者則舉兵而臨其境責之以不義刺之以過行兵至其郊乃令軍師曰無伐樹木毋抇墳墓毋爇五穀（爇燒）毋焚積聚毋捕民虜毋收六畜乃發號施令其國之君傲天侮鬼決獄不辜殺戮無罪此天之所以誅也民之所以仇也兵之來也以廢不義而復有德也有逆天之道帥民之賊者身死族滅以家聽者祿以家以里聽者賞以里以鄉聽者封以鄉以縣聽者侯以縣剋國不及

其民廢其君而易其政尊其秀士而顯其賢良振其孤寡恤其貧窮出其囹圄賞其有功百姓開門而待之淅米而儲之（淅漬）唯恐其不來也此湯武之所以致王而齊桓晉文之所以成霸也故君為無道民之思兵也若旱而望雨渴而求飲夫有誰與交兵接刃乎故義兵之至也至於不戰而止晚世之兵君雖无道莫不設渠塹傳堞而守（傳守也堞城上女牆）攻者非以禁暴除害也欲以侵地廣壤也是故至於伏尸流血相支以日而霸王之功不世出者自為之故也夫為地戰者不能成其王為身戰者不能立其功舉事以為人者衆助之舉事以自為者衆去之衆之所助雖弱必強衆之所去雖大必亡兵失道而弱得道而強將失道而拙得道而工國得道而存失道而亡所謂道者體員而

法方背陰而抱陽左柔而右剛履幽而戴明變化无常得一之原以應無方是謂神明夫員者天也方者地也天員而無端故不可得而觀地方而無垠故莫能窺其門天化育而無形象地出長而無計量渾渾沉沉孰知其藏凡物有朕唯道無朕言萬物可朕也而道不可朕也所以無朕者以其無常形勢也輪轉而無窮象日月之行若春秋有代謝若日月有晝夜終而復始明而復晦莫能得其紀制刑而無刑故功可成物物而不物故勝而不屈刑兵之極也至於無刑可謂極之矣是故大兵無創與鬼神通五兵不厲天下莫之敢當建鼓不出庫諸侯莫不慴㥄沮膽其處故廟戰者帝神化者王所謂廟戰者法天道也神化者法四時也脩政於境內而遠方慕其德制勝於未戰而諸侯服其威

內政治也古得道者靜而法天地動而順日月喜怒而合
四時叫呼而比雷霆音氣不戾八風詘伸不獲五度獲誤
也五度五行也下至介鱗上及毛羽條脩葉貫萬物百族由本至
末莫不有序是故入小而不偪偪迫處大而不窕浸乎金石
潤乎草木宇中六合振豪之末或曰宇中四宇也六合六合內莫不順比
道之浸洽滒淖纖微無所不在是以勝權多也夫射儀
度不得則格的不中格射之椹質也的的準也驥一節不用而千里不
至夫戰而不勝者非鼓之日也鼓之日謂陳兵擊鼓鬭之日素行無刑久
矣故得道之兵車不發軔軔車不支騎不被鞍鼓不振塵旗不
解卷卷束也甲不離矢刃不嘗血朝不易位賈不去肆農
不離野招義而責之大國必朝小城必下因民之欲乘民
之力而爲之去殘除賊也故同利相死同情相成同欲相

助順道而動天下爲嚮因民而慮天下爲鬬獵者逐禽車馳人趨各盡其力無刑罰之威而相爲斥闉要遮者（斥候也闉塞也）同所利也同舟而濟於江卒而遇風波百族之子捷捽招杼舡（捷疾取也）若左右手不以相得其憂同也故明王之用兵也爲天下除害而與萬民共享其利民之爲用猶子之爲父弟之爲兄威之所加若崩山決塘敵孰敢當故善用兵者用其自爲用也不能用兵者用其爲已用也用其自爲用則天下莫不可用也用其爲已用所得者鮮矣兵有三詆（爲大詆要事也）治國家理境內行仁義布德惠立正法塞邪隧君臣親附百姓和輯上下一心君臣同力諸侯服其威而四方懷其德脩政廟堂之上而折衝千里之外拱揖指撝而天下響應此用兵之上也地廣民衆主賢將忠國富兵

強約束信號令明兩軍相當鼓錞相望（錞錞于大鍾也）未至兵交接刃而敵人奔亡此用兵之次也知土地之宜習險隘之利明奇政之變察行陳解贖之數維抱綰而鼓之（綰貫枹係於辭以擊鼓也）白刃合流矢接涉血屬腸輿死扶傷流血千里暴骸盈場乃以決勝此用兵之下也今夫天下皆知事治其末而莫知務脩其本釋其根而樹其枝也夫兵之所以佐勝者衆而所以必勝者寡甲堅兵利車固馬良畜積給足士卒殷軫（殷衆軫乘輪多盛良）此軍之大資也而勝亡焉明於星辰日月之運刑德奇賌之數（奇賌陰陽奇祕之要非常術）背鄉左右之便此戰之助也而全亡焉良將之所以必勝者恒有不原之智不道之道難以衆同也夫論除謹（論除馬賢除吏謹慎也）動靜時吏卒辨兵甲治正行五連行伯明鼓旗此尉之官（軍尉所以尉鎮衆也）前後

知險易見敵知難易發斥不忘遺〔發有所見斥斥度候覘也〕此候之官也〔軍牒候望者也〕隧路亟〔隧道也亟言治軍遂道疾〕行輜治〔行輜道路輜重〕賦丈均〔賦治軍壘尺丈均平〕處軍輯井竈通此司空之官也〔軍司空補空脩繕者〕收藏於後遷舍不離無淫輿無遺輜此輿之官也〔輿眾也候領輿眾在軍之後者〕凡此五官之於將也猶身之有股肱手足也必擇其人技能其才使官勝其任人能其事告之以政申之以令使之若虎豹之有爪牙飛鳥之有六翮莫不為用然皆佐勝之具也非所以必勝也兵之勝敗本在於政政勝其民下附其上則兵強矣民勝其政下畔其上則兵弱矣故德義足以懷天下之民事業足以當天下之急選舉足以得賢士之心謀慮足以知強弱之勢此必勝之本也地廣人眾不足以為強堅甲利兵不足以為勝高城深地不足以為固嚴令繁

刑不足以爲威爲存政者雖小必存爲亡政者雖大必亡

昔者楚人地南卷沅湘（卷屈取也沅湘二水名）北繞潁泗（潁泗二水名也）西包巴蜀東裹郟淮（巴蜀郟淮地名）潁汝以爲洫（洫溝）江漢以爲池垣之以鄧林（鄧林沔水上險）緜之以方城（綿落也方城楚北塞也在南陽葉也）山高尋雲谿肆無景（四極也極溪之深不見景）地利形便卒民勇敢蛟革犀兕以爲甲胄脩鎩短鏦（鎩小矛也）齊爲前行積弩陪後（積弩連弩）錯車衛旁疾如錐矢（錐金鏃箭羽之矢也）合如雷電解如風雨然而兵殆於垂沙（垂沙地谷）衆破於栢舉楚國之強大地計衆中分天下然懷王北畏孟嘗君（會於齊也）背社稷之守而委身強秦（懷王入秦秦留之藍田也）兵挫地削身死不還二世皇帝（二世秦始皇少子胡亥也）勢爲天子富有天下人迹所至舟檝所通莫不爲郡縣然縱耳目之欲窮侈靡之變不顧百姓之飢寒窮匱也興萬乘之駕而作阿房

之官 阿房地名秦所築也 發閭左之戍 秦皆發閭左民未及發而秦亡也 收太半之賦 貫民之三而稅二 百姓之隨逮肆刑挽輅首路死者 隨逮應召也肆刑徒刑輅輓輦橫木也 一旦不知千萬之數天下敖然若焦熱傾然若苦烈上下不相寧吏民不相憀 憀賴 戍卒陳勝興於大澤攘臂袒右 陳勝字涉汝陰人也大澤沛蘄縣袒右脫右臂衣也 稱爲大楚而天下響應當此之時非有牢甲利兵勁弩強衝也伐棘棗而爲矜 棘棗酸棗也矜矛柄同 周錐鑿而爲刃 周內也欮矜以內鑽鑿也 剡摲筡奮儋钁 摲剡銳也钁斫也 以當脩戟強弩攻城略地莫不降下天下爲之糜沸螘動雲徹席卷方數千里勢位至賤而器械甚不利然一人唱而天下應之者積怨在於民也武王伐紂東面而迎歲 太歲在寅 至氾而水 氾之名也水有大雨水也 至共頭而墜 共頭山名在河曲共山墜隤也 彗星出而授殷人其柄 時有彗星柄在東方可以掃西人也 當戰之時十日亂於上風雨擊

於〻中然而前無蹈難之賞而後無遁北之刑白刃不畢拔而天下傳矣是故善守者無與御而善戰者無與鬭明於禁舍開塞之道乘時勢因民欲而取天下故善爲政者積其德善用兵者畜其怒德積而民可用怒畜而威可立也故文之所以加者淺則勢之所勝者小德之所施者博則威之所制者廣威之所制者廣則我強而敵弱矣故善用兵者先弱敵而後戰者也故費不半而功自倍也湯之地方七十里而王者脩德也智伯有千里之地而亡者窮武也故千乘之國行文德者王萬乘之國好用兵者亡故全兵先勝而後戰德先勝之而後乃戰湯武是也敗兵先戰而後求勝德均則衆者寡勞力敵則智者勝愚者侔則有數者禽無數侔等凡用兵者必先自廟戰主孰賢將孰能民孰附國孰治蓄

積孰多士卒孰精甲兵孰利器備孰便故運籌於廟堂之上而決勝乎千里之外矣夫有形埒者天下訟見之有篇籍者世人傳學之也此皆以形相勝者也善形者弗法也所貴道者貴其无形也無形則不可制迫不可度量也不可巧計也不可規慮也智見者人爲之謀形見者人爲之功衆見者人爲之伏器見者人爲之備動作周還倨句詘伸可巧詐者皆非善者也善者之動也神出而鬼行星耀而玄逐進退詘伸不見朕埶鸞舉麟振鳳飛龍騰發如秋風疾如駭龍龍魚也飛之疾者也當以生繫死以盛乘衰以疾掩遲以飽制飢若以水滅火若以湯沃雪何往而不遂何之而不用達在中虛神在外漠志運於無形出於不意與飄飄往與忽忽來莫知其所之與條出與間入莫知其所集卒

如雷霆疾如風雨若從地出若從天下獨出獨入莫能應圉疾如鏃矢何可勝偶一晦一明孰知其端緒未見其發固已至矣故善用兵者見敵之虛乘而勿假也追而勿舍也迫而勿去也擊其猶猶陵其與與疾雷不及塞耳（用疾雷之聲不暇復塞耳）疾霆不暇揜目善用兵若聲之與響若鏜之與鞈（鞈鞣鞞聲）眯不給撫呼不給吸當此之時仰不見天俯不見地手不麾戈兵不盡拔擊之若雷薄之若風炎之若火陵之若波敵之靜不知其所守動不知其所爲故鼓鳴旗麾當者莫不廢滯崩阤天下孰敢厲威抗節而當其前者故淩人者勝待人者敗爲人杓者死（杓所擊也）兵靜則固專一則威分決則勇心疑則北力分則弱故能分人之兵疑人之心則錙銖有餘不能分人之兵疑人之心則數倍不足

故紂之卒百萬之心武王之卒三千人皆專而一故千人同心則得千人力萬人異心則無一人之用將卒吏民動靜如身乃可以應敵合戰故計定而發分決而動將無疑謀卒無二心動無墮容已無虛言事無嘗試應敵必敏發動必亟故將以民爲體而民以將爲心心誠則肢體親刃心疑則肢體撓北心不專一則體不節動將不誠必則卒不勇敢故良將之卒若虎之牙若兕之角若鳥之羽若蚈之足蚈馬蠸也可以行可以舉可以噬可以觸強而不相敗衆而不相害一心以使之也故民誠從其令雖少無畏民不從令雖衆爲寡故下不親上其心不用卒不畏將其刑不戰守有必固而攻有必勝不待交兵接刃而存亡之機固以形矣兵有三勢有二權有氣勢有地勢有因勢將充勇

而輕敵卒果敢而樂戰三軍之衆百萬之師志厲青雲氣如飄風聲如雷霆誠積踰而威加敵人此謂氣勢硤路津關大山名塞龍蛇蟠蟠晃屈也却笠居却偃覆也笠簦羊腸道羊腸屈屈一伸發笱門發笱竹笱所以捕魚其門可入而不得出一人守隘而千人弗敢過也此謂地勢因其勞倦怠亂飢渴凍暍推其搶搶擠其揭揭擠排也搶搶欲仆也揭揭欲拔也此謂因勢善用間諜人渾之反間也審錯規慮設蔚施伏草木盛曰蔚隱匿其形出於不意敵人之兵無所適備此謂知權陳卒正前行選進退俱什伍摶前後不相撚撚蹂蹈也左右不相干受刃者少傷敵者衆此謂事權權勢必形吏卒專精選良用才官得其人計定謀決明於死生舉錯得失莫不振驚故攻不待衝隆雲梯而城拔雲梯可依雲而立所以瞰敵之城中戰不至交兵接刃而敵破明於必勝之攻也故兵不必

勝不苟接刃攻不必取不爲苟發故勝定而後戰鈐縣而後動故衆聚而不虛散兵出而不徒歸唯無一動既動則淩天振地抗泰山蕩四海鬼神移徙鳥獸驚駭如此則野无校兵（敵家之兵不來相交復也）國無守城矣靜以合躁治以持亂無形而制有形無爲而應變雖未能得勝於敵之不可得勝之道也敵先我動則是見其形也彼躁我靜則是罷其力也形見則勝可制也力罷則威可立也視其所爲因與之化觀其邪正以制其命餌之以所欲以罷其足彼若有間急塡其隙極其變而束之盡其節而朴之敵若反靜爲之出奇彼不吾應獨盡其調（言我盡之調以待敵也）若動而應有見所爲彼持後節（彼謂敵持後節敵在後使失已）與之推移彼有所積必有所虧精若轉左陷其右陂（右陂西也）敵潰而走後必可移敵迫而不動

名之曰奄遲擊之如雷霆斬之若草木燿之若火電欲疾
以遬人不及步銷車不及轉轂兵如植木弩如羊角人雖
衆多勢莫敢格諸有象者莫不可勝也諸有形者莫不可
應也是以聖人藏形於无而遊心於虛風雨可障蔽而寒〻
暑不可閉閉以其无形故也夫能滑淖精微貫金石窮至
遠放乎九天之上敫寄蟠乎黃盧之下唯无形者也善用兵
者當擊其亂不攻其治不襲堂堂之寇下擊塡塡之旗〻塡塡
旗立牢端容未可見以數相持彼有死形因而制之敵人執數動
則就陰以虛應實必爲之禽虎豹之動不入陷阱麋鹿不
動不離罝罘飛鳥不動不絓罔羅魚鼈不動不擐脣喙物
未有不以動而制者也是故聖人貴靜〻則能應躁後則
能應先數則能勝疏博則能禽缺故良將之用卒也同

其心一其力勇者不得獨進怯者不得獨退止如丘山發
如風雨所淩必破靡不毀沮動如一體莫之應圉是故傷
敵者衆而手戰者寡矣夫五指之更彈不若捲手之一挃
挃擣也萬人之更進更代也不如百人之俱至也今夫虎豹便捷
熊羆多力然而人食其肉而席其革者不能通其知而壹
其力也夫水勢勝火章華之臺燒章華楚之高臺以升勺沃而救
之雖涸井而竭池無奈之何也舉壺榼盆盎而以灌之其
滅可立而待也今人之與人非有水火之勝也而欲以少
耦衆不能成其功亦明矣兵家或言曰少可以耦衆此言
之所將非言所戰也或將衆而用寡者勢不齊也勢不齊士
不同力也將寡而用衆者用力諧也若乃人盡其才悉用其力
以少勝衆者自古及今未嘗聞也神莫貴於天勢莫便

於地動莫急於時用莫利於人凡此四者兵之幹植也然必待道而後行可一用也夫地利勝天時巧舉勝地利勢勝人故任天者可迷也任地者可束也任時者可迫也任人者可惑也夫仁勇信廉人之美才也然勇者可誘也仁者可奪也信者易欺也廉者易謀也將衆者有一見焉則爲人禽矣由此觀之則兵以道理制勝而不以人才之賢亦自明矣是故爲麋鹿者則可以罝罘設也麋鹿有兵而不能以間无術之軍也爲魚鼈者則可以罔罟取也魚鼈之兵散而不集爲鴻鵠者則可以矰繳加也鴻鵠之兵高而无被唯無形者無可奈也是故聖人藏於無原故其情不可得而觀運於無形故其陳不可得而經无法無儀來而爲之宜無名無狀變而爲之象深哉睭睭遠哉悠悠且冬且夏且春且秋上窮至高之末下測至深

之底變化消息无所疑滯建心乎窈冥之野而藏志乎九旋之淵（九旋九迴之淵至深者也）雖有明目孰能窺其情兵之所隱議者天道也所圖畫者地形也所明言者人事也所以決勝者鈐勢也故上將之用兵也上得天道下得地利中得人心乃行之以機發之以勢是以無破軍敗兵及至中將上不知天道下不知地利專用人與勢雖未必能萬全勝鈐必多矣下將之用兵也博聞而自亂多知而自疑居則恐懼發則猶豫是以動爲人禽矣今使兩人接刃巧拙不異而勇士必勝者何也其行之誠也夫以巨斧擊桐薪不待利時良日而後破之加巨斧於桐薪之上而无人刃之奉雖順招搖挾刑德（招搖斗杓也刑十二辰也德十日也）而弗能破者以其无勢也故水激則悍矢激則遠夫栝淇衛箘簵（栝箭羽若也淇衛箘簵箭之所出也）載

以銀錫（載飾也飾箭以銀）雖有薄縞之幨（縞細繒也）腐荷之櫓（荷蓮華也櫓楯矢也）然猶不能獨䠶也假之筋角之力弓弩之勢則貫兕甲而徑於革盾矣夫風之疾至於飛屋折木虛舉之下大遲自上高丘（虛舉不駕也風疾飛之下大遲復上高丘也）人之有所推也是故善用兵者勢如決積水於千仞之隄若轉員石於萬丈之谿天下見吾兵之必用也則孰敢與我戰者故百人之必死也賢於万人之必北也況以三軍之衆赴水火而不還踵乎雖誂合刃於天下誰敢在於上者（誂卒也雖卒然合與天下爭人誰敢在其上者）所謂天數者左青龍右白虎前朱鳥後玄武（角亢爲青龍參伐爲白虎星張爲朱鳥斗牛爲玄武用兵者右參伐左魯亢背斗牛鄉星張此順北斗之銓衡也）所謂地利者後生而前死左牡而右牝（高者爲生下者爲死丘陵爲牡谿谷爲牝）所謂人事者慶賞信而刑罰必動靜時舉錯疾此世傳之所以爲儀表者因也然而非

所以生儀表者因時而變化者也是故闚於堂上之陰而知日月之次序見瓶中之冰而知天下之寒暑夫物之所以相形者微唯聖人達其至故鼓不與於五音而爲五音主水不與於五味而爲五味調將軍不與於五官之事而爲五官督故能調五音者不與五音者也能調五味者不與五味者也能治五官之事者不可揆度者也是故將軍之心滔滔如春曠曠如夏湫漻如秋典凝如冬典常凝正也常正於冬也因形而與之化隨時而與之移夫景不爲曲物直響不爲清音濁觀彼之所以來名以其勝應之是故扶義而動推理而行掩節而斷割掩覆也復其節制斷割也因資而成功使彼知吾所出而不知吾所入知吾所舉而不知吾所集始如狐狸彼故輕來合如兕虎敵故奔走夫飛鳥之摯也俛其

首猛獸之攫也匿其爪虎豹不外其爪而噬不見齒故用兵之道示之以柔而迎之以剛示之以弱而乘之以強爲之以歙而應之以張將欲西而示之以東先忤而後合前冥而後明若鬼之無迹若水之無創故所鄉非所之也所見非所謀也舉措動靜莫能識也若雷之擊不可為備所用不復故勝可百全與玄明通莫知其門是謂至神兵之所以強者民也民之所以必死者義也義之所以能行者威也是故合之以文齊之以武是謂必取威儀並行是謂至強夫人之所樂者生也而所憎者死也然而高城深池矢石若雨平原廣澤白刃交接而卒爭先合者彼非輕死而樂傷也爲其賞信而罰明也是故上視下如子則下視上如父上視下如弟則下視上如兄上視下如子則必王四

海下視上如父則必正天下上親下如弟則不難爲之死下事上如兄則不難爲之亡是故父子兄弟之寇不可與鬭者積恩先施也故四馬不調造父不能以致遠弓矢不調羿不能以必中君臣乖心則孫子不能以應敵孫子名武吳王闔閭之將軍也是故內脩其政以積其德外塞其醜以服其威察其勞佚以知其飽飢故戰日有期視死若歸故將必與卒同甘苦俟飢寒故其死可得而盡也故古之善將者必以其身先之暑不張蓋寒不被裘所以程寒暑也險隘不乘士陵必下所以齊勞佚也軍食孰然後敢食軍井通而後敢飲所以同飢渴也合戰必立矢射之所及以共安危也故良將之用兵也常以積德擊積怨以積愛擊積憎何故而不勝主之所求於民者二求民爲之勞也欲民爲之死

也民之所望於主者三飢者能食之勞者能息之有功者能德之民以償其二積而上失其三望國雖大人雖衆兵猶且弱也若〻者必得其樂勞者必得其利斬首之功必全死事之後必賞死事以軍事死賞其後子孫四者旣信於民矣主雖射雲中之鳥而釣深淵之魚彈琴瑟聲鍾竽敦六博敦者致也投高壺兵猶且強令猶且行也是故上足仰則下可用也德足慕則威可立也

將者必有三隧四義五行十守所謂三隧者上知天道下習地形中察人情凡此三事者人所從蹊隧所謂四義者便国不貿兵貿程爲主不顧身見難不畏死決疑不辟罪所謂五行者柔而不可卷也剛而不可折也仁而不可犯也信而不可欺也勇而不可陵也所謂十守者神清而不可濁也謀遠而不可慕

也操固而不可遷也知明而不可蔽也不食於貨不淫於物
不嚂於辯不推於方不可喜也不可怒也是謂至於窈窈冥
冥孰知其情發必中詮言必合數動必順時解必中揍（揍理）
通動靜之機明開塞之節審舉措之利害若合符節疾如
彍弩勢如發矢一龍一地動无常體莫見其所中莫知其
所窮攻則不可守守則不可攻蓋聞善用兵者必先脩諸
己而後求諸人先爲不可勝而後求勝脩己於人求勝於
敵己未能治也而攻人之亂是猶以火救火以水應水也
何所能制今使陶人化而爲埴則不能成盆盎（陶人化爲埴陶人復變爲
埴土不能作埴土也）工女化而爲絲則不能織文錦同莫足以相治也故
以異爲奇兩爵相與鬪未有死者也鸇鷹至則爲之解
以其異類也故靜爲躁奇（有出於人）治爲亂奇飽爲飢奇佚爲勞

奇奇正之相應若水火金木之代爲雌雄也善用兵者持五殺以應（五殺五行）故能全其勝拙者處五死以貪故動而爲人擒兵貴謀之不測也形之隱匿也出於不意不可以設備也謀見則窮形見則制故善用兵者上隱之天下隱之地中隱之人隱之天者无不制也何謂隱之天大寒甚暑疾風暴雨大霧冥晦因此而爲變者也何謂隱之地山陵丘阜林叢險阻可以伏匿而不見形者也何謂隱之人蔽之於前望之於後出奇行陳之間發如雷霆疾如風雨摽巨旗（摽卷取也）止鳴鼓而出入无形莫知其端緒者也故前後正齊四方如繩出入解贖不相越淩翼輕邊利（翼軍之翼在邊而利）或前或後離合散聚不失行伍此善脩行陳者也明於音正賁陰陽刑德五行望氣候星龜策機祥此善爲天道者也設規慮

施蔚伏見用水火出珍怪鼓譟軍所以營其耳也曳梢肆柴揚塵起堨（梢小柴也堨埃）所以營其目者此善爲詐佯者也錞鉞牢重固植而難恐勢利不能誘死亡不能動此善爲充榦者也（充盈寸餘溢票）疾輕悍勇敢輕敵疾若滅沒此善用輕出奇者也相地形處次舍治壁壘審煙斥居高陵舍出處此善爲地形者也因其飢渴凍暍勞倦怠亂恐懼窘步乘之以選卒擊之以宵夜此善因時應變者也易則用車（易平地也）險則用騎涉水多弓（水中不可引弩故以弓便）隘則用弩（隘可以手弩以爲距）晝則多旌夜則多火晦冥多鼓此善爲設施者也凡此八者不可一无也然而非兵之貴者也夫將者必獨見獨知獨見者見人所不見也獨知者知人所不知也見人所不見謂之明知人所不知謂之神明者先勝者也先勝者守不

可攻戰不可勝者攻不可守虛實是也上下有隙將吏不相得所持不直卒心積不服（積怨不服之也）所謂虛也主明將良上下同心氣意俱起所謂實也若以水投火所當者陷所薄者移牢柔不相通而勝相奇者虛實之謂也故善戰者不在少善守者不在小勝在得威敗在失氣夫實則鬭虛則走盛則強衰則北

吴王夫差地方二千里帶甲七十萬南與越戰棲之會稽北與齊戰破之艾陵西遇晉公擒之黄池（智公謂平侯此也擒晉服晉）此用民氣之實也其後驕溢縱欲距諫喜諂憢悍遂過（憢勇）不可正喻大臣怨懟百姓不附越王選卒三千人擒之于隧因制其虛也夫氣之有虛實也若明之必晦也故勝兵者非常實也敗兵者非常虛也善者能實其民氣以待人之虛也

不能者虛其民氣以待人之實也故虛實之氣兵之貴者也凡国有難君自宮召將詔之日社稷之命在將軍耳今国有難願請子將而應之將軍受命乃令祝史太卜齊宿三日之太廟鑽靈龜卜吉日以受鼓旗君入廟門西面而立將入廟門趨至堂下北面而立主親操鉞持頭授將軍其柄曰從此上至天者將軍制之復操斧持頭授將軍其柄曰從此下至淵者將軍制之將已受斧鉞荅曰国不可從外治也軍不可從中御也二心不可以事君疑志不可以應敵臣既以受制於前矣鼓旗斧鉞之威臣无還請願君亦以垂一言之命於臣也君若不許臣不敢將君若許之臣辭而行乃爪鬋（鬋爪）（送終之礼去手足爪）設明衣也（明衣喪衣也在於闇冥故言明）鑿凶門而出（凶門北出門也將軍之出以喪礼處之以其必死也）乘將軍車載旌旗斧鉞累若不勝其臨敵決

戰不顧必死无有二心是故无天於上无地於下无敵於前无主於後進不求名退不避罪唯民是保利合於主国之寶也上將之道也如此則智者爲之慮勇者爲之鬬氣厲青雲疾如馳騖是故兵未交接而敵人恐懼若戰勝敵奔畢受功賞吏遷官益爵祿割地而爲調決於封外卒論斷於軍中言有罪而誅顧反於国放旗以入斧鉞報畢於君曰軍无後治乃縞素辟舍請罪於君君曰赦之退齋服大勝三年反舍大勝敵者還三年乃反故舍也中勝二年下勝期年兵之所加者必无道之国也故能戰勝而不報取地而不反民不疾疫將不夭死五穀豐昌風雨時節戰勝於外福生於内是故名必成而後无餘害矣

淮南鴻烈解卷第十五

淮南鴻烈解卷第十六

太尉祭酒臣許　慎　記上

說山訓第十六（山爲道本，仁者所処，說道之旨，委積若山，故曰說山，因以題篇）

魄問於魂曰：道何以爲體？（魄，人陰神也。魂，人陽神也。陰道祖於陽，故魄問魂道以何等形體也）曰：以無有爲體。（道无形，以无有爲體也）魄曰：無有有形乎？魂曰：無有。何得而聞也？（言无有形狀，何以可得而知也）魂曰：吾直有所遇之耳。（言遇遭遇知之耳）視之無形，聽之無聲，謂之幽冥。幽冥者，所以喻道而非道也。（似道而非道也）魄曰：吾聞得之矣。（得猶知也）乃內視而自反也。魂曰：凡得道者，形不可得而見，名不可得而揚。（揚猶稱也。揚或作象也）今汝已有形名矣，何道之所能乎？魄曰：言者獨何爲者？（魄謂魂曰：子尚无形，何故有言）吾將反吾宗矣。（宗，本也。魄言將反於无有）魄反顧，魂忽然不見，（不見魂也）反而自存，亦以淪於無形矣。（魄反而自存，亦以入於无形之中矣。形或作有也）人不

小學不大迷小斈不博不能通道故大迷也不小慧不大愚小慧不能通物故大愚也
人莫鑑於沫雨而鑑於澄水者以其休止不蕩也沫雨ミ潦上覆
瓮也澄止水也蕩動也沫雨或作流潦詹公之釣千歲之鯉不能避詹公詹何也古得道
善釣者有精之術故得千歲之鯉也曾子攀柩車引輴者為之止也曾子至孝送親
喪悲哀攀援柩車而輓者感之為之止輴棺下輪者輴讀若牛行輴ミ之輴也老母行歌而動申喜
精之至也申喜楚人也少亡其母聞乞人行歌声感而出視之則其母故曰精之至瓠巴鼓瑟而淫
魚出聽瓠巴楚人也善鼓瑟淫魚喜音出頭於水而聽之淫魚長頭身相半長丈餘鼻正白身正黑口在頷下似鬲獄魚而魚无
鱗出江中也百牙鼓琴而駟馬仰秣仰秣仰頭久吐謂馬笑也介子歌龍蛇而
文君垂泣介子介推也从晉文公重耳出奔翟遭難絶粮介子推割肌啗之公子復国賞從亡者子推獨不位故歌曰有
龍矯ミ而失其所有蛇從之而啖其口龍既升雲蛇獨泥処龍以喻文公也蛇以自喻也於是文公覺悟求介子推不得而号泣之故玉
在山而草木潤五陽中之陰也故能潤澤草木淵生珠而岸不枯珠陰中之陽也有光明故岸不枯也
螾無筋骨之強爪牙之利螾一名蜷蟮也上食晞堁下飲黃泉用

一也［晞，乾也。塿，土塵也。楚人謂之塿也。一，精專也。］清之爲明，杯水見眸子；濁之爲闇，河水不見太山。視日者眩，聽雷者聾，人無爲則治，有爲則傷。［道貴无爲，故治也；有爲則傷。道不貴有爲也，故治有爲者傷。傷，猶病也。］無爲而治者，載無也，［言无爲而能致治者，常載行其无爲。］爲者不能有也。［爲者，有爲也，有謂好憎情欲，不能恬惔靜漠，故曰不能无爲。］不能無爲者，不能有爲也。［不能行清靜無爲者，不能大有所致人，其治立其功也，故曰不能有爲也。］無言而神，［无言者，道不言也。道能化，故神也。］有言者則傷。［道不貴言，故言有傷。］無言而神者載無，［道貴无言，能致於神。載，行也，常行其无言也。］有言則傷其神之神者。［道賤有言而多反，有言故自傷其神。］

鼻之所以息，耳之所以聽，終以其無用者爲用矣。［无用者，謂鼻耳中空處也。］物莫不因其所有而用其所無，［以其所无用爲用也。］以爲不信，視籟與竽。［籟，三孔籥也。以其宮孔空處以成音也，故曰視籟與竽也。］念慮者不得臥，［詩曰：耿耿不寐，如有隱憂。又日辰轉伏枕，寤〻永歎。］止念慮則有爲其所止矣。［止猶去也。強自抑去念慮，非〻眞眞，无念慮則與物所止矣兩者俱亡則至德約矣兩者念慮與強不念慮也忘二者則神內守故至德純一也聖人終身言治所用者非其言也用所以言也非其言非其所常言也用所以言者用當所治之言歌者有詩然使人善之者非其詩也善之者善其音之清和也不善其詩故曰非其詩也鸚鵡能言而不可使長鸚鵡鳥名出於蜀郡赤喙者是其色縹綠能効人言長主也是何則得其所言而不得其所以言得其言者知効人言也不知所以長言教令之言故曰不得其所以言也故循迹者非能生迹者也循隨也隨人故迹不能創基造剏自爲新迹如鸚鵡知効人言不能自爲長主之言也神蛇能斷而復續而不能使人勿斷也神龜能見夢元王而不能自出漁者之籠宋元王夜夢見得神龜而未獲也漁者豫且捕魚得龜以獻元王元王剝以卜故曰能見夢元王而不能自出漁者之籠也四方皆道之門戶牖嚮也在所從闚之故釣可以教騎騎可以教御御可以教刺舟此四術者皆謹游加順其道故可以相教越人學遠射參天而發適在五步之內越人習水便舟而不知射射遠反直仰向天而發矢勢盡而還故近在五步之內參猶望也不易儀儀射先也言不

曉射故不知易去恭天之法也世已變矣而守其故譬猶越人之射也言其守故不知

變也月望日奪其光陰不可以乘陽也月十五日与日相望東西中繩則月食故奪月光也

羲則虧至晦則盡故曰陰不可以乘陽也日出星不見不能與之爭光也星陰也不能奪日之光也

故末不可以強於本指不可以大於臂下輕上重其覆必

易一淵不兩鮫鮫魚之長其皮有珠今世以爲刀劔之口是也一說魚二千斤爲鮫水定則清正動

則失平故惟不動則所以無不動也江河所以能長百谷者

能下之也夫惟能下之是以能上之上大也

天下莫相憎於膠漆膠漆相特不解故曰相憎一說膠入漆中則敗漆入膠亦敗以多少推之故曰相憎也而

莫相愛於冰炭冰得炭則解歸小復其性炭得冰則保其炭故曰相愛膠漆相賊冰炭相

息也墻之壞愈其立也壞反本還爲土故曰愈其立也冰之泮愈其凝也以

其反宗泮釋反水也宗本也泰山之容巍巍然高容刑去之千里不見埵

堁遠之故也埵堁猶帰蜀也埵讀似望作江淮閒人言能得耳秋毫之末淪於不測是

故小不可以爲内者大不可爲外矣小不可爲内復小於秋豪之末謂无有也无有无形者至大不可爲外也

蘭生幽宮不爲莫服而不芳性香舟在江海不爲莫乘而不浮性浄君子行義不爲莫知而止休性仁義也

夫玉潤澤而有光其聲舒揚舒緩也揚和也渙乎其有似也似君子也渙讀人謂冨貴家爲胥主之胥也無内無外不匿瑕穢无内无外表裏通也匿藏也近之而濡望之而隧夫照鏡見眸子微察秋毫明照晦冥故和氏之璧隨侯之珠出於山淵之精君子服之順祥以安寧服佩也君子佩而象之无有情欲能順善以安其身也侯王寶之爲天下正寶重也侯王重其天性若凡民之重珠玉故可以爲天下正无所阿私也

陳成子恒之劫子淵捷也陳成子將殺齊簡公使勇士十六人脅其大夫子淵捷欲與分國捷不从故曰劫之也子罕之辭其所不欲不欲王之宝也而得其所欲所欲不貪爲宝孔子

之見黏蟬者白公勝之倒杖策也（倒杖策傷其頤血流及屨而不覺言精有所在也）衛姬之請罪於桓公（衛姬衛女齊桓公夫人也桓公有伐衛之志衛姬望見桓公色而知之故請公從贖衛之罪也）子見子夏曰何肥也（道勝无情欲故肥也）魏文侯見之反披裘而負芻也（知其皮尽則毛无所傳也）兒說之為宋王解閉結也（結不可解者而能解之解之以不解）此皆微眇可以觀論者（微眇謂見始知終也）人有嫁其子而教之曰爾行矣慎無為善曰不為善將為不善邪應之曰善且由弗為況不善乎此全其天器者（器猶性也孟子曰人性善故曰全其天性）拘囹圄者以日為脩當死市者以日為短日之脩短有度也有所在而短有所在而脩也則中不平也（中心）故以不平為平者其平不平也嫁女於病消者夫死則後難復處也（以女為妨夫後人不敢娶故難復嫁處也一說女以天下人皆消不肯復嫁之也）故沮舍之下不可以坐（沮舍壞也）倚牆之傍不可以立（為點墜也）

執獄牢者無病執主也屬鬼畏之故不病罪當死者肥澤計決心之无外思一說治當死者罪已定无憂愛故肥澤也刑者多壽心無累也刑者宮人也心无情欲之累精神不耗故多壽良醫者常治無病之病故無病治正性神内守故无病也聖人者常治無患之患故無患也治也

夫至巧不用劒巧在心手故不用劒善閉者不用關楗善閉其心閉其心故不關楗也淳于髡之告失火者此其類淳于髡齊人也告其鄰突將失火使曲突徙薪鄰人不從後竟失火言者不為功救火者焦頭爛額為上客刺不備豫諭凡人不知豫閉其情欲而思得人救其禍以清入濁必困辱以濁入清必覆傾君子之於善也猶采薪者見一介掇之見青葱則拔之言无所舍也君子行善亦如之天二氣則成虹地二氣則泄藏陰陽相干二氣也人二氣則成病邪氣干正義故成病陰陽不能且冬且夏陰不能陽〻不能陰冬自為冬夏自為夏也月不知晝日不知夜言不能相兼也

善䠶者發不失的善於䠶矣而不善所䠶所䠶者死故曰不善善釣

者無所失善於釣矣而不善所釣所釣者魚也於魚不善也故有所善則有不善矣鍾之與磬也近之則鍾音充充大遠之則磬音章磬石也音清明遠聞而章著物固有近不若遠遠不如近者今曰稻生於水而不能生於湍瀨之流湍急水也紫芝生於山而不能生於盤石之上根无所植慈石能引鐵及其於銅則不行也行猶使也不能使隨也水廣者魚大山高者木脩廣其地而薄其德譬猶陶人爲器也揲挻其土而不益厚破乃愈疾愈益也疾速也揲讀揲脉之揲聖人不先風吹不先雷毀不得已而動故無累月盛衰於上則蠃蛖應於下同氣相動動感不可以爲遠月盛則蠃蛖內感故曰蠃蛖應於下月陰精也蠃蛖赤陰也故曰同氣也雖能相感故曰不可爲遠執彈而招鳥揮棁而呼狗欲致之顧反走故魚不可以無餌釣也獸不可以虛器召也召猶致也

剝牛皮鞹以爲鼓正三軍之衆然爲牛計者不若服於軛也狐白之裘天子被之而坐廟堂然爲狐計者不若走於澤言物貴於生也亡羊而得牛則莫不利也斷指而免頭則莫不利爲也故人之情於利之中則爭取大焉於害之中則爭取小焉將軍不敢騎白馬爲見識者一說曰凶服故不敢騎也傳曰晉襄公与姜戎子墨衰敗秦師於殽言其變凶服也故不敢騎白馬也亡者不敢夜揭炬爲人見之保者不敢畜噬狗保城郭居也保饒人也不敢畜噬人狗也雞知將旦鶴知夜半而不免於鼎俎鶴夜半而鳴也以无知謀不能免於鼎俎以喻將軍當兼五材不可以无權謀山有猛獸林木爲之不斬園有螫蟲藜藿爲之不采言人畏也爲儒而踞里閭儒尚礼義踞里閭非也爲墨而朝吹竽墨道尚儉不好樂縣名朝歌墨子不入吹竽非也欲滅迹而走雪中拯溺者而欲無濡是非所行而行所非今夫闔飲者非嘗不

遺飲也使之自以平則雖愚無失矣是故不同于和而可以成事者天下無之矣和猶適也求美則不得美不求美則美矣已自求美名則不得美名也而自損則有美名矣故老子曰致數輿无輿也求醜則不得醜求不醜則有醜矣不求美又不求醜則無美無醜矣是謂玄同玄天也天无所求也人能无所求故以之同也申徒狄負石自沉於淵而溺者不可以爲抗申徒狄殷末人也不忍見紂亂故有沉於淵抗高也弦高誕而存鄭誕者不可以爲常事有一應而不可循行弦高矯鄭伯之命以十二牛犒秦師而却之故曰誕而存鄭誕非正也故曰不可以爲常也人有多言者猶百舌之聲百舌鳥名也能易其舌効百鳥之声故曰百舌也以喻人雖事多言无益於事人有少言者猶不脂之户也言其不鳴故不脂之喻无声也一說不脂之户難開閉亦喻人少言語也六畜生多耳目者不詳識書著之祥善也多耳目人以爲妖哭也前人有多言而少誠實此之於不祥也百人抗浮不若一人挈而趨抗舉也浮瓠也百人共舉不如一人持之走便也物固有

衆而不若少者引車者二六而後之（轅三人兩轅六人故謂二六一說十二人）事
固有相待而成者兩人俱溺不能相拯一人處陸則可矣
故同不可相治必待異而後成（同謂君所謂可臣亦曰可君所謂否臣亦曰否猶以水濟水誰能食之是謂同故不以相治異謂齊君之可替君之否引之當道是謂異也故可以成事也）千年之松下
有茯苓上有兔絲（茯苓千歲松脂也兔絲生其上而无根一名女蘿也）上有叢蓍下
有伏龜聖人從外知內以見知隱也喜武非俠也（伏輕）喜文
非儒也好方非醫也好馬非騶也知音非瞽也知味非庖
也此有一槩而未得主名也（此六術者皆善之而未純无所適名故曰一槩而未得主名）
被甲者非爲十步之內也百步之外則爭深淺深則達五
藏淺則至膚而止矣死生相去不可爲道里（言相遠矣）楚王亡
其猨而林木爲之殘（楚王莊王旅也猨捷躁依木而処故殘林以求之）宋君亡其珠
池中魚爲之殫（殫尽）故澤失火而林憂（憂見及也）上求材臣殘

木上求魚臣乾谷上求楫而下致舩上言若絲下言若綸綸大繳也上有一善下有二譽上有三衰下有九殺衰殺皆喻踰也傳曰上之所好下尤甚焉故有九殺也大夫種知所以強越而不知所以存身自為越所殺也萇弘知周之所存而不知身所以亡亡為周所殺也知遠而不知近遠謂強越存周也近謂其身也畏馬之辟也不敢騎辟旁懼車之覆也不敢乘是以虛禍距公利也虛空不孝弟者或詈父母生子者所不能任其必孝也然猶養而長之任保范氏之敗有竊其鍾負而走者范氏范吉射范會之玄孫范鞅獻子之子昭子也敗者趙簡子伐之敗人切其鍾也一曰知伯滅范氏也鎗然有聲懼人聞之遽掩其耳憎人聞之可也自掩其耳悖矣悖惑升之不能大於石也升在石之中夜之不能脩於歲也夜在歲之中仁義之不能大

於道德也仁義在道德之包 仁義小道德大也在道德包裹猶升在斛之中夜在歲之內也 先針而後縷可以成帷先縷而後針不可以成衣針成幕蔂成城事之成敗必由小生言有漸也 幕帷也上曰幕旁曰帷縷非針无以通故冝先也蔂土籠也始一蔂以上於城故曰事之成敗必由小生

涂者先青而後黑則可先黑而後青則不可工人下漆而上丹則可下丹而上漆則不可万事猶此所先後上下不可不審 審知 水濁而魚噞 魚短氣黃噞出口於水上 形勞則神乱 形乱神不治也

故國有賢君折衝万里 衝兵車所以衝突敵城也言賢君德不可伐故能折於遠敵之衝車於千里之外使敵不敢至也魏文侯礼下段干木而秦兵不敢至此之謂也

因媒而嫁而不因媒而成 媒人以礼成為室家也 因人而交不因人而親 以德親也 行合趨同千里相從 雖遠必至 趣不合行不同對門不通 詩所謂室邇人遠故曰對門不通也

海水雖大不受胔芥日月不應非其氣〔陽燧取火方諸取水氣相應也非此不得故曰不應非其氣也〕君子不容非其類也人不愛倕之手而愛已之指〔倕讀詩惴〻其慄之惴也倕堯之巧工也雖倕巧人不能以倕巧故愛其手也謂倕手无益於已故自愛其指也〕不愛江漢之珠而愛已之鉤〔江漢雖有美珠不為已用故不愛也鉤釣也可以得魚故愛之也〕以束薪為鬼以火煙為氣以束薪為鬼朅而走〔夜行見束薪以為鬼故去而走〕以火煙為氣殺豚烹狗〔以火煙為吉凶之氣殺牲以攘之惑也〕先事如此不如其後〔此先事之人也如此不如徐徐出其後也〕巧者善度知者善豫〔豫備也〕羿死桃部不給射慶忌死劍鋒不給搏〔桃部地名羿夏之諸侯有窮君也為弟子逄蒙所殺不及攝已而射也搏徒也慶忌吳王僚之子也要離為闔閭刺之故死劍不及設其捷疾之力〕滅非者戶告之曰我實不與我諛亂謗乃愈起止言以言止事以事譬猶揚堁而弭塵抱薪而救火〔止言當以嘿止事當以卜今以言止言以事止事猶揚堁止塵塵愈起抱薪救火〻愈熾也〕流言雪汙譬猶以涅拭素也〔流放也雪除也涅黑也素白也〕

矢之於十步貫兕甲於三百步不能入魯縞騏驥一日千里其出致釋駕而僵（釋駕僵仆也猶矢於三百步不能穿魯縞言力竭勢尽也）大家攻小家則爲暴大國并小國則爲賢（夏世不能尚德苟任勞力而以辟土折境并兼入国爲賢也）小馬非大馬之類也小知非大知之類也（小馬不可以進道致千里故得与大馬同類小知不可以治世長民故不得与大知同類也）被羊裘而賃固其事也貂裘而負籠甚可怪也（籠土籠也）以絜白爲汚辱譬猶沐浴而抒溷薰燧而負彘（燒薰自香楚人謂之薰燧也）治疽不擇善惡醜肉而并割之農夫不察苗莠而并耘之豈不虛哉壞塘以取龜發屋而求狸掘室而求鼠割脣而治齲桀跖之徒君子不與（本事所施如是者則桀跖之徒也君子不与也）殺戎馬而求弧理援兩鼈而失靈龜斷右臂而爭一毛折鏌邪而爭錐力用智如此豈足高乎（高猶貴也）

寧百刺以針无一刺以刀寧一引重无久持輕寧一月飢无一旬餓飢食不足餓困乏也萬人之蹪愈於一人之隧楚人謂躓爲蹪愈勝也隧陷也有譽人之力儉者舂至旦不中員呈猶謫之察之乃其母也謫責怒也稱譽人力儉呈作不中科員而責怒也君子視之乃自呈作其母以爲力快以此譽人孰如毀之故諺曰問雖毀之小人譽之此之謂也故小人之譽人反爲損損毀

東家母死其子哭之不哀西家子見之歸謂其母曰社何愛速死吾必悲哭社江淮謂母爲社社讀雖家謂公爲阿社之社也夫欲其母之死者雖死亦不能悲哭矣謂學不暇者雖暇亦不能學矣言有事務不暇學如此曹人雖閑暇无務亦不能學也

見窾木浮而知爲舟見飛蓬轉而知爲車見鳥迹而知著書以類取之窾空讀曰科也

以非義爲義以非禮爲禮譬猶倮走而追狂人盜財而予

乞者竊簡而寫法律，蹲踞而誦詩書，割而舍之，鏌邪不斷肉；執而不釋，馬氂截玉。氂，馬尾也。聖人無止，無以歲賢昔，日愈昨也。賢愈猶勝，互文言今歲勝於昔歲，今日勝於昨日，喻聖人自脩進也。馬之似鹿者千金，天下無千金之鹿；玉待礛諸而成器，礛諸，攻玉之石，言物有待賤而貴者也。礛廉，或直言藍也。有千金之璧，而無錙錘之礛諸。六銖曰錙，八銖曰錘，言其賤也。受光於隙照一隅，受光於牖照北壁，受光於戶照室中無遺物，況受光於宇宙乎！天下莫不藉明於其前矣。由此觀之，所受者小則所見者淺，所受者大則所照者博。四方上下曰宇，往古來今曰宙，謂四極之內天地之間，故天下莫不借明於日月之前。江出岷山，河出崐崘，濟出王屋，潁出少室，漢出嶓冢，已說在地形也。分流舛馳，注於東海，所行則異，所歸者一。一，同也。通於學者，若車軸轉轂之中，不運於已，與之致千里，終而復始，轉无窮之源不通於學者若迷惑告之以東西南北所居聆聆聆〻猶了了諦迷解也背而不得不知凡要背而不得更復惑故曰不知凡要也寒不能生寒熱不能生熱不寒不熱能生寒熱故有形出於無形未有天地能生天地者也至深微廣大矣初未有天地生天地故无形生有形也雨之集無能霑待其止而能有濡集下比其至未能有所霑止者所至故能有濡時矢之發無能貫待其止而能有穿唯止能止衆止止謂矢止乃能穿物一曰止已情欲乃能止歸衆物令不得已乎因高而爲臺就下而爲池各就其勢不敢更爲聖人用物若用朱絲約芻狗若爲土龍以求雨芻狗待之而求福求猶得待芻狗之靈而待福也土龍待之而得食土龍致雨〻而成穀故得待土龍之神而得穀食一說土龍待請雨之所得食酒肉者也

魯人身善制冠妻善織履徃徙於越而大困窮以其所脩

而遊不用之鄉譬言若樹荷山上荷水菜芙蕖其莖曰茄其本曰蔤其根曰藕其華曰芙蓉其秀者曰菡萏其實曰蓮〻之茂者花〻之中心曰薏幽州揔謂之光荷讀如燕人強秦言胡同也而畜火井中探鈎上山揭斧入淵欲得所求難也方車而蹠越乘桴而入胡方出蹠至桴茷一日欲言非其所宜也欲无窮不可得也无求之處也

楚王有白蝯王自射之則搏矢而熙熙戲使養由其射之始調弓矯矢未發而蝯擁柱號矣由其楚王之臣養姓調張矯直擁抱號呼幽通賦曰養流睇而蝯號是也有先中之者也有先未中必中之徵精相動也

咼氏之璧夏后之璜揖讓而進之以合歡夜以投人則爲怨時與不時不時謂夜咼古和字

畫西施之面美而不可說規孟賁之目大而不可畏君形者亡焉生氣者人形之君規畫人形无有生氣故曰君形亡

人有昆弟相分者无量多不可計而衆稱義焉夫唯無量故

不可得而量也登高使人欲望臨深使人欲闚處使然也射者使端釣者使人恭事使然也立然後中恭然後得故曰事使然也曰殺罷牛可以贖良馬之死莫之為也殺牛必亡之數牛者所以殖穀者民之命是以王法禁殺牛民犯禁殺之者誅故曰必亡之數以必亡贖不必死未能行之者矣季孫氏劫公家魯大夫季桓子斯一曰康子肥奪定公而專其政傳曰祿之去公室孔子說之先順其所為而後與之入政曰與枉與直如何而不得與直與枉勿與遂往直順其謀而從勿遂大與同小此所謂同汚而異塗者

衆曲不容直衆枉不容正故人衆則食狼狼衆則食人欲為邪者必相明正欲為曲者必達直公道不立私欲得容者自古及今未嘗聞也此以善託其醜託寄若麗姬欲殺太子申生先辭之於獻公然後得行其害此其類也衆議成林無翼而飛衆人皆議平地生林无翼之為能飛凡人信之以為

寶然也

三人成市虎三人從市中來皆言市中有虎市非虎一處而人信以爲有虎故曰言人成市虎

里橈椎橈弱一人之人皆有能屈推者人則信之也夫游没者不求沐浴已自足

其中矣故食草之獸不疾易藪疾患水居之蟲不疾易水

行小變而不失常小變易水易草草食故食草水君故水中故曰不疾失其常也信有非禮

而失禮尾生死其梁柱之下此信之非者尾生魯人与婦人私期橋梁之下故尊其誓言水至不去没溺而死故曰信之非也

孔氏不喪出母此禮之失者礼廢子喪出母耆孔氏子上名白仲尼曾孫孔伋之子後出子白之母卒於外祀曰子上之母死不喪門人問諸子思曰子先君其喪出母乎曰然子不使白何也曰昔吾先君无所失道隆從而隆道污從而污伋則安能及乎是不爲伋妻是不爲白也母孔氏之不喪出母自子思始故曰孔氏之失也

曾子立孝不過勝母之閭墨子非樂不入朝

歌之邑曾子立廉不飲盗泉所謂養志者也紂爲象箸而

箕子唏見象箸知當復作玉杯有玉杯必有熊蹯豹胎以極庶侈故箕子爲之驚號啼也魯以偶人葬而

孔子歎惡其象人而用之知後世必用殉故孔子爲之長歎也故聖人見霜而知冰見微霜降太寒至必堅冰也

有鳥將來張羅而待之得鳥者羅之一目也今為一目之羅則無時得鳥矣今被甲者以備矢之至若使人必知所集則懸一札而已矣事或不可前規物或不可慮卒然不戒而至故聖人畜道以待時道能均化無不稟受故聖人畜養以待時時至而應若武王伐紂矣髡屯犂牛既𤛓以犄決鼻而羈髡屯醜牛貌犂牛不純色𤛓無角犄無尾決鼻羈頭而牽生子而犧尸祝齋戒以沈諸河犧者牲尸祭神之主祝祈福祥之辭祀河曰沈河伯豈羞其所從出辭而不享哉詩曰采葑采菲無以下體是論語曰犂牛之子騂且角雖欲勿用山川其舍諸

得萬人之兵不如聞一言之當當謂明天時地利知人之言可以不戰屈人之兵

得隋侯之珠不若得事之所由得咼氏之璧不若得事之所適由用適宜適也撰良馬者非以逐狐狸將以射麋鹿砥利劍者非以斬縞衣將以斷兕犀故高山仰止景行行止鄉者

其人言者高山我仰而止之人有大行我則而行之故曰鄉者其人見彈而求鴞炙彈可以彈鴞鳥而我因望其求炙也見卵而求晨夜雞知將旦鶴知夜半見其卵因望其夜鳴故曰求晨夜見麛而求成布雖其理哉亦不病暮麛麻之有實者可以爲布因求其成故曰雖其理哉亦不病暮言其早也麛謂傅曰有蜚不爲災之蜚象解其牙不憎人之利之也利猶取也死而棄其招簣不怨人取之招簣死者浴床上棜杝怨亦憎互文耳簣讀功績之績也人能以所不利利人則可所不利若子罕不利玉人之寶利若玉人自得玉以爲寶故曰可

狂者東走逐者亦東走東走則同所以東走則異溺者入水拯之者亦入水入水則同所以入水者則異異其不溺故聖人同死生愚人亦同死生聖人之同死生通於分理愚人之同死生不知利害所在

徐偃王以仁義亡國國亡者非必仁義徐國今下邳徐僮是偃謚居衰亂之世脩

行仁義爲楚文王所滅滅者多以不義故曰亡国不必仁義比干以忠靡其體被誅者非必忠也比干以忠諫紂而誅之出見諫者多以不忠故曰被誅者非必忠故寒者顫懼者亦顫此同名而異實同名於顫異者寒與懼顫讀天寒凍顫之顫字亦自如此

明月之珠出於蛖蜄周之簡圭生於垢石珠有夜光明月生於蛖中簡圭大圭美玉出於石中故曰生垢石大蔡神龜出於溝壑大蔡元龜之所出地名因名其龜爲大蔡臧文仲所居蔡是萬乘之主冠錙錘之冠履百金之車六銖曰錙八兩曰錘言賣盡少物有賤而在上有貴而在下車或作履也牛皮爲鼓正三軍之衆鼓声氣故可以齊三軍之衆也

欲學歌謳者必先徵羽樂風徵南方火羽北方水五音正樂正得失理情性動天地感鬼神莫近於詩樂風者上以風化下下以風刺上故謂之風也欲美和者必先始於陽阿采菱陽阿采菱樂曲之和声百陽阿古之名能善和也○此皆斈其所不斈而欲至其所欲學者

燿蟬者務在明其火釣魚者務在芳其餌明其火者所

以燿而致之也芳其餌者所以誘而利之也燿明芳香明火香餌則蟬魚至以言治国明其德美其政天下之人如蟬魚歸明火香餌也欲致魚者先通水欲致鳥者先樹木水積而魚聚木茂而鳥集好弋者先具繳與矰繳大綸矰短矢繳所以繫矰者繳射射注飛鳥詩云弋鳧與鴈也好魚者先具罟與罛罛細網傳曰數罟不入洿汙池罛大網詩云施罟濊濊鱣鮪發發是也未有先其具而得其利言未見君无道而能得民心也遺人馬而解其羈靮遺人車而稅其轙轙所以縛衡也所愛者少而所亡者多故里人諺曰烹牛而不鹽敗所爲也亨羹不与監不成羹故曰敗所爲礼記曰客絮羹主人辭不能亨知亨爲羹也桀有得事謂知作瓦以蓋屋遺後世也堯有遺道遺失謂不能放四凶用十六相是其一說不傳丹朱而禪舜天下有不慈之名故曰有遺道也嫫母有所美嫫母古之醜女而行貞正故曰有所美嫫讀模範之模西施有所醜西施古之好女也雖容儀光艷未必貞正故曰有所醜也故亡國之法有可隨者治国之俗有可非者有可隨猶嫫母有所

美有可非猶西施有所醜琬琰之玉在洿泥之中雖廉者弗釋琬琰美玉釋舍弊箄甑瓾在袇茵之上雖貪者不搏瓾甑帶搏取瓾讀鼃黽之黽也美之所在雖汚辱世不能賤惡之所在雖高隆世不能貴世不能賤者喻賢者在下位卑汚之處世不能貴者喻小人在上位高顯之處春貸秋賦民皆欣春飢而予秋豐而收故民欣也春賦秋貸衆皆怨得失同喜怒爲別其時異也爲魚德者非挈而入淵爲蝯賜者非負而緣木縱之其所而已喻爲政官方定物能文者居文官能武者居武官故曰縱之其利而已也貂裘而雜不若狐裘而粹雜猶駁粹純也故人莫惡於無常行无常行猶論語人而无恒不可作爲巫醫故曰惡矣有相馬而失馬者失猶不知猶良馬猶在相之中良馬有夭壽骨法非能相不知故曰在相之中今人放燒或操火往益之或接水往救之兩者皆未有功而怨德相去亦遠矣郢人有買屋棟者求大三圍之木郢楚都在今江陵北郢是也棟穩太村而人予車轂跪

而度之巨雖可而長不足（巨大也長不足言其短）蘧伯玉以德化（伯玉衛大夫蘧瑗趙簡子將伐衛使史黯往視之曰蘧伯玉爲政未可以加兵故曰德化也）公孫鞅以刑罪所極一也（公孫鞅衛公子叔痤之子自魏奔秦相孝公制相坐法故曰以刑罪秦封爲商君因曰商鞅商在京兆東南瑗以德化鞅以刑故曰所極一也）病者寢席（寢臥席蓐）醫之用針石巫之用糈藉所救鈞也（醫師在男曰覡在女曰巫石針所砭彈人癰痤出其惡血糈米所以享神藉管茅皆所以療病求福祚故曰救鈞）狸頭愈鼠雞頭已瘻（鼠齧人創狸愈之瘻頭睫疾雞頭水中芡幽州謂之鴈頭亦愈之也）蝱散積血斲木愈齲此類之推者也（推行也）膏之殺鼈鵲矢中蝟（中亦殺矣）爛灰生蠅（爛腐）漆見蟹而不乾此類之不推者也（乾燥）推與不推若非而是若是而非孰能通其微

天下無粹白狐而有粹白之裘掇之衆白也善學者若齊王之食雞必食其蹠數十而後足（跖雞足蹠喻學取道衆多然後優）

刀便剃毛至伐大木非斧不剋（剋截）物固有以寇適成不逮者視方寸於牛不知其大於羊總視其體乃知其大相去之遠（遠猶多也）孕婦見兎而子缺脣見麋而子四目小馬大目不可謂大馬大馬之目眇所謂之眇馬物固有似然而似不然者故決指而身死（決傷）或斷臂而顧活（顧反）類不可必推厲利劍者必以柔砥（柔濡）擊鍾磬者必以濡木轂強必以弱輻兩堅不能相和兩強不能相服故梧桐斷角馬氂截玉（言柔勝剛）媒但者非學謾他但成而生不信（但猶詐也）立懂者非學鬭爭懂立而生不讓故君子不入獄爲其傷恩也不入市爲其侳廉（侳辱）積不可不慎者也

走不以手縛手走不能疾飛不以尾屈尾飛不能遠物之用者必待不用者故使止見者乃不見者也使鼓鳴者不

鳴也（不鳴乃无聲也）嘗一臠肉知一鑊之味（有足曰鼎无足曰鑊）懸羽與炭而知燥溼之氣（燥故炭輕溼故炭重）以小明大見一葉落而知歲之將暮睹瓶中之冰而知天下之寒以近論遠（論知也）三人比肩不能外出戶（戶不容故）一人相隨可以通天下（言不並也）足躡地而爲迹暴行而爲影此易而難（躡足履地迹自成行日中影自生是其易使迹正影直是其難也）莊王誅里史孫叔敖制冠浣衣（里史佞臣惡人死叔敖自知當見用故制冠浣衣）文公棄荏席後黴黑咎犯辭歸（晉文棄其臥席之下黴黑者咎犯感其捐舊物因曰臣從君周旋臣之罪多矣臣猶自知之況君乎請從此亡故曰辭歸）故桑葉落而長年悲也（桑葉時既茹落長年懼命盡故感而悲也）鼎錯日用而不足貴（錯小鼎雖日見用不能和五味故不足貴）周鼎不爨而不可賤（周家大鼎不日炊火以休朱而能和味故曰不可賤）物固有以不用而爲有用者（不用謂鼎不爨爲用謂調五味）地平則水不流重鈞則衡行不

傾流行邪也傾物之尤必有所感尤過輕重則衡低昂故曰必有所感感動也物固有以不用爲大用者衡行物物所不用然後用之乃知物之輕重故曰以不用爲大用也先倮而浴則可以浴而倮則不可先祭而後饗則可禮食必祭示有所先饗猶食也先饗而後祭則不可爲不敬故曰不可也物之先後各有所宜也祭之日而言狗生取婦夕而言衰麻置酒之日而言上冢皆所不宜渡江河而言陽侯之波陽陵國侯溺死其神能爲大波爲人作害因號陽侯之波舟人所不欲言或曰知其且赦也而多殺人不仁或曰知其且赦也而多活人乃仁人也其望赦同所利害異故或吹火而滅所以吹者異也

烹牛以饗其里而罵其東家母德不報而見殆殆危害也文王汙膺鮑申傴背以成楚國之治文王楚武王子熊貲汙膺陷胷鮑申楚相傴背僂戍治言賢也裨諶出郭而知以成子產之事裨諶鄭大夫謀于野則獲謀于國則否鄭

國有難子産戴知野與議四國之事故曰成子産之事論語曰裨諶草創之世叔討論之東里子産潤色之

侏儒問徑天高于脩人脩人曰不知曰子雖不知猶近之於我故凡問字必於近者（脩人長人也）寇難至躄者告盲者盲者負而走兩人得活得其所能也故使盲者語使躄者走失其所也郳人有鬻其母為請于買者曰此母老矣幸善食之而勿苦（郳楚邾鬻賣也食養也）此行大不義而欲為小義者

介蟲之動以固（介甲龜鼈之屬動行）貞蟲之動以毒螫（貞蟲細腰蜂蜾蠃之屬無牝牡之合曰貞而有毒故能螫讀解釋之釋也）熊羆之動以攫搏（攫撥熊羆多力故能撥攫有所摶也）兕牛之動以觝觸（兕獸名有角牛犂牛）物莫措其所脩而用其所短也（措置）

治國者若鎒田去害苗者而已今沐者墮髮而猶為之不止以所去者少所利者多砥石不利而可以利金（金刀劍之屬也）擻不正而可以正弓（擻弓之掩床讀曰檠）物固有不正而可以正不

利而可以利不正者檠正者弓也不利者砥利者金也
力貴齊知貴捷得之同邀為上齊讀蒜齏之齏齊捷背疾勝之同遲為
下所以貴鏌邪者以其應物而断割也劗靡勿釋牛車
絶轔劉切楚人謂門切之轔車行其上則断之孟子曰城門之軌非兩馬之力轔讀近蘭急舌言之乃得也為孔子
之窮於陳蔡而廢六藝則惑六藝礼樂射御書數為醫之不能自治
其病病而不就藥則勃矣不擇於事曰勃也

淮南鴻烈解卷第十六

淮南鴻烈解卷第十七

太尉祭酒臣許慎記上

說林訓第十七

木叢生曰林說萬物承阜若林之聚矣故曰說林因以題篇也

以一出之度制治天下譬猶客之乘舟中流遺其劒遽契其舟桅契刻桅船弦板隨劒於中流刻下船弦言其於此下失劒桅讀如左傳襄王出居鄭地氾之氾也暮薄而求之其不知物類亦甚矣日暮薄岸而止求劒於其所刻桅下故曰不知物類夫隨一隅之迹而不知因天地以游惑莫大焉隨一隅之迹刻桅之類或無有大於此也雖時有所合然而不足貴也譬若旱歲之土龍疾疫之芻靈是為帝者也土龍以求雨芻狗以求福時見貴也曹氏之裂衣布蛷者貴之然非夏后氏之璜楚人名命為曹今俗間以始織布繫著其旁謂之曹布燒以傳蛷蛷瘡則愈故蛷者貴之半壁曰璜璜以發衆國家之寶故曰然非夏后氏之璜也無古無今無始無終未有天地而生天地至深微廣大矣言其深微廣大故能生天地也

足以履足者淺矣然待所不履而後行履足履持所履而行者則不得行故曰待所不履而後行智所知者褊矣然待所不知而後明褊狹知所知所不知以成明矣游者以足蹶以手抹不得其數愈蹶愈敗愈益敗猶沒也及其能游者非手足者矣不用手足而自游也鳥飛反鄉兔走歸窟狐死首丘寒將翔水各哀其所生寒將水鳥哀猶愛也毋貽亡目者鏡毋予躄者履毋賞越人章甫非其用也賞遺章甫冠越人斷髮無用冠為椎固百柄不能自椓目見百步之外不能自見其眦喻人能有所為而不能自為也狗彘不擇甂甌而食偷肥其體而顧近其死偷取也顧反肥則身之故近其死也鳳皇高翔千仞之上故莫之能致七尺曰仞非聖德君不致故曰莫之能致也月照天下蝕於詹諸騰蛇游霧而殆於蝍蛆詹諸月中蝦蟇食月故曰食於詹諸殆猶畏蝍蛆蟋蟀爾雅謂之蜻蛚之大腹也上蛇蛇不敢動故曰殆於蝍蛆也烏力

勝日而服於鵻禮能有脩短也烏在日中而見故曰勝日服猶畏鵻禮爾雅謂䳕甾秦人謂之
祀祝鬭鸒時晨鳴人舍者鴻爲皆畏之故曰能有脩短也
莫壽於殤子而彭祖爲夭矣生寄死歸殤子去所寄歸所下故曰以爲壽彭祖蓋楚先壽四
百歲不早歸故曰以爲夭論語曰竊比我於老彭蓋謂是一說彭祖蓋黃帝時李仙者言不如殤子早歸神明矣
短綆不可以汲深器小不可以盛大非其任也任讀勘任之任怒出
於不怒爲出於不爲不怒乃是怒下爲乃是爲也
視於無形得其所見矣聽於無聲則得其所聞矣言皆易恤无聲
故得有聞
至味不慊至言不文至樂不笑至音不叫大匠不斲大豆不
具大勇不鬭慊快叫謼呼不斲不自斲削豆籩簋籩比之器大勇人鬭自畏之不復鬭也得道而德從
之矣譬若黃鍾之比宮大簇之比商無更調焉更改也
以瓦鉒者全以金鉒者跋以玉鉒者發鉒謂彖金之銅柱餘之鉒鉒者提馬雒家

謂之投翮金者金步除跋者刺跋走發者疾迅發讀射百發之發是故所重者在外則內為之掘所重謂金与玉掘律氣不安翔逐獸者目不見太山見獸而已嗜慾在外則明所蔽矣蔽者見利之物不見其害也聽有音之音者聾聽無音之音者聽不聾不聽與神明通卜者操龜筮者端策以問於數安所問之哉策四十九策可以占吉凶可以問於數〻欲卜筮者也舞者舉節坐者不期而拚皆如一所極同也日出湯谷入千虞淵莫知其動須臾之間俛人之頸俛猶戾也人莫欲學御龍而皆欲斈御馬莫欲學治鬼而皆欲斈治人急所用也御龍治鬼不益世用故以御馬治人為急務矣解門以為薪塞井以為臼人之從事或時相似以或有也相似似於愚水火相憎鏏在其間五味以和鏏小鼎一曰鼎无耳為鏏〻讀曰彗鏏受水而火炊之故曰在其間

五〇二

骨肉相愛讒賊閒之而父子相危楚平王晉獻公是也夫所以養而害所養譬猶削足而適履殺頭而便冠所以養喻讒賊害在養喻骨肉殺亦殺之頭大冠小不相宜削殺其頭以便其冠愚之至頭或作頤昌羊去蚤虱而來蛉窮昌羊昌蒲蛉窮蚰蜒入耳之虫也除小害而致大賊故小快害大利牆之壞也不若無也然逾屋之覆不若其无為牆屋之覆為毀屋牆之壞更為土歸於本故曰逾屋之覆璧瑗成器礛諸之功礛諸治玉之石詩云他山之石可以為錯礛讀一曰廉氏之廉鏌邪斷割砥礪之力力亦功互文也狡兔得而獵犬烹高鳥盡而強弩藏烹猶殺藏猶殘喻不復用也虻與驥致千里而不飛無糗糧之資而不飢失火而遇雨失火則不幸遇雨則幸也故禍中有福也鬻棺者欲民之疾病也畜粟者欲歲之荒飢也荒大飢穀不熟水靜則平平則清清則見物之形弗能匿也故可以為正匿猶逃也川竭而谷虛虛无水也丘夷而淵塞夷平塞滿脣竭而齒寒河水之

深其壤在山（言非一朝一夕）釣之縞也一端以爲冠一端以爲絲冠則戴致之絲則履蹍之知己者不可誘以物（物不能惑）明於死生者不可卻以危（危无能懼之）故善游者不可懼以涉（涉不能溺）親莫親於骨肉節族之屬連也（骨肉謂一人之身故曰節族之連也）心失其制乃反自害（言心失制度則自害身也）況疏遠乎（疏遠喻他人也）聖人之於道猶葵之與日也雖不能與終始哉其鄉之誠也（鄉仰誠實）官池涔則溢旱則涸（涔多雨也）江水之原淵泉不能竭（竭盡也）蓋非橑不能蔽日輪非輻不能追疾然而橑輻未足恃也金勝木者非以一刃殘林也土勝水者非以一墣塞江也躄者見虎而不走非勇勢不便也傾者易覆也倚者易軵也幾易助也溼易雨也（幾近軵讀軵揖之軵近也）

設鼠者機動釣魚者泛杭任動者車鳴也（動發之則得鼠泛釣浮杭動之則得魚任者輦言云我任我輦）芻狗能立而不能行蛇牀似蘼蕪而不能芳（蛇牀臭蘼蕪香）謂許由無德烏獲無力莫不醜於色（醜猶怒曰愧也）人莫不奮于其所不足（奮厲也）以兔之走使大如馬則逮日歸風（言其妄也）及其爲馬則又不能走矣冬有雷電夏有霜雪然而寒暑之勢不易小變不足以防大節

黃帝生陰陽（黃帝古天神也始造人之時化生陰陽）上駢生耳目桑林生臂手（上駢桑林皆神名）此女媧所以七十化也（女媧王天下者也七十變造化也此言造化治世非一人之功）終日言必有聖之事百發之中必有羿逢蒙之巧然而世不與也其守節非也（非者非其眞也）牛蹏彘顱亦骨也而世弗灼必問吉凶於龜者以其歷歲久矣

近敖倉者不爲之多飯臨江河者不爲之多飲其滿腹而

已（敖倉古常滿倉在滎陽北）

蘭芝以芳未嘗見霜（芳香）鼓造辟兵壽盡五月之望（鼓造蓋謂梟一日蝦蟇今出人五月望作梟羹亦作蝦蟇羹言物不當為用）舌之與齒孰先龍也（龍摩尽也）錞之與刃孰先弊也（矜下銅鐏也錞不朽而刃先弊錞讀頓首之頓）繩之與矢孰先直也（矢箭）

今鱓之與蛇蠶之與蠋狀相類而愛憎異（人愛鱓与蠶畏蛇与蠋故曰異也）

晉以垂棘之璧得虞虢（説在膏俗篇也）驪戎以美女亡晉國（美女驪姬也亡猶乱）聾耳者不歌無以自樂盲者不觀無以接物（接猶見也）

觀射者遺其藝（藝事）觀書者忘其愛意有所在則忘其所守古之所為不可更則推車至今無蟬匷（蟬匷車類讀如孔子射於矍相氏之矍）

使但吹竽使氏厭竅雖中節而不可聽（但古不知吹人但讀燕言鈕同也）無其君形者也（君宮主也）與死者同病難為良醫與亡国同道難

與爲謀（謀或作謨也）爲客治飯而自藜藿名尊於實（尊重享仁義之名重於治飯之實也）乳狗之噬虎也伏雞之搏狸恩之所加不量其力使景曲者形也（形曲則影曲也）使響濁者聲也（聲濁則響音濁也）情泄者中易測（不閉其情欲發泄于外故其中心測度知也）華不時者不可食也（華實若今八九月食晩瓜令人病虐此之類故曰不食喻人多言不時適不可聽用也）蹠越者或以舟或以車雖異路所極一也（蹠至極亦至互文耳一同也）佳人不同體美人不同面而皆說於目（佳美）梨橘棗栗不同味而皆調於已（謂適）人有盜而富者富者未必盜有廉而貧者貧者未必廉蔐苗類絮而不可爲絮（蔐苗荻秀楚人謂之蔐蔐讀敵戰之敵幽冀謂之荻茗也）黂不類布而可以爲布（黂麻之有實者黂讀左傳有蜚不爲災之蜚也）

出林者不得直道行險者不得履繩（繩道亦直）羿之所以射遠中微者非弓矢也造父之所以追速致遠者非轡銜也海內其所出故能大（霤雨出於海復隨溝瀆還入故曰內其所出）輪復其所過故能遠（其所過轉不止）

羊肉不慕螘螘慕於羊肉羊肉羶也醯酸不慕蚋蚋慕於醯酸

嘗一臠肉而知一鑊之味懸羽與炭知燥溼之氣以小見大以近喻遠十頃之陂可以灌四十頃（畜水曰陂）而一頃之陂可以灌四頃大小之哀然（哀差也）

明月之光可以遠望而不可以細書甚霧之朝可以細書而不可以遠望尋常之外畫者謹毛而失貌（謹悉微毛留意於小則失其大貌）射者儀小而遺大（儀望小処而射之故能中事各有宜）

治鼠穴而壞里閭，潰小皰而發痤疽。皰面氣也痤疽癰也若珠之有纇，玉之有瑕，置之而全，去之而虧。置其纇瑕榛巢者處林茂，安也；窟穴者託埵防，便也。埵防高処防限也王子慶忌足躡麋鹿，手搏兕虎，置之冥室之中，不能搏龜鼈，勢不便也。慶忌吳王僚之子也湯放其主而有榮名，湯契後十二世王癸之子履放其主謂伐桀爲民除害故有榮名也崔杼弑其君而被大謗，崔杼齊大夫崔野之子弑君齊莊公也所以爲之則同，其所以爲之則異。所以爲則同湯弑君以利與民杼以利与身故曰異呂望使老者奮，呂望鼓刀釣魚年七十始學讀書九十爲文王作師佐武王伐紂成王封之於齊故老者慕之而自奮厲項託使嬰兒矜，以類相慕。項託年七歲窮難孔子而爲之作師故使小兒之疇自矜大也使葉落者，風搖之；使水濁者，魚撓之。虎豹之文來射，虎豹以有文章來使人射取之蝯狖之捷來乍。蝯狖屬仰鼻而長尾乍暫疾以其操捷來使疾繫而取之行一棊不足以見智，彈一弦不足以見悲，三寸之管而無當，當酒底也天下弗能滿。

十石而有塞百斗而足矣

以篙測江篙終而以水爲測惑矣篙擿船櫂以篙渡江篙没因以江水爲盡故曰惑也

漁者走淵漁讀論語之語也木者走山所急者存也朝之市則走

遇市則步所求者亡也走讀奏記之奏豹裘而雜不若狐裘之粹粹純

白璧有考不得爲寶考璺分污也言至純之難也戰兵死之鬼憎

神巫兵死之鬼善行病人巫能祝劾殺之憎神巫憎畏也盜賊之醜吠狗醜猶惡也

無鄉之社易爲黍肉無國之稷易為求福无祀不禋於神而卒祝之故易為黍肉易從求福

鼈無耳而目不可以瞥精於明也不可以瞥瞥之則見也瞽無目目无所見而耳不可以察精於聰也不可以察察之則聞遺腹子不思其父

無貌於心也不知父貌不夢見像無形於目也目初不見像故曰无形於目也

蝮蛇不可為足虎豹不可使緣木蝮蛇皆有毒螫人不為足為足益甚虎猛獸不可使能緣木也

馬不食脂桑扈不啄粟非廉也桑扈青雀馬不竊脂秦通崤塞而魏
築城也魏徙都於大梁聞秦通治崤關知欲來東兼之故築城設守備也飢馬在廄寂然無聲
投芻其傍爭心乃生引弓而射非弦不能發矢引張引也發遣也弦
之為射百分之一也道德可常權不可常故遁關不可復
亡犴不可再遁逃也獄嘗以權變故關塞野犴亡逃不可復由其入故曰權不常也環可以喻員不
必以輪絛可以為繶不必以紃紃亦繶綩轉數也
日月不並出狐不二雄神龍不匹猛獸不群鷙鳥不雙循
繩而斲則不過懸衡而量則不差衡稱植表而望則不惑損
年則嫌於弟益年則疑於兄不如循其理若其當理道當人循實也
不見龍之飛舉而能高者風雨奉之奉助蠹衆則木折隙大
則牆壞懸垂之類有時而隧隧墮枝格之屬有時而弛弛落
當凍而不死者不失其適死乃為失適不死故曰不失其適也當暑而不暍者

不亡適（亡迹失之）未嘗適亡適（已无言不谏不喝何適之有也）湯沐具而蟣虱相弔大廈成而燕雀相賀（夏屋憂樂别也）柳下惠見飴曰可以養老盜跖見飴曰可以黏牡見物同而用之異（柳下惠魯大夫展无駭之子名獲字禽家有大柳樹惠德因号柳下惠一曰柳下邑牡門戶籥牡也）

蠶食而不飲二十二日而化蟬飲而不食三十日而蛻蜉游不食不飲三日而死人食礜石而死蠶食之而不飢魚食巴菽而死鼠食之而肥類不可必推（推猶知也）

瓦以火成不可以得火竹以水生不可以得水（瓦得火則被竹得水浸則死矣）

揚堁而欲弭塵披裘而以翣翼豈若適衣而已哉（堁土塵楚人謂之堁翣扇楚人謂之翣也）

槁竹有火弗鑽不爇土中有水弗掘無泉（掘猶穿也）蚌象之病人之寶也（蚌大蛤中有珠象牙還以自疾故人得以為寶也）人之病將有誰寶之者乎

人以利欲爲病死人寶之故曰將有雖寶也

爲酒人之利而不酤則竭爲車人之利而不僦則不達握火提人反先之熱皆一介之人惣思自守者不欲使酒人車人得利不酤僦而先自竭先不達猶以火援人先自熱爛也鄰之母死往哭之妻死而不泣有所劫以然也嫌猶哀嫌於情色故曰有所劫迫之然如是也

西方之倮国鳥獸弗辟與爲一也一同也倮国在西南方一膞炭熯膞一挺也掇之則爛指萬石俱熯去之十步而死百二十斤爲石同氣異積大勇小勇有似於此今有六尺之廣卧而越之下林弗難植而踰之上材弗易勢施異也百梅足以爲百人酸一梅不足以爲一人和喻衆能濟少少不能有所成也

有以飯死者而禁天下之食有以車爲敗者禁天下之乘則悖矣申生雖経晉不絶繩子胥自沉吳不斷水也釣者靜之罛者扣舟罩者抑之

罾者舉之爲之異得魚一也 罛者以柴積水中以取魚扣擊魚聞擊舟聲藏柴下壅而取之罛讀
沙糝今兗州人積柴水搏魚爲罛幽州名之爲涔也 見象牙乃知其大於牛見虎尾而
知其大於貍一節見而百節知也 吳伐越隳會稽獲骨節專車見一節大餘節不得小
故曰百節知
小國不鬬於大國之間 畏見嫌也 兩鹿不鬬於伏兕之旁 畏見食也 佐
祭者得嘗救鬬者得傷蔭不祥之木爲雷電所撲 蔭木影也
撲擊也 或謂冢或謂隴或謂笠或謂簦頭蝨與空木之瑟名
同實異也 頭中蝨空木瑟其音同其實則異也 日月欲明而浮雲蓋之 蓋猶蔽也 蘭
芝欲脩而秋風敗之 脩長
虎有子不能搏攫者輒殺之爲墮武也 墮廢也武威之也 龜紐之
璽賢者以爲佩 龜紐之璽衣印也紐係佩服也 土壤布在田能者以爲富 能動
者播植嘉穀以爲饒富也 予拯溺者金王不若尋常之纆索 金玉雖寶非拯溺之

異故曰不如尋常之纆索

視書上有酒者下必有肉上有年者下必有月以類而取之（類猶事也）蒙塵而眯固其理也爲其不出戶而理之也（為不出戶而塵埃眯之非其道）屠者羹藿爲車者步行陶者用缺盆匠人處狹廬爲者不得用用者弗肯爲（為者不得用以利動用者不肯為以富寵也）轂立三十輻各盡其力不得相害使一輻獨入衆輻皆弃豈能致千里哉夜行者掩目而前其手涉水者解其馬載之舟事有所宜而有所不施橘柚有鄉雚葦有叢獸同足者相從遊鳥同翼者相從翔（以類聚也）田中之潦流入於海附耳之言聞於千里（附近也近耳之言謂竊語附於千里千里知之語曰欲人不知莫如不為）蘇秦步（步餘行也）曰何故（人問何故）趨曰何趨馳有爲則議多事固苛（蘇秦為多事之人故見議見苛也）皮將弗覩毛將何顧畏首畏尾身凡有幾（畏始畏終中身不畏凡有幾何言常畏也）

欲觀九用之土足無千里之行心無政教之原而欲爲萬民之上也（土足無其術故所手曰難也）的的者獲提提者射（的的明爲衆所見故獲提提安言譬鸑鳥不飛成故道提提安時故爲人所射）故大白若辱大德若不足（若辱自同於衆人若不足者實若虛也）未嘗稼穡粟滿倉未嘗桑蠶絲滿囊得之不以道用之必橫（橫放）

海不受流胔太山不上小人（骨有皮曰胔有不義之祥流入海海神蕩而出之故曰不受太山東岳也王者所封禪處不令弘亂小人得上其上也）旁光不升俎（旁光胞也俎豆之實唯肩髀而脅助不得外）駠駁不入牲（義牲以純色也）中夏用箑快之至冬而不知去褰衣涉水至陵而不知下未可以應變有山無林有谷無風有石無金（林生於山山未必皆有林風出於谷谷未必皆有風金生於石石未必皆有金喻聖人出衆人衆人未必皆聖賢也）滿堂之坐視鉤各異（滿堂坐人視其鉤各異形）於環帶一也（鉤与環帶一法也類雖異所用者同）

獻公之賢欺於驪姬（殺申生也）叔孫之知欺於豎牛（三日不食而餓死也）故鄭詹入魯春秋曰佞人來佞人來（鄭魯鄭文公大夫以齊桓公卒佞使鄭伯朝齊而使朝於楚齊人執之自齊逃至魯魯謂之佞人以方驪姬豎牛故曰佞人來佞人來）

君子有酒鄙人鼓缶雖不可好亦不見醜（醜惡）人性便絲衣帛或射之則被鎧甲為其所不便以得所便（便利）輻之入轂各值其鑿不得相通猶人臣各守其職不得相干（干亂也）嘗被甲而免射者被而入水嘗抱壺而度水者抱而蒙火可謂不知類矣

君子之居民上若以腐索御奔馬（雍容恐失民之意）若履薄冰蛟在其下（蛟魚屬皮有球能害人故曰蛟在其下）若入林而遇乳虎（言常驚懼恐也化不洛於民民不附）善用人者若蚈之足衆而不相害（蚈馬蚿幽州謂之秦渠蚈讀蹊徑之蹊也）若脣之與齒堅柔相摩而不相敗（摩近敗毀）

清醠之美始於耒耜【醠清酒周禮醠齊是醠讀甕瓷之甕也】黼黻之美在於杼柚【白與黑爲黼青與赤爲黻皆文衣也】布之新不如紵紵之弊不如布或善爲新或善爲故【善猶宜也】

醠酺在頰則好在顙則醜【醠酺著頰上窒窒者在顙以槃故醜】繡以爲裳則宜以爲冠則譏【詩云袞衣繡裳故曰宜譏人譏非之也】

馬齒非牛蹏檀根非椅枝故見其一本而萬物知【知猶別也】

石生而堅蘭生而芳少自其質長而愈明【質性也明猶盛也】

扶之與提謝之與讓故之與先諾之與已也之與矣相去千里

汙準而粉其顙腐鼠在壇【楚人謂中庭爲壇】燒薰於宮入水而憎濡懷臭而求芳雖善者弗能爲工【善或作巧】再生者不穫華大旱者不胥時落【胥時不得秋時而零落也】

毋曰不幸甑終不墮井抽簪招燐有何爲驚燐血精似野火招之應聲而至
血灑汙人以簪招則不至故曰何驚也使人無度河可中河使無度不可不可言不能也
見虎一文不知其武見驥一毛不知善走水蠆爲蟌孑孑
爲蟁水蠆化爲蟌蟌青蜓子孑結蠆水上到跂蟲讀廉兔齧爲螚兔所齧草靈在其心中化爲螚人讀能而
心之惡一說兔齧蟲名物之所爲出於不意弗知者驚知者不怪怪惑也
銅英青金英黃玉英白黂賁燭捅膏燭澤也燭光捅澤喻光明有明昧也
以微知明以外知內象肉之味不知於口鬼神之貌不著於
目捕景之說不形於心皆所不嘗見之冬冰可折夏木可結時難得
而易失木方茂盛終日采而不知秋風下霜一夕而殫殫盡病
熱而強之餐救暍而飲之寒救經而引其索拯溺而授之
石欲救之反爲惡惡猶害也雖欲謹亡馬不發戶轔言馬亡不可發戶限
而求雖欲豫就酒不懷蓐轔戶限楚人謂之轔轔讀似鄰急氣言乃得之也子孟賁探鼠

穴鼠無時死必噬其指失其勢（孟賁勇士爲探鼠於穴故曰失其勢）山雲蒸柱礎潤（礎柱下石碣也）伏苓掘兔絲死（所生者亡故死）一家失熛百家皆燒讒夫陰謀百姓暴骸（論語曰惡利口之覆邦家故曰百姓暴骸也）粟得水溼而熱甑得火而液水中有火火中有水疾雷破石陰陽相薄（自然之勢）

湯沐之於河有益不多流潦注海雖不能益猶愈於已

一目之羅不可以得鳥無餌之釣不可以得魚遇士無禮不可以得賢

兔絲無根而生蛇無足而行魚無耳而聽蟬無口而鳴有然之者也（然如是也）

鶴壽千歲以極其游蜉蝣朝生而暮死盡其樂（修短各得其志）紂醢梅伯文王與諸侯構之（構謀）桀辜諫者湯使人哭之（哭猶弔也）任馬

不觸木擲狗不自投於河雖聾蟲而不自陷又況人乎聾无知也

愛熊而食之鹽愛獺而飲之酒雖欲養之非其道熊食鹽而死獺飲酒而敗故曰非其道也心所說毀舟為杕心所欲毀鍾為鐸鐸大鈴金口木舌為木鐸金舌為金鐸杕舟尾續詩旨杕之杜也管子以小辱成大榮管仲相子糾不能死為魯所囚是其辱卒相桓公以至霸是其大榮也

蘇秦以百誕成一誠誠言質的張而弓矢集林木茂而斧斤大非或召之形勢所致者也待利而後拯溺人亦必以利溺人矣利溺人者利人之溺得其利也

舟能沉能浮愚者不加足舟船能載浮物愚者不取加足畏其沉詩云汎汎揚舟載沉載浮是也騏驥驅之不進引之不止人君不以取道里剌我行者欲與我交訾我貨者欲與我市剌猶非訾毀也以水和水不可食一絃之瑟不可聽以其失和故不可聽剌專用也

駿馬以抑死，直士以正窮。

賢者擯於朝，美女擯於宮。（擯，棄也。）行者思於道，而居者夢於牀。慈母吟於巷，適子懷於荆。（精相往來。）

赤肉縣，則烏鵲集；鷹隼鷙，則衆鳥散。物之散聚，交感以然。食其食者不毁其器，食其實者不折其枝。塞其源者竭，背其本者枯。

交畫不暢，連環不解，其解之不以解。（暢，達。不得達至交止。解連環，言此不可解則說，德解去也。）臨河而羨魚，不若歸家織網。（羨，願。）明月之珠，蛖之病而我之利；虎爪象牙，禽獸之利而我之害。（我，猶人也。）

易道良馬，使人欲馳；飲酒而樂，使人欲歌。是而行之，固謂之斷；非而行之，必謂之亂。（斷，猶治也。）矢疾，不過二里也；步之遲，百舍不休，千里可致。（步行。）聖人處於陰，衆人處於陽。聖人行於水衆人行於霜〔水有形而不可毁故聖人行之行之无迹霜雪履有迹故衆人行之也〕異音者不可聽以一律異形者不可合於一體〔合同〕農夫勞而君子養焉〔君子国君養焉以化澤懊休之〕愚者言而知者擇焉〔擇可用者而用之也〕捨茂木而集于枯不弋鵠而弋烏難與有圖〔圖謀也者其愚也〕黄丘無壑泉源不溥〔言污小潦水名黄黄之丘无大壑故泉流不得溥〕尋常之谿灌十頃之澤〔言有源也〕

見之明白處之如玉石見之闇晦必留其謀〔玉之与石言可别也闇晦不明留猶思謀也〕

以天下之大託於一人之才譬若懸千鈞之重於木之一枝〔言不能任〕

負子而登牆謂之不祥爲其一人隕而兩人殤〔負抱也隕墜也〕

善舉事者若乘舟而悲歌一人唱而千人和〔言能得衆人之心也〕

不能耕而欲黍粱，不能織而喜采裳，無事而求其功，難矣。

有榮華者必有憔悴，有羅紈者必有麻蒯（言有盛必有衰）。鳥有沸波者，河伯為之不潮，畏其誠也（鳥大鵬也，翔水上扇魚令出，沸波攫布食之，故河伯深藏於淵，畏其精誠為不見）。故一夫出死，千乘不輕（主術篇曰兵英僭，故志莫邪為下言，匹夫志意出死必戰，故雖大国兵車千乘不輕之也）。

蝮蛇螫人，傅以和堇則愈（和堇野葛毒藥），物固有重而害反為利者。聖人之處亂世，若夏暴而待暮（夏日中甚熱，暮涼時，言聖人居乱世忍以待涼），桑榆之間，逾易忍也（言乱世將尽，如日在西方桑榆間，將夕，故曰易忍）。

水雖平，必有波；衡雖正，必有差；尺寸雖齊，必有詭（詭不同）。非規矩不能定方圓，非準繩不能正曲直，用規矩準繩者，亦有規矩準繩焉（準平繩直之人能平直耳，故曰亦有規矩準繩焉）。

舟覆乃見善游，馬奔乃見良御（善游故覆舟不溺，良御馬奔車不敗，故見之）。

嚼而無味者弗能内於喉視而无形者不能思於心形象无形於目不能思之於心兕虎在於後隨侯之珠在於前弗及掇者先避患而後就利隨国在漢東姬姓之侯出遊於野見大蛇斷在地隨侯令醫以續傅斷蛇蛇得愈去後銜大珠報蓋明月之珠因号隨侯之珠世以為宝也逐鹿者不顧兔決千金之貨者不爭銖兩之價言在大弓不顧小先調而後求勁馬先馴而後求良勁強馴擾人先信而後求能又非信不立也陶人棄索車人掇之屠者棄銷而鍜者拾之所緩急異也百星之明不如一月之光十牖畢開不若一戶之明矢之於十步貫兕甲及其極不能入魯縞言勢有極太山之高背而弗見秋毫之末視之可察察則言用明矣山生金反自刻木

生蠹反自食人生事反自賊則敗也害也物自然也巧冶不能鑄木工匠不能斲金者形性然也白玉不彫美珠不文質有餘也性自然不復飾故跬步不休跛鼈千里跬猶咫尺累積不輟可成丘阜輟也城成於土木直於下非有事焉所緣使然凡用人之道若以燧取火疏之則弗得疏猶遠也數之則弗中數猶疾也正在疏數之間得其節火乃生從朝視夕者移從枉準直者虧枉邪聖人之偶物也若以鏡視形曲得其情偶猶周也楊子見逵路而哭之爲其可以南可以北道九達曰逵憫其別也墨子見練絲而泣之爲其可以黃可以黑練白憫其化也趍舍之相合猶金石之一調相去千歲合一音也金曰鐘石曰磬雖文不變故曰相去千歲合一音也

烏不干防者雖近弗射（烏燕之屬是也）其當道雖遠弗釋（當道爲作防害者故曰不釋也）酤酒而酸買肉而臭然酤酒買肉不離屠沽之家故求物必於近之者

以詐應詐以譎應譎若被蓑而救火毀瀆而止水乃愈益多西施毛嬙狀貌不可同世稱其好美鈞也堯舜禹湯法籍殊類得民心一也（俱一於人）聖人者隨時而舉事因資而立功涔則具擢對旱則修土龍（擢對貯水器土龍致雨物）臨菑之女織紈而思行者爲之悖戾（臨菑齊都悖戾惡）室有美容繒爲之纂繹（不密緻志有感故纂讀曰凌繹纂之纂）徵羽之操不入鄙人之耳（徵羽正音小人不知不入其耳）於和切適舉坐而善（於轉〻其和更作急歌激楚之音非正樂故舉坐而善之）

過府而負手者希不有盜心（府藏貨所生也）故侮人之鬼者過社而搖其枝（侮猶病也）晉陽處父伐楚以救江故解捽者不在於

捌格在於批伉（批擊伉推擊其要矣）

木大者根擢 山高者基扶（其下趾也）蹠巨者志遠 體大者節疏

狂者傷人莫之怨也 嬰兒詈老莫之疾也 賊心亡止（識害）

尾生之信不如隨牛之誕（尾生幼信於婦人信之夫隨牛弦高矯君命為誕雖然以存国故不如隨牛之誕）而又況一不信者乎（一猶常況常不為信不為誕乎一或作一一猶待也）

憂父之疾者子 治之者醫（論語曰父母唯其疾之憂故曰憂之者子）進獻者祝

治祭者庖（庖宰也）

淮南鴻烈解卷第十七

淮南鴻烈解卷第十八

太尉祭酒臣許　慎　記上

人間訓第十八人間之事吉凶之中徵得失之端反存亡之幾也

清淨恬愉人之性也儀表規矩事之制也知人之性其自養不勃知事之制其舉錯不惑發一端散无竟周八極總一筦謂之心見本而知末觀指而睹歸執一而應万握要而治詳謂之術居智所為行智所之事智所秉動智所由謂之道道者置之前而不輊錯之後而不軒內之尋常而不塞布之天下而不窕是故使人高賢稱譽已者心之力也使人卑下誹謗已者心之罪也夫言出於口者不可止於人行發於邇者不可禁於遠事者難成而易敗也名者難立而易廢也千里之隄以螻蟻之穴漏百尋之屋以突隙

之煙焚（突竈突也）堯戒曰戰戰慄慄日慎一日人莫蹪於山而蹪於垤（蹪躓也垤蟻垤也）是故人者輕小害易微事以多悔患至而後憂之是由病者已惓（惓劇）而索良醫也雖有扁鵲俞跗之巧猶不能生也（俞夫黃帝時醫）夫禍之來也人自生之福之來也人自成之禍與福同門利與害為鄰非神聖人莫之能分凡人之舉事莫不先以其知規慮揣度（揣商量高下也）而後敢以定謀其或利或害此愚智之所以異也曉自然以為智知存亡之樞機禍福之門戶舉而用之陷溺於難者不可勝計也使知所以為是者事必可行則天下无不達之塗矣是故知慮者禍福之門戶也動靜者利害之樞機也百事之變化国家之治乱待而後成是故不溺於難者成是故不可不慎也天下有三危少德而多寵一危也才下而位

高二危也身无大功而有厚禄三危也故物或損之而益或益之而損何以知其然也昔者楚莊王旣勝晉於河雍之閒（莊王敗晉荀林父之師於邲邲河雍地也）歸而封孫叔敖而辭不受病疽將死謂其子曰吾則死矣王必封女女必讓肥饒之地而受沙石之閒有寢丘者其地确石之名醜（寢丘今汝南固始也前有垢谷後有莊丘名醜）荊人鬼（人事鬼也）越人禨（禨祥）人莫之利也孫叔敖死王果封其子以肥饒之地其子辭而不受請有寢之丘楚國之俗功臣二世而爵禄唯孫叔敖獨存此所謂損之而益也何謂益之而損昔晉厲公南伐楚東伐齊西伐秦北伐燕兵橫行天下而无所綣（綣屈）威服四方而无所詘遂合諸侯於嘉陵氣充志驕淫侈无度暴虐万民內无輔拂之臣外无諸侯之助戮殺大臣親近導諛明年出遊匠驪氏欒書中行

偃劫而幽之（欒書中行偃昔大夫）諸侯莫之救百姓莫之哀三月而死夫戰勝攻取地廣而名尊此天下之所願也然而終於身死国亡此所謂益之而損者也夫孫叔敖之請有寢之丘沙石之地所以累世不奪也晉厲公之合諸侯於嘉陵所以身死於匠驪氏也衆人皆知利利而病病也唯聖人知病之為利知利之為病也夫再實之木根必傷掘藏之家必有殃（掘藏謂發冢得伏藏无功受財）以言大利而反為害也張武教智伯奪韓魏之地而擒於晉陽（張武智伯臣也擒於晉陽為趙襄子所殺）申叔時教莊王封陳氏之後而霸天下（申叔時楚大夫也莊王滅陳已乃復之也）孔子讀易至損益未嘗不憤然而歎曰益損者其王者之事与事或欲以利之適足以害之或欲害之乃反以利之利害之反禍福之門戶不可不察也陽虎為乱於魯（陽虎季氏之臣也陽虎季氏專魯國也）

魯君令人閉城門而捕之得者有重賞失者有重罪圉二
市而陽虎將舉劍而伯頤伯進門者止之曰天下探之不窮不窮言深遠我將出子陽虎因赴圍而逐揚劍提戈而走門者出
之顧反取其出之者以戈推之攘袪薄腋袪袂出之者怨之
曰我非故與子反也爲之蒙死被罪而乃反傷我宜矣其
有此難也魯君聞陽虎失大怒問所出之門使有司拘之
以爲傷者受重賞而不傷者被重罪此所謂害之而反利
者也何謂欲利之而反害之楚恭王与晉人戰於鄢陵戰
酣晉人晉厲公恭王傷晉人射恭王中目也而休司馬子反渴而求飲豎陽
穀奉酒而進之豎小使也陽穀其名子反之爲人也嗜酒而甘之不能
絶於口遂醉而卧恭王欲復戰使人召司馬子反子反辭
以心痛王駕而往視之入幄中而聞酒臭恭王大怒曰今

日之戰不穀親傷不穀不祿也人君謙以自稱也所恃者司馬也而司馬又若此是亡楚國之社稷而不率吾衆也不穀无与復戰矣於是罷師而去之斬司馬子反為僇故豎陽穀之進酒也非欲禍子反也誠愛而欲快之也而適足以殺之此所謂欲利之而反害之者也夫病温而強之食病暍而飲之寒此衆人之所以為養也而良醫之所以為病也悦於目悦於心愚者之所利也然而有論者之所辟也故聖人先忤而後合衆人先合而後忤有功者人臣之所務也有罪者人臣之所辟也或有功而見疑或有罪而益信何也則有功者離恩義有罪者不敢失仁心也魏將樂羊攻中山樂羊文侯之將其子執在城中城中縣其子以示樂羊樂羊曰君臣之義不得以子為私攻之愈急中山因亨其子而遺之鼎

羹与其首樂羊循而泣之曰是吾子已爲使者跪而啜三杯使者歸報中山曰是伏約死節者也不可忍也遂降之爲魏文侯大開地有功自此之後日以不信此所謂有功而見疑者也何謂有罪而益信孟孫獵（孟孫魯大夫也）而得麑使秦西巴持歸烹之麑母隨之而啼秦西巴弗忍縱而予之孟孫歸求麑安在秦西巴對曰其母隨而啼臣誠弗忍竊縱而予之孟孫怒逐秦西巴居一年取以爲子傅左右曰秦西巴有罪於君今以爲子傅何也孟孫曰夫一麑而弗忍又何況於人乎此謂有罪而益信者也故趨舍不可不審也此公孫鞅之所以抵罪於秦而不得入魏也（公孫鞅商君也爲秦代魏欺魏公子卬而殺之後有罪走魏魏人不入也）功非不大也然而累足无所踐者不義之故也事或奪之而反与之或與之而反取之智伯求

地於魏宣子，宣子弗欲与之。任登曰：「智伯之強，威行於天下，求地而弗与，是為諸侯先受禍也，不若与之。」宣子曰：「求地不已，為之奈何？」任登曰：「与之使喜，必將復求地於諸侯，諸侯必植耳（植耳，竦耳而聽也），与天下同心而圖之，一心所得者，非直吾所亡也。」魏宣子裂地而授之。又求地於韓康子，韓康子不敢不予。諸侯皆恐。又求地於趙襄子，襄子弗与。於是智伯乃從韓、魏圍襄子於晉陽。三国通謀，擒智伯而三分其国。此所謂奪人而反為人所奪者。何謂与之而反取之？晉獻公欲假道於虞以伐虢，遺虞垂棘之璧与屈產之乘。虞公惑於璧与馬，而欲与之道。宮之奇諫（宮之奇，虞臣也）曰：「不可。夫虞之与虢，若車之有輪，輪依於車，車亦依輪。虞之与虢，相恃而勢也。若假之道，虢朝亡而虞夕從之矣。」虞公弗聽遂假之道荀息伐虢遂克之（荀息晉大夫）還反伐虞又拔之此所謂與之而反取者也聖王布德施惠非求其報於百姓也郊望禘嘗（郊祭天望祭日月星辰山川也禘嘗祭宗廟也）非求福於鬼神也山致其高而雲起焉水致其深而蛟龍生焉君子致其道而福祿歸焉夫有陰德者必有陽報有陰行者必有昭名古有溝防不脩水爲民害禹鑿龍門辟伊闕平治水土使民得陸處百姓不親五品不愼契教以君臣之義父子之親夫妻之辯長幼之序田野不脩民食不足后稷乃教之辟地墾草糞土種穀令百姓家給人足故三后之後無不王者（謂夏殷周）有陰德也周室衰禮義廢孔子以三代之道教導於世其後繼嗣至今不絶者有隱行也秦王趙政兼吞天下而已（趙政始皇生於趙故名趙政）智伯侵地而滅商歎支解季斯車裂

李斯上蔡人也爲秦相趙高謂之二世車裂之於雲陽三代種德而王齊桓繼絶而霸故樹黍者不穫稷樹怨者無報德昔者宋人好善者三世不解家無故而黑牛生白犢以問先生先生曰此吉祥以饗鬼神先生凡先人生者也以享鬼神白犢純色可以爲犧牲也居一年其父無故而盲牛又復生白犢其父又復使其子以問先生其子曰前聽先生言而失明今又復問之奈何其父曰聖人之言先忤而後合其事未究固試往復問之其子又復問先生先生曰此吉祥也復以饗鬼神歸致命其父其父曰行先生之言也居一年其子又無故而盲其後楚攻宋圍其城楚莊王時圍宋九月當此之時易子而食析骸而炊之丁壯者死老病童兒皆上城牢守而不下楚王大怒城已破諸城守者皆屠之此獨以父子盲之故得無乘城軍罷圍解則父子俱視

夫禍福之轉而相生其變難見也近塞上之人有善術者馬無故亡而入胡人皆弔之其父曰此何遽不爲福乎居數月其馬將胡駿馬而歸人皆賀之其父曰此何遽不能爲禍乎家富良馬其子好騎墮而折其髀人皆弔之其父曰此何遽不爲福乎居一年胡人大入塞丁壯者引絃而戰近塞之人死者十九此獨以跛之故父子相保故福之爲禍禍之爲福化不可極深不可測也或直於辭而不害於事者或虧於耳以忤於心而合於實者高陽魋（或曰高陽魋宋大夫）將爲室問匠人匠人對曰未可也木尚生加塗其上必將撓以生材任重塗今雖成後必敗高陽魋曰不然夫木枯則益勁塗乾則益輕以勁材任輕塗今雖惡後必善匠人窮於辭無以對受令而爲室其始成竘然善也（竘高壯類）

而後果敗此所謂直於辭而不可用者也何謂虧於耳忤於心而合於實靖郭君將城薛（靖郭君齊威王之子也封於薛）賓客多止之弗聽靖郭君謂謁者曰無為賓通言齊人有請見者曰臣請道三言而已過三言請烹郭君聞而見之賓趨而進再拜而興因稱曰海大魚則反走靖郭君止之曰願聞其説賓曰臣不敢以死為熙（熙戲）靖郭君曰先生不遠道而至此為寡人稱之賓曰海大魚網弗能止也釣弗能牽也蕩而失水則螻蟻皆得志焉今夫齊君之淵也君失齊則薛能自存乎靖郭君曰善乃止不城薛此所謂虧於耳忤於心而得事實者也夫以無城薛止城薛其於以行説乃不若海大魚故物或遠之而近或近之而遠或説聽計當而身疏或言不用計不行而益親何以明之三国伐齊

圍平陸（三国韓魏趙也）括子以報於牛子（括子牛子齊臣）曰三国之地不接於我踰鄰国而圍平陸利不足貪也然則求名於我也請以齊侯往牛子以為善括子出無害子入（無害子亦齊臣）牛子以括子言告無害子無害子曰異乎臣之所聞牛子曰国危而不安患結而不解何謂貴智無害子曰臣聞之有裂壤土以安社稷者聞殺身破家以存其国者不聞出其君以為封疆者牛子不聽無害子之言而用括子之計三國之兵罷而平陸之地存自此之後括子曰以疏無害子曰以進故謀患而患解圖國而國存括子之智得矣無害子之慮無中於策謀無益於國然而心調於君有義行也今人待冠而飾首待履而行地冠履之於人也寒不能煖（煖温）風不能障暴不能蔽也然而戴冠履履者其所自託者然也夫咎犯

戰勝城濮而雍季無尺寸之功然而雍季先賞而咎犯後存者其言有貴者也故義者天下之所賞也百言百當不若擇趨而審行也或無功而先舉或有功而後賞何以明之昔晉文公將與楚戰城濮問於咎犯曰為奈何咎犯曰仁義之事君子不猒忠信戰陳之事不猒詐偽君其詐之而已矣辭咎犯問雍季雍季對曰焚林而獵愈多得獸後必無獸以詐偽遇人雖愈利後亦無復君其正之而已矣於是不聽雍季之計而用咎犯之謀與楚人戰大破之還歸賞有功者先雍季而後咎犯左右曰城濮之戰也君行賞先雍季何也文公曰咎犯之言一時之權也雍季之言萬世之利也吾豈可以先一時之權而後萬世之利也哉智伯率韓魏二國伐趙圍晉陽決晉水而灌之城下緣木而

處懸釜而炊襄子謂於張孟談曰城中力已盡糧食匱乏大夫病為之奈何張孟談曰亡不能存危弗能安無爲貴智臣請試潛行（潛行伏出也）見韓魏之君而約之乃見韓之君說之曰臣聞之脣亡而齒寒今智伯率二君而伐趙趙將亡矣趙亡則君為之次矣不及今而圖之禍將及二君二君曰智伯人為人也粗中而少親我謀而泄事必敗為之奈何張孟談曰言出君之口入臣之耳人孰知之者乎且同情相成同利相死君其圖之二君乃與張孟談陰謀與之期張孟談乃報襄子至其日之夜趙氏殺其守隄之吏決水灌智伯智伯軍救水而亂韓魏翼其而擊之襄子將卒犯其前大敗智伯軍殺其身而三分其國襄子乃賞有功者而高赫為賞首群臣請曰晉陽之存張孟談之功也而

赫爲賞首何也襄子曰晉陽之圍也寡人國家危社稷殆群臣無不有驕侮之心者唯赫不失君臣之禮吾是以先之由此觀之義者人之大本也雖有戰勝存亡之功不如行義之隆故君子曰美言可以市尊美行可以加人或有罪而可賞也或有功而可罪也西門豹治鄴（西門豹文侯臣）廩無積粟府無儲錢庫無甲兵官無計會人數言其過於文侯文侯身行其縣果若人言文侯曰翟璜任子治鄴而大亂子能道則可不能將加誅於子西門豹曰臣聞王主富民霸主富武亡國富庫今君欲爲霸王者也臣故稸積於民君以爲不然臣請升城鼓之一鼓甲兵粟米可立具也於是乃升城而鼓之一鼓民被甲括矢（甲鎧也括箭矢）操兵弩而出再鼓負輦粟而至（服駕爲斗也輦愭也）文侯曰罷之西門豹曰與民約信非

一日之積也一舉而欺之後不可復用也燕常侵魏八城臣請北擊之以復侵地遂舉兵擊燕復地而後反此有罪而可賞者解扁爲東封（解扁魏臣治東封者）上計而入三倍有司請賞之文侯曰吾土地非益廣也人民非益衆也入何以三倍對曰以冬伐木而積之於春浮之河而鬻之文侯曰民春以力耕暑以強耘秋以收斂冬閒無事以伐林而積之負軛而浮之河是用民不得休息也民以弊矣雖有三倍之入將焉用之此有功可罪者賢主不苟得忠臣不苟利何以明之中行穆伯攻鼓弗能下（中行穆伯晉大夫鼓北翟）餽聞論曰鼓之嗇夫聞倫知之（餽聞倫晉人也）請無罷武大夫而鼓可得也穆伯弗應左右曰不折一戟不傷一卒而鼓可得也君奚爲弗使穆伯曰聞倫爲人佞而不仁若使聞倫下之吾可

以勿賞乎若賞之是賞佞人佞人得志是使晉國之武舍仁而為佞雖得鼓將何所用之攻城者欲以廣地也得地而不取者見其本而知其未也秦穆公使孟盟舉兵襲鄭過（孟盟伯里奚之子也）周以東鄭之賈人弦高蹇他（蹇他弦高之黨）相與謀曰師行數千里數絶諸侯之地其勢必襲鄭凡襲國者以為無備也今示以知其情必不敢進乃矯鄭伯之命以十二牛勞之三率相與謀（三率秦將白乙孟明西乙）曰凡襲人者以為弗知今已知之矣守備必固進必無功乃還師而反晉先軫舉兵擊之（先軫晉大夫也）大破之殽鄭伯乃以存國之功賞弦高弦高辭之曰誕而得賞則鄭國之信廢矣為国而無信是俗敗也賞一人敗國俗者弗為也以不信得厚賞義者弗為也遂以其屬徙東夷終身不反故仁者不以欲傷生知

者不以利害義聖人之思脩愚人之思叕叕短
忠臣者務崇君之德諂臣者務廣君之地何以明之陳夏
徵舒弒其君楚莊王伐之陳人聽令莊王已討有罪遣卒
戍陳戍守也守欲有陳也大夫畢賀申叔時使於齊反還而不賀莊王
曰陳為無道寡人起九軍以討之征暴亂誅罪人群臣皆
賀而子獨不賀何也申叔時曰牽牛蹊人之田田主殺其
人而奪之牛罪則有之罰亦重矣今君王以陳為無道興
兵而攻因以誅罪人遣人戍陳諸侯聞之以王為非誅罪
人也貪陳國也蓋聞君子不棄義以取利王曰善乃罷陳
之戍立陳之後諸侯聞之皆朝於楚此務崇君之德者也
張武為智伯謀曰張武晉人晉六將軍中行文子最弱而上下
離心可伐以廣地於是伐范中行滅之矣又教智伯求地

於韓魏趙韓魏裂地而授之趙氏不與乃率韓魏而伐趙圍之晉陽三年三國陰謀同計以擊智氏遂滅之此務為君廣地者夫為君崇德者霸為君廣地者滅故千乘之國行文德者王湯武是也萬乘之國好廣地者亡智伯是也非其事者勿仞也非其名者勿就也無故有顯名者勿處也無功而富貴者勿居也夫就人之名者廢仞人之事者敗無功而大利者後將為害譬猶緣高木而望四方也雖偷樂哉然而疾風至未嘗不恐也患及身然後憂之六驥追之弗能及也是故忠臣事君也計功而受賞不為苟得積力而受官不貪爵祿其所能者受之勿辭也其所不能者與之勿喜也辭所能則匿欲所不能則惑辭所不能而受所能則得無損墮之勢而无不勝之任矣昔者智

伯騎伐范中行而克之又劫韓魏之君而割其地尚以為未足遂興兵伐趙韓魏反之軍敗晉陽之下身死高梁之東頭為飲器國分為三為天下笑此不知足之禍也老子曰知足不辱知止不殆可以修久此之謂也

或譽人而適足以敗之或毁人而乃反以成之何以知其然也費無忌從於荆平王（費無忌楚臣復白也）曰晉之所以霸者近諸夏也（近諸夏國在諸夏也）而荆之所以不能與之爭者以其僻遠也楚王若欲從諸侯不若大城城父而令太子建守焉以來北方王自收其南是得天下也楚王悦之因命太子建守城父命伍子奢傅之居一年伍子奢遊人於王側（伍子奢遣說於王之左側）言太子甚仁且勇能得民心王以告費無忌無忌曰臣固聞之太子内撫百姓外約諸侯齊晉又輔之將以害楚其

事已構矣王曰為我太子又尚何求曰以秦女之事怨王王
因殺太子建而誅伍子奢此所謂見譽而為禍者也何謂
毀人而反利之唐子短陳駢子於齊威王（唐子齊大夫也）威王欲
殺之陳駢子與其屬出亡奔薛孟嘗君聞之（孟嘗君封於薛）使人
以車迎之至而豢以芻豢黍梁五味之膳日三至冬日被
裘罽夏日服絺紵出則乘牢車駕良馬孟嘗君問之曰夫
子生於齊長於齊夫子亦何思於齊對曰臣思夫唐子者
孟嘗君曰唐子者非短子者耶曰是也孟嘗君曰子何為
思之對曰臣之處於齊也糲粢之飯藜藿之羹冬日則寒
凍夏日則暑傷自唐子之短臣也以身歸君食芻豢飯黍
梁服輕煖乘牢良臣故思之此謂毀人而反利之者也是
故毀譽之言不可不審也或貪生而反死或輕死而得生

或徐行而反疾何以知其然也魯人有為父報讎於齊者刳其腹而見其心坐而正冠起而更衣徐行而出門上車而步馬顏色不變其御欲驅撫而止之曰今日為父報讎以出死非為生也今事已成矣又何去之追者曰此有節行之人不可殺也解圍而去之使被衣不暇帶冠不及正蒲伏而走上車而馳必不能自免於千步之中矣今坐而正冠起而更衣徐徐而出門上車而步馬顏色不變此衆人所以為死也而乃反以得活此所謂徐而馳遲於步也夫走者人之所以為疾也步者人之所以為遲也今反乃以人之所為遲者反為疾明於分也有知徐之為疾遲之為速者則幾於道矣故黃帝亡其玄珠使離珠剟索之離珠明目剟捷疾利搏善拾於物二人皆黃帝臣也而弗能得之也於是使忽怳而後能得之忽怳黃帝

臣也怨悦善亡之人

聖人敬小慎微，動不失時，百射重戒射象禍乃不滋。計福勿及，慮禍過之，同日被霜，蔽者不傷，愚者有備，與知者同功。夫爝火在縹烟之中也，一指之所能息也；塘漏若鼷穴，一墣之所能塞也。及至火之燔孟諸而炎雲臺孟諸宋大澤云臺高至云，水決九江而漸荊州，雖起三軍之衆，弗能救也。夫積愛成福，積怨成禍，若癰疽之必潰也，所浼者多矣浼污。諸御鞅復於簡公諸御鞅齊臣簡公齊君曰：陳成常、宰予二子者，甚相憎也宰予孔子弟子仕於齊。臣恐其構難而危國也，君不如去一人。簡公不聽。居無幾何，陳成常果攻宰予於庭中，而弒簡公於朝。此不知敬小之所生也。魯季氏與郈氏鬭雞季氏郈氏皆魯大夫，郈氏介其雞介以芥菜塗其雞翅，而季氏爲之金距金距施今芒於距也。季氏之雞不勝季平子怒因侵郈氏之宮而築之郈昭伯怒傷之魯昭公（復毀譖也）曰禱於襄公之廟舞者二人而已（時魯禱先君襄公六佾之舞庭者凡二人也）其餘盡舞於季氏季氏之無道無上久矣弗誅必危社稷公以告子家駒（子家駒魯大夫）子家駒曰季氏之得衆三家為一（三家孟氏叔氏季氏）其德厚其威強君胡得之昭公弗聽使郈昭伯將卒以攻之仲孫氏叔孫氏相與謀曰無季氏死亡無日矣遂興兵以救之郈昭伯不勝而死魯昭公出奔齊故禍之所從生者始於雞定及其太也至於亡社稷故蔡女蕩舟齊師大侵楚（齊桓公與蔡姬乘舟姬蕩舟公懼止之公怒歸之蔡蔡人嫁之公伐楚至召陵而勝之也）兩人構怨廷殺宰予簡公遇殺身死無後陳氏代之齊乃無呂兩家鬬雞季氏金距郈氏作難魯昭公出走故師之所處生以棘楚（楚大荊也）禍生而不蚤滅若火之得燥水之得濕

浸而益大癰疽發於指其痛徧於體故蠹啄剖梁柱蟁蝱走牛羊此之謂也人皆務於救患之備而莫能知使患無生夫得患無生易於救患而莫能加務焉則未可與言術也晉公子重耳過曹曹君欲見其駢脅使之祖而補魚釐負羈止之曰公子非常也從者三人皆霸王之佐也（三人謂狐偃趙衰胥臣）遇之無禮必為國憂君弗聽重耳反國起師而伐曹遂滅之身死人手社稷為墟禍生於祖而捕魚齊楚欲救曹不能存也聽釐負羈之言則無亡患矣今不務使患無生患生而救之雖有聖知弗能為謀且患禍之所由來者萬端無方是故聖人深居以避辱靜安以待時小人不知禍福之門戶妄動而絓羅網雖曲為之備何足以全其身譬猶失火而鑿池被裘而用箑也且塘有萬穴（此設隄之有万穴）

塞有十魚何遽無由出室有百戶閉其一盜何遽無從人夫牆之壞也於隙劍之折必有齧（齧缺）聖人見之蚤故萬物莫能傷也大宰子朱侍飯於令尹子國（子朱子國皆楚大夫）令尹子國啜羹而熱投卮漿而沃之明日太宰子朱辭官而歸其僕曰楚太宰未易得也辭官去之何也子朱曰令尹輕行而簡禮其辱人不難明年伏郎尹而笞之三百（郎尹王郎官之尹也）夫仕者先避之見終始微矣夫鴻鵠之未孚於卵也一指蔑之則靡而無形矣及至其筋骨之已就而羽翮之所成也則奮翼揮䎙（䎙六翮之末也）凌乎浮雲背負青天膺摩赤霄（赤霄飛云）翱翔乎忽荒之上析惕乎虹蜺之閒雖有勁弩利矰微繳蒲沮之子巧亦弗能加也江水之始出於岷山也可攓衣而越也及至其下洞庭鶩石城（洞庭在長沙石城在丹陽）經丹徒（丹徒在會稽）起波濤（濤者涌起）

還者為濤舟杭一日不能濟也是故聖人者常從事於無形之外而不留思盡慮於成事之内是故患禍弗能傷也

人或問孔子曰顏回何如人也曰仁人也丘弗如也子貢何如人也曰辯人也丘弗如也子路何如人也曰勇人也丘弗如也賓曰三人皆賢夫子而為夫子役何也孔子曰丘能仁且忍辯且訥勇且怯以三子之能易丘一道丘弗為也孔子知所施之也秦牛缺徑於山中牛缺隱士也而遇盗奪之車馬解其槖笥施其衣被施奪盗還反顧之無懼色憂志驩然有以自得也盗遂問之曰吾奪子財貨劫子以刀而志不動何也秦牛缺曰車馬所以載身也衣被所以揜形也聖人不以所養害其養盗相視而笑曰夫不以欲傷生不以利累形者世之聖人也以此而見王者必且以我為事

也還反殺之此能以知知矣而未能以知不知也能勇於敢而未能勇於不敢也凡有道者應卒而乏遭難而能免故天下貴之今知所以自行也而未知所以爲人行也其所論未之究者也人能由昭昭於冥冥則幾於道矣詩曰人亦有言无哲不愚此之謂也事或爲之適足以敗之或備之適足以致之何以知其然也秦皇挾録圖（挾鏰也秦博士盧生使入海還秦錄圖書於始皇帝）見其傳曰亡秦者胡也因發卒五十万使蒙公楊翁子（蒙公蒙恬也楊翁子秦將）將築脩城西屬流沙（起隴西臨兆縣）北擊遼水（遼水遼東）東結朝鮮（朝鮮樂浪）中国内郡輓車而餉之又利越之犀角象齒翡翠（翡赤雀翠青雀）珠璣（貝者爲珠類者爲璣）乃使尉屠睢（尉屠睢秦將）發卒五十万爲五軍一軍塞鐔城之嶺（鐔城在武陵西南接鬱林）一軍守九嶷之塞（九嶷在零陵也）一軍處番禺之都（番禺南海）一軍守南野之界

（南野在豫章）一軍結餘干之水（餘干在豫章）三年不解甲弛弩使監祿無以轉餉又以卒鑿渠（監祿秦將也鑿通歌水禹水之渠也）而通糧道以與越人戰殺西嘔君譯吁宋（西嘔越人譯吁宋目嘔君名也）而越人皆入叢薄中與禽獸處莫肯為秦虜相置桀駿以為將而夜攻秦人大破之殺尉屠睢伏尸流血數十万乃發適戍以備之當此之時男子不得脩農畝婦人不得剡麻考縷（考成言）羸弱服格於道大夫箕會於衢（箕會以箕斂於衢會）病者不得養死者不得葬於是陳勝起於大澤奮臂大呼天下席卷而至於戲（戲地名在新豐）劉項興義兵隨而定若折槁振落遂失天下禍在備胡而利越也欲知築脩城以備亡而不知築脩城之所以亡也發適戍以備越而不知難之從中發也夫鵲先識歲之多風也去高木而巢扶枝（扶旁）大人過之則探鷇嬰兒

過之則桃其卵知備遠難而忘近患故秦之設備也烏鵲之智也或爭利而反強之或聽從而反止之何以知其然也魯哀公欲西益宅史爭之以爲西益宅不祥（西益宅築舊居之西更以爲田宅不止益）哀公作色而怒左右數諫不聽乃以問其傅宰折睢（宰折睢傅名姓）曰吾欲益宅而史以爲不祥子以爲何如宰折睢曰天下有三不祥西益宅不与焉哀公大悅而喜頃復問曰何謂三不祥對曰不行礼義一不祥也嗜慾无止二不祥也不聽強諫三不祥也哀公默然深念憤然自反遂不西益宅夫史以爭爲可以止之而不知不爭而反取之也知者離路而得道愚者守道而失路夫兒說之巧於閉結无不解（兒說宋大夫也）非能閉結而盡解之也不解不可解也至乎以弗解解之者可与及言論矣或明礼義推道礼而不行或解

構妄言而反當何以明之孔子行遊馬失食農夫之稼野人怒取馬而繫之子貢往說之卑辭而不能得也孔子曰夫以人之所不能聽說人譬猶以大牢享野獸大牢三牲以九韶樂飛鳥也予之罪也非彼人之過也乃使馬圉往說之圉養馬者至見野人曰子耕於東海至於西海吾馬之失安得不食子之苗野人大喜解馬而与之說若此其无方也而反行事有所至而巧不若拙故聖人量鑿而正枘夫歌采菱發陽阿鄙人聽之不若此延路陽局延路陽局鄙歌曲也非歌者拙也聽者異也故交畫不暢暢申連環不解物之不通者聖人不爭也仁者百姓之所慕也義者衆庶之所高也爲人之所慕行人之所高此嚴父之所以教子而忠臣之所以事君也然世或用之而身死国亡者不同於時也昔徐偃王好

行仁義陸地之朝者三十二國王孫厲謂楚莊王王孫厲楚臣也曰王不伐徐必反朝徐王曰偃王有道之君也好行仁義不可伐王孫厲曰臣聞之大之与小強之与弱也猶石之投卵虎之啗豚又何疑焉且也為文而不能達其德為武而不能任其力乱莫大焉楚王曰善乃舉兵而伐徐遂滅之此知仁義而不知世變者也

申菽杜茝申菽杜茝皆香申也美人之所懷服也及漸之於滫滫臭汁也則不能保其芳矣古者五帝貴德三五用義五霸任力今取帝王之道而施之五霸之世是由乘驥逐人於榛薄而蓑笠盤旋也今霜降而樹穀冰泮而求穫欲其食則難矣故易曰潛龍勿用者言時之不可以行也故君子終日乾乾夕惕若厲无咎終日乾乾以陽動也夕惕若厲以陰息也因

日以動因夜以息唯有道者能行之夫徐偃王為義而滅燕子噲行仁而亡（子噲燕王也蘇代說子噲讓國遂專政齊伐燕大敗之噲自死也）哀公好儒則削（哀公魯君）代君為墨而殘（代君趙之別國）滅亡削殘暴乱之所致也而四君獨以為仁義儒墨而亡者遭之時務異也非仁義儒墨不行非其世而用之則為之擒矣夫戟者所以攻城也鏡者所以照形也宮人得戟則以刈葵（宮人官侍）盲者得鏡則以蓋巵不知所施之也故善鄙不同誹譽在俗趨舍不同逆順在君狂譎不受祿而誅（狂譎東海之上人也耕田而食讓不受祿大公以為節虛乱民而誅）段干木辭相而顯所行同也而利害異者時使然也故聖人雖有其志不遇其世僅足以容身何功名之可致也知天之所為知人之所行則有以任於世矣知天而不知人則无以与俗交知人而不知天則无以与道遊單豹倍世離俗

單豹（隱士）巖居谷飲，不衣絲麻，不食五穀，行年七十，猶有童子之色，卒而遇飢虎，殺而食之。張毅好恭（張毅，好礼之人），過宮室廊廟必趨，見門閭聚衆必下，斯徒馬圉皆与伉禮，不終其壽，内熱而死。豹養其内而虎食其外，毅脩其外而疾攻其内。故直意適情，堅強賊之；以身役物，則陰陽食之。此皆載務而戲乎其調者也。得道之士，外化而内不化。外化所以入人也，内不化所以全其身也。故内有一定之操，而外能詘伸贏縮卷舒，与物推移，故万挙而不陷。所以貴聖人者，以其能龍変也。今捲捲然守一節，推一行，雖以毀碎滅沉，猶且弗易者，此察於小好而塞於大道也。趙宣孟活飢人於委桑之下，而天下稱仁焉；荊佽非犯河中之難，不失其守，而天下稱勇焉。是故見小行則可以論大體矣。田子方見老馬於通（田子方魏人也通道）喟然有志焉以問其御曰比何馬也其御曰此故公家畜也老罷而不為用出而鬻之田子方曰少而貪其力老而弃其身仁者弗為也束帛以贖之罷武聞之知所歸心矣齊莊公出獵有一蟲举足將搏其輪問其御曰此何蟲也對曰此謂螳蜋者也其為蟲也知進而不知却不量力而輕敵莊公曰此為人必為天下勇武矣迴車而避之勇武聞之知所盡死矣故田子方（隱）一老馬（隱褱）而魏國載之齊莊公避一螳蜋而勇武歸之湯敎祝網者而四十國朝（昔湯出見四面張網者湯敎去其三面祝曰欲上者上欲下者下无入吾網）文王葬死人之骸而九夷歸之（文王治靈臺得死人之骨夜夢死人呼而請葬於且文王反葬以五大夫之礼）武王蔭暍人於樾下（武王哀暍者之熱故蔭之於樾下樾下衆樹之虛地）左擁而右扇之而天下懷其德越王句踐一決獄不辜援龍淵而切其

股血流至足以自罰也而戰武士必其死故聖人行之於小則可以覆大矣審之於近則可以懷遠矣孫叔敖決期思之水而灌雩婁之野（雩婁今廬江是）莊王知其可以爲令尹也子發辯擊劇而勞佚齊（辯次第也擊劇次第罷勞之賞各有齊等也或曰子發辯擊之勞佚齊子發築設勞佚之節是以楚知可爲兵齊同）楚國知其可以爲兵主也此皆形於小微而通於大理者也聖人之舉事不加憂焉察其所以而已矣今万人調鐘不能比之律誠得知者一人而足矣說者之論亦猶此也誠得其數則无所用多矣夫車之所以能轉千里者以其要在三寸之轄夫勸人而弗能使也禁人而弗能止也其所由者非理也昔者衛君朝於吳（衛君衛侯轉也）吳王因之（吳王夫差）欲流之於海者說者冠蓋相望而弗能止魯君聞之（魯君哀公）撤鐘鼓之縣縞素而朝仲尼入見曰君胡爲有憂色

魯君曰諸侯无親以諸侯爲親大夫无黨以大夫爲黨今衛君朝於吴王吴王囚之而欲流之於海孰衛君之仁義而遭此難也吾欲免之而不能爲奈何仲尼曰若欲免之則請子貢行魯君召子貢授之將軍之印子貢辭曰貴无益於解患在所由之道斂躬而行至於吴見太宰嚭太宰嚭甚悦之欲薦之於王子貢曰子不能行說於王奈何吾因子也太宰嚭曰子焉知嚭之不能也子貢曰衛君之來也衛國之半曰不若朝於晉其半曰不若朝於吴然衛君以爲吴可以歸骸骨也故束身以受命今子受衛君而囚之又欲流之於海是賞言朝於晉者而罰言朝於吴也且衛君之來也諸侯皆以爲著龜以爲著龜以卜朝吴之吉凶也兆今朝於吴而不利則皆移心於晉矣子之欲成霸王之業不亦

難乎太宰嚭入復之於王王報出令於百官曰比十日而衛君之禮不具者死子貢可謂知所以説矣

魯哀公爲室而太公宣子諫（公宣子魯大夫）室大衆与人処則譁少与人処則悲願公之適公曰寡人聞命矣築室不輟公宣子復見曰国小而室大百姓聞之必怨吾君諸侯聞之必輕吾国魯君曰聞命矣築室不輟公宣子復見曰左昭而右穆（昭穆先君宗廟）爲大室以臨二先君之廟得无害於子乎公乃令罷役除版而去之魯君之欲爲室誠矣公宣子止之必矣然三説而一聽者其二者非其道也夫臨河而釣日入而不能得一鯈魚者非江河魚不食也所以餌之者非其欲也及至良工執竿投而擐脣吻者能以其所欲而鈎者也夫物无不可奈何（言物皆可術而治也）有人无奈何（事有人材所不及无奈之何也）鉿之

与丹異類殊色而可以爲丹者得其數也故繁稱文辭无益於說審其所由而已矣物類之相摩近而異門戶者衆而難識也故或類之而非或不類之而是或若然而不然者或不若然而然者諺曰鳶墮腐鼠而虞氏以亡何謂也曰虞氏梁之大富人也梁今之陳留浚儀也家充盈殷富金錢无量財貨无貲升高樓臨大路設樂陳酒積博其上游俠相隨而行樓下博上者射朋張中反兩而笑射朋張上棋中之以一反兩也飛鳶適墮其腐鼠而中游俠游俠相与言曰虞氏富樂之日久矣而常有輕易人之志吾不敢侵犯而乃辱我以腐鼠如此不報无以立務於天下務勢請与公僇力一志悉率徒屬而必以滅其家此所謂類之而非者也何謂非類而是屈建告石乞屈建楚大夫也石乞白公之黨也曰白公勝將爲亂石乞曰

不然白公勝卑身下士不敢驕賢其家无筦籥之信關楗之固大斗斛以出輕斤兩以內而乃論之以不宜也屈建曰此乃所以反也居三年白公勝果為乱殺令尹子椒司馬子期（子椒子期皆白公之季父）此所謂弗類而是者也何謂若然而不然子發為上蔡令民有罪當刑獄斷論定決於令尹前子發喟然有悽愴之心罪人已刑而不忘其恩此其後子發盤罪威王（盤辟也發得罪辟於威王也）而出奔刑者遂襲恩者恩者逃之於城下之廬踹足而怒（踹足蹀足）曰子發視決吾罪而被吾刑吾怨之憯於骨髓（憯痛）使我得其肉而食之其知猒乎追者皆以為然而不索其內果活子發此所謂若然而不若然者何謂不然而若然者昔越王句踐卑下吳王夫差請身為臣妻為妾奉四時之祭祀而入春秋之貢職委社稷效民力

居隱為蔽而戰爲鋒行礼甚卑辭甚服其離叛之心遠矣然而甲卒三千人以擒夫差於姑胥（姑胥地名）此四策者不可不審也夫事之所以難知者以其竄端匿跡立私於公倚邪於正而以勝惑人之心者也若使人之所懷於内者与所見於外者若合符節則天下无亡国破家矣夫狐之捕雉也必先卑躰弭耳以待其来也雉見而信之故可得而擒也使狐瞋目植睹（植睹柱尾）見必殺之勢雉亦知驚憚遠飛以避其怒矣夫人偽之相欺也非直禽獸之詐計也物類相似若然而不可從外論者衆而難識矣是故不可不察也

淮南鴻烈解卷第十八

淮南鴻烈解卷第十九

太尉祭酒臣許　慎　記上

脩務訓第十九脩勉務趨聖人趨時冠敝弗顧履遺不取必用仁義之道以濟萬民故曰脩務用以題篇

或曰無爲者寂然無聲漠然不動引之不來推之不往如此者乃得道之像或人以爲先爲術如此乃可謂爲得道之法也吾以爲不然嘗試問之矣以爲不如或人之言嘗問之於聖人矣若夫神農堯舜禹湯可謂聖人乎有論者必不能廢言五人可謂聖人邪有論者何能廢其道也以五聖觀之則莫得無爲明矣言不得无爲也古者民茹草飲水采樹木之實食蠃蛖之肉時多疾病毒傷之害害患也於是神農乃如教民播種五穀菽麥黍稷稻也相土地宜燥濕肥墝高下相視也燥乾也墝埆高陵也下濕也嘗百草之滋味水泉之甘苦令民知所避就當此之時一日而遇七十毒此神農之爲也

堯立孝慈仁愛使民如子弟言雖役使其民必加仁愛遇之如己之子弟也西教沃民東至黑齒北撫幽都南道交阯沃民西方之國黑齒東方之國陰氣所聚故曰幽都今鴈門以北是交阯南方之國四者遠裔不覩聖人之化故親往行教導撫之以仁義也放讙兜於崇山竄三苗於三危放棄也讙兜堯佞臣崇南極之山三苗蓋謂帝鴻氏之裔子渾敦少昊氏之裔子窮奇縉雲氏之裔子饕餮養三族之苗裔故謂之三苗三危西極之山名一曰放三苗國民於三危也流共工於幽州殛鯀於羽山堯時有共工官鯀禹父爲治水續用不成堯殛之羽山東極之山是則堯之爲洪範曰鯀則殛死然則渾敦窮奇饕餮食生至四裔可知也舜作室築牆茨屋辟地樹穀令民皆知去巖穴各有家室南征三苗道死蒼梧三苗之國在彭蠡舜時不服故往征之書曰舜陟方乃死時舜死蒼梧葬於九嶷之山在蒼梧馮乘縣東北零陵之南千里也禹沐浴霪雨櫛扶風禹勞力天下不避風雨以久雨爲沐浴扶風疾風以疾風爲疏櫛也決江疏河鑿龍門闢伊闕決巫山令江水得東過故言決疏道東注于海故言疏龍門本有水門鮪魚游其中上行得上過者使爲龍故曰龍門禹闢而大之故言鑿伊闕山谷禹開截山脉令伊水得北過入雒水故言闢也脩彭蠡之防乘四載隨山栞

木平治水土定千八百國脩治也彭蠡澤名在豫章彭澤縣西防隄四載山行用蔂水行用舟陸行用車澤行用輴隨循也栞石判識之四海之內凡萬國禹定千八百國是禹之所為也湯夙興夜寐以致聰明早起夜寐以思萬事能得其精故曰以致聰明輕賦薄斂以寬民氓寬猶富野民曰氓也布德施惠以振困窮弔死問疾以養孤孀幼无父曰孤孀寡婦雖家謂寡婦為孀婦百姓親附政令流行乃整兵鳴條困夏南巢譙以其過放之歷山鳴條地名南巢今廬江居巢是譙責讓其罪過於歷山歷山蓋歷陽之山是湯為之也此五聖者天下之盛主勞形盡慮為民興利除害而不懈懈墮也奉一爵酒不知於色言其輕也挈一石之尊則白汗交流言其重也又況贏天下之憂而海內之事者乎其重於尊亦遠矣遠猶多也且夫聖人者不恥身之賤而愧道之不行不憂命之短而憂百姓之窮是故禹之為水以身解於陽盱之河為治水解禱以身為質解讀解除之解陽盱河在秦地湯旱以身禱於桑山之林桑山之林能興雲致

雨故禱之聖人憂民如此其明也而稱以無為豈不悖哉悖繆也
且古之立帝王者非以奉養其欲也聖人踐位者非以逸
樂其身也逸安也為天下強掩弱眾暴寡詐欺愚勇侵怯
懷知而不以相教積財而不以相分故立天子以齊之齊等
一同也為一人聰明而不足以徧燭海內故立三公九卿以輔
翼之輔正也翼佐也絕國殊俗僻遠幽閒之處不能被德承澤故
立諸侯以教誨之絕遠殊異能猶及也立置以為遠國君是以地無不任時無
不應官無隱事國無遺利言官无隱病失職之事以利民故无所遺亡也所以衣
寒食飢養老弱而息勞倦也若以布衣徒步之人觀之則
伊尹負鼎而干湯伊尹處於有莘之野執鼎俎和五味以干湯欲其調陰陽行其道詩云實惟阿衡實左右
商王是也呂望鼓刀而入周呂望姜姓四嶽之後四嶽佐禹治水有功賜姓曰姜氏有呂望其後居殷乃屠
於朝歌故曰鼓刀入周息殷而往為文王太師佐武王伐紂成王封之於齊也伯里奚轉鬻伯里奚虞臣自知虞

公不可諫而去轉行自賣於秦為穆公相而秦興也管仲束縛管仲傅相齊公子糾不死子糾之難而奔魯束縛以
歸齊桓公用之而霸也孔子無黙突墨子無煖席黙言其突竈不至於黑坐席不至於温歷
行諸国汲汲於行道也是以聖人不高山不廣河蒙恥辱以干世主
非以貪禄慕位欲事起天下利而除萬民之害聖人蓋謂禹稷不以山為
高不以河為廣言必踰渡之事治也蓋聞傳書曰神農憔悴堯瘦臞舜黴黑
禹胼胝由此觀之則聖人之憂勞百姓甚矣甚重也故自天
子以下至于庶人四胑不動思慮不用事治求贍者未之
聞也夫地勢水東流人必事焉然後水潦得谷行水勢雖東流人
必事而通之使得循谷而行也禾稼春生人必加功焉故五穀得遂長加功謂是
藨是蔉耘耔之也遂成也聽其自流待其自生則鯀禹之功不立而后
稷之智不用若吾所謂無為者私志不得入公道耆欲不
得枉正術循理而舉事因資而立權自然之勢而曲故不

得容者（曲故巧詐）政事而身弗伐（伐自矜大其善）功立而名弗有（不名有其功也）非謂其感而不應攻而不動者若夫以火熯井以淮灌山此用己而背自然故謂之有爲（火不可以熯井淮不可以灌山而以用之非其道故謂之有爲也）若夫水之用舟沙之用肆泥之用輴山之用蔂夏瀆而冬陂因高爲田因下爲池此非吾所謂爲之（此皆因其宜用之故曰非吾所謂爲言无爲）

聖人之從事也殊體而合于理（殊異躰行理道也）其所由異路而同歸其存危定傾若一志不忘于欲利人何以明之昔者楚欲攻宋墨子聞而悼之（墨子名翟宋大夫悼傷也）自魯趨而十日十夜足重繭而不休息裂衣裳裹足至於郢見楚王（自從趨走郢楚都也今南郡江陵北里郢是也）曰臣聞大王舉兵將攻宋計必得宋而後攻之乎忘其苦衆勞民頓兵剉銳負天下以不義之

名而不得咫尺之地猶且攻之乎（頓罷剉辱折鈋精攻无罪之宋故負天下以不義之名猶且必攻也）王曰必不得宋又且爲不義曷爲攻之墨子曰臣見大王之必傷義而不得宋王曰公輸天下之巧士作爲雲梯之械設以攻宋曷爲弗取（公輸魯班號時在楚雲梯攻城具高長上与雲齊故曰雲梯械器設施也）墨子曰今公輸設攻臣請守之於是公輸般設攻宋之械墨子設守宋之備九攻而墨子九却之弗能入（入猶下也）於是乃偃兵輟不攻宋（輟止也）段千木辭禄而處家魏文侯過其閭而軾之（閭里周禮二十五家爲閭軾伏軾敬有德曲禮曰軾視馬尾又曰兵車不軾尚威武也）其僕曰君何爲軾文侯曰段千木在是以軾其僕曰段千木布衣之士君軾其閭不已甚乎文侯曰段千木不趨勢利懷君子之道隱處窮巷聲施千里（聲名也施行也）寡人敢勿軾乎（勿无也）段千木光于德寡人光于勢段千木富于義寡人

人富于財勢不若德尊財不若義高干木雖以己易寡人不爲（使干木之己賢易寡人之尊不肯爲之矣）吾曰悠悠慙恧于影（影形影也）子何以輕之哉其後秦將起兵伐魏司馬庾諫曰段干木賢者（庾秦大夫也庾或作唐）其君禮之天下莫不知諸侯莫不聞舉兵伐之無乃妨於義乎於是秦乃偃兵輟不攻魏夫墨子跌蹏而趨千里以存楚宋（跌疾行也蹏趨步也）段干木闔門不出以安秦魏夫行與止也其勢相反而皆可以存國此所謂異路而同歸者也（異路謂行與止也同歸謂歸於存国）今夫救火者汲水而趨之或以甕瓴或以盆盂其方員銳橢不同盛水各異其於滅火鈞也故秦楚燕魏之歌也異轉而皆樂（轉音聲也）九夷八狄之哭也殊聲而皆悲一也（東方之夷九種北方之狄八類）夫歌者樂之徵也哭者悲之效也（徵應也效驗也）憤於中則應於外也（憤發也）故在所以感（感也）丨

夫聖人之心日夜不忘于欲利人其澤之所及者劾亦大矣（劾功也）世俗廢衰而非學者多（非者不善之辭故曰非也）人性各有所脩短若魚之躍若鵲之駮此自然者不可損益（推此揆之故不欲斈）吾以爲不然夫魚者躍鵲者駮也猶人馬之爲馬筋骨形躰所受於天不可变以此論之則不類矣（言人自爲人馬自爲馬不相類也）夫馬之爲草駒之時跳躍揚蹏翹尾而走人不能制（馬五尺已下爲駒放在草中故曰草駒翹舉也制禁也）齕咋足以噆肌碎骨蹶蹏足以破盧陷匈（咋齧也噆穿也）及至圉人擾之良御敎之（圉養馬官擾順也）掩以衡扼連以轡銜則雖歷險超塹弗敢辭故其形之爲馬馬不可化其可駕御敎之所爲也馬聾蟲也（蟲喻无知也）而可以通氣志猶待敎而成又況人乎且夫身正性善發憤而成帽憑而爲義（帽憑盈滿積思之貌）性命可說不待學問而合於道者

堯舜文王言有善性命可教說者聖人不斈而知之者堯舜文王詩云不識不知順帝之則是也沉湎眈荒不可教以道不可喻以德嚴父弗能正賢師不能化丹朱商均也丹朱堯子商均舜子弗能化詩云誨尔諄諄聽我邈邈是其類也曼頰皓齒形夸骨佳不待脂粉芳澤而性可說者西施陽文也曼頰者細理也肕弱佳好性猶姿也西施陽文古之好女也啳睽哆噅籧篨戚施雖粉白黛黑弗能為美者嫫母仳倠也啳讀權衡之權急氣言之睽讀夔哆讀大口之哆噅讀楚蔿氏之蔿籧篨偃戚施僂皆醜嫫母仳倠古之醜女嫫讀如模範之模仳讀人得風病之靡倠讀近虺一說讀曰莊維也夫上不及堯舜下不及商均美不及西施惡不若嫫母此教訓之所俞俞導也而芳澤之施且子有弒父者然而天下莫疏其子何也愛父者衆也儒有邪辟者而先王之道不廢何也其行之者多也今以為學者之有過而非學者則是以一飽之故絕穀不食以一蹪之難輟足不行惑也蹪躓楚人謂躓也言以飽而不食蹪

而不行喻丹朱商均不可教化而復孝故謂之惑也今日良馬不待冊錣而行駑馬雖兩錣之不能進為此不用冊錣而御則愚矣爲良馬能自走不復用箠得駑馬無以行之故曰愚也夫怯夫操利劍擊則不能斷刺則不能入及至勇武攘捲一擣則摺脅傷幹武士也楚人謂士爲武摺折也爲此棄千將鏌邪而以手戰則悖矣所為言者齊於眾而同於俗今不稱九天之頂則言黃泉之底九天八方中央故曰九頂極高底極卑也是兩末之端義何可以公論乎公平也夫橘柚冬生而人曰冬死死者眾薺麥夏死人曰夏生生者眾多江河之回曲亦時有南北者而人謂江河東流攝提鎮星日月東行而人謂星辰日月西移者以大氐為本歲星在寅曰攝提鎮星中央土星鎮四方故曰鎮氐猶更言其餘星辰皆西行故曰大氐為本也胡人有知利者而人謂之駤駤忿戾惡理不通達胡人性皆然亦舉多駤讀似質緩氣言之者在舌頭乃得越人有重遲者而人謂之訬訬輕利急

亦以多者言訬讀燕人言躁操善趨者謂之訬同也以多者名之若夫堯眉八彩九竅通洞而公正無私堯母慶都蓋天帝之女寄伊長孺家年二十無夫出觀於河有赤龍負圖而至曰赤龍受天下之圖有人赤衣光面八彩鬚鬢長赤帝起成元寶奄然陰雲赤龍與慶都合而生堯視如圖故眉有八彩之色洞達聖道也無私無所愛憎也一言而萬民齊一言二言齊無儳舜二瞳子是謂重明言能知人作事成法出言成章作事爲後世所法論語舜有天下舉十六相煥乎其有文章巍巍乎此之謂也禹耳參漏是謂大通參三漏穴也大通天下擢下滯之物興利除害疏河決江傳曰劉子觀於雒汭云微禹吾其魚乎故曰興利除害也文王四乳是謂大仁乳所以養人故曰大仁也天下所歸百姓所親文王為西伯遭紂之虐三分天下而有二受命而王故百姓所親皐陶馬喙是謂至信喙若馬口出言啻不虛故曰至信決獄明白察於人情察猶知也禹生於石禹母脩紀感石而生禹折胷而出契生於卵契母有娀氏之女簡翟吞燕卵而生契愊背而出詩云天命玄鳥降而生商是也史皇產而能書史皇蒼頡生而見鳥迹知著書號曰史皇或曰頡皇羿左臂脩而善射羿有窮之君也若此九賢者千歲而一出

猶綴踵而生以千歲爲近明聖賢之難今無五聖之天奉堯舜禹湯周文王也奉助也四俊之才難才千人爲俊謂臯陶稷契史皇欲棄學而循性是謂猶釋船而欲蹍水也蹍履也夫純鈞魚腸之始下型擊則不能斷刺則不能入純鈞利劒名魚腸文理屈辟若魚腸者良劒也型或作盧也及加之砥礪摩其鋒鍔則水斷龍舟龍舟大舟陸剸犀甲言利也明鏡之始下型矇然未見形容及其粉以玄錫摩以白旃鬢眉微毫可得而察於學微細察見夫學亦人之砥錫也而謂學無益者所以論之過以用也過非也知者之所短不若愚者之所脩短謂缺脩長明有所不足謂愚有所不遠也賢者之所不足不若衆人之有餘衆凡也何以知其然夫宋畫吳冶刻刑鏤法亂脩曲出宋人之畫吳人之治刻鏤刑法亂理之文脩飾之功曲出於不意也其爲微妙堯舜之聖不能及及猶加也蔡之幼女衛之稚質蔡国今南陽胡曲衛故在河內後徙濮丘今東陽郡稚質亦少女梱纂組雜奇彩抑黑

質揚赤文細叩核纂纖組邪文如今之短殺黑耳赤言其巧也二國之女巧也禹湯之智不能逮言不能及天天之所覆地之所載包於六合之内託於宇宙之間陰陽之所生血氣之精含牙戴角前爪後距奮翼攫肆蚑行蟯動之蟲喜而合怒而鬭攫搏也肆極蚑潰車叹之跂蟯蠖饒多之貌見利而就避害而去其情一也雖所好惡其與人無以異一同人亦避害就利有不相如故言雖也然其爪牙雖利筋骨雖彊不免制於人者知不能相通才力不能相一也各有其自然之勢勢及也無稟受於外无有季問受謀慮於外以益其思也故力竭功沮竭盡也沮敗也夫鴈順風以愛氣力銜蘆而翔以備矰弋未秀日蘆已秀日葦矰矢弋繳銜蘆所以令繳不得截其翼也螘知為垤貛貉為曲穴虎豹有茂草野彘有艽背槎櫛堀虛連比以像宮室陰以防雨防衛也景以蔽日蔽擁也此亦鳥獸之所以知求合於其所利今使人生於辟

陋之國（辟遠陋鄙小也）長於窮櫩漏室之下長無兄弟少無父母目未嘗見禮節耳未嘗聞先古（先古謂聖賢之道也）獨守專室而不出門（專室小室）使其性雖不愚然其知者必寡矣昔者倉頡作書容成造曆（容成皇帝臣造作曆知日月星辰之行度）胡曹爲衣（易曰黃帝垂衣裳胡曹亦黃帝臣也）后稷耕稼（詩曰播厥百穀）儀狄作酒（見世本）奚仲爲車（傳曰奚仲爲夏車正封於薛也）此六人者皆有神明之道聖智之迹故人作一事而遺後世非能一人而獨兼有之各悉其知貴其所欲達（達通也）遂爲天下備（備猶用也）今使六子者易事而明弗能見者何（見猶知言人各有所不能）萬物至衆而知不足以奄之（奄蓋之也）周室以後無六子之賢（賢才也）而皆脩其業當世之人無一人之才而知其六賢之道者何教順施續而知能流通（施設續猶傳也）由此觀之學不可已明矣（已止也）今夫盲者目不能別晝夜分白黑

然而搏琴撫弦，絫彈復徽，攫援摽拂，手若蒙蒙不失一弦（絫彈無弦復徽上下手攫援摽拂數羲家言其疾李之習徽讀繼車之繼攫讀屈直木令句欲句此木之句摽讀刀摽之摽）。使未嘗鼓瑟者，雖有離朱之明，攫掇之捷，猶不能屈伸其指（離朱黃帝時人明目能見百步之外秋毫之末攫掇亦黃帝時捷疾者也）。何則？服習積貫之所致（謂上不失一弦）。故弓待撒而後能調，劍待砥而後能利（撒矯弓之材讀曰砥礪石）。砎玉堅無敵，鏤以爲獸，首尾成形，礛諸之功（礛諸治玉之石詩云他山之石可以為錯是礛讀廉氏之廉一曰濫也）。木直中繩，揉以為輪，其曲中規（規負之也），隱括之力。唐碧堅忍之類，猶可刻鏤，揉以成器用（唐碧石似玉皆堅韌之物），又況心意乎？且夫精神滑淖纖微，倏忽變化，與物推移（推移猶轉易也），雲蒸風行，在所設施（施用）。君子有能精摇摩監，砥礪其才，自試神明，覽物之博，通物之壅，觀始卒之端，見無外之境（所以觀遠），以逍遥仿佯於塵埃之外（塵埃猶窈冥也）

超然獨立卓然離世不群於俗此聖人之所以詩心若此而不能閑居靜思鼓琴讀書追觀上古及賢大夫學問講辯日以自娛講論辯別然否自娛樂蘇援世事分白黑利害蘇猶索援別分別白黑知利害之所在籌策得失以觀禍福籌策曰視非常曰觀設儀立度可以為法則窮道本末究事之情窮盡也究極也立是廢非明示後人是善也非惡也此有遺業生有榮名遺餘功業榮寵也如此者人才之所能逮逮及也然而莫能至焉者偷慢懈惰多不暇日之故偷薄慢易薄易人人懸惰於庶幾多言而不暇日而不孳推此故也夫瘠地之民多有心者勞也心句義之心也沃地之民多不才者饒也饒逸也由此觀之知人無務不若愚而好學自人君公卿至于庶人不自彊而功成者天下未之有也詩云日就月將學有緝熙于光明此之謂也詩頌敬之篇言為善者日有所成就月有所奉行當孳孳之是明此勉孳之謂矣

名可務立功可彊成務事也彊勉也故君子積志委正以趣明師師所以取法則勵節亢高以絶世俗不羣於衆也何以明之昔於南榮疇恥聖道之獨亡於已身淬霜露敕蹻趹跋涉山川冒蒙荊棘淬浴敕猶箸蹻復趹趨不從蹊隧曰跋涉故蹈犯荊棘南姓榮疇字蓋魯人也百舍重趼不敢休息百里一舍趼足胝生南見老聃受教一言元明老子字伯陽楚苦縣瀨鄉曲里人今陳国蒙瀨鄉存祠存椽在魯南故曰南見老子聃一言道合也精神曉泠鈍聞條達曉明泠猶了鈍聞猶鈍賢欣若七日不食如饗大牢文夫七日不食則斃死故以七日爲極三牲具曰大牢也是以明照四海名施後世施延也達略天地達通也略猶數也察分秋毫察明稱譽葉語至今不休葉世言榮疇見稱文世傳相語至今不止此所謂名可彊立者吳與楚戰吳王闔閭與楚昭王戰於伯莒莫囂大心撫其御之手曰今日距彊敵犯白刃蒙矢石莫大也囂衆也主大衆之官楚卿大夫心楚成得臣子玉之孫強謂吳家冐五矢弩也一日矢石也戰而身死卒勝民治全我社稷可以庶幾乎

庶幾得安遂入不返決腹斷頭不旋踵運軌而死言入吴不旋踵因軌而死勇然不如申包胥之功也申包胥竭筋力以赴嚴敵伏尸流血不過一卒之才在車曰士步曰卒而此者一人之功也不如約身卑辭求救於諸侯申包胥楚大夫与伍子胥友者子胥之亡謂申包胥曰我必復楚国申包胥曰子能復之我必興之及昭王敗於伯擧奔隨申包胥如秦乞師故曰不如求救於諸侯於是乃贏糧跣走跋涉谷行贏裹一曰囊跣走不及著履不躡蹝爲跋涉上峭山赴深谿游川水峭山高山深谿大壑游渡自楚至秦所經由也犯津關獵蒙籠蹷沙石蹠達膝曾繭重胝七日七夜至於秦庭犯躐躐津關則倦獵蒙籠之山一曰葛蘽所蒙籠言非人所由蹷偃蹶足達穿幽通賊曰申重繭以存荊是也鶴跱而不食晝吟宵哭面若死灰顏色黴黑禪峙時立言不動不食黴黑其面色欲速得秦救也涕液來集以見秦王秦王秦哀公也曰吴爲封豨脩蛇蠶食上國虐始於楚封脩皆大豨蛇喻貪蠶食盡無餘上国中国虐害始先言將以次至秦也寡君失社稷越在草茅寡君昭王越遠在於隨矣百姓離散夫婦男女不遑啓處遑暇也啓

（蹠也處安）使下臣告急。秦王乃發車千乘，步卒七萬，屬之子虎（秦大夫子車鍼虎。傳曰：秦車五百乘以救楚。凡三萬七千五百人，此曰千乘步卒七萬，不台也），踰塞而東（塞，函谷，一曰武關塞也），擊吳濁水之上，果不破之，以存楚國（濁水蓋江水。傳曰：敗吳于公壻之谿，公壻之溪，楚地），烈藏廟堂，著於憲法，此功之可彊成者也（烈，功；憲，法也）。夫七尺之形，心致憂愁勞苦，膚之知痛疾寒暑，人情一也（一，同也）。聖人知時之難得，務之可趣也，苦身勞形，焦心怖肝，不避煩難，不違危殆（怖肝，猶戒懼）。蓋聞子發之戰（子發，楚威王之將也），進如激矢，合如雷電，解如風雨，員之中規，方之中矩，破敵陷陳，莫能壅御，澤戰必克（克，勝也），攻城必下，彼非輕身而樂死，務在於前，遺利於後，故名立而不墮（名，武；中，寧國之名；墮，廢也），此自強而成功者也（成，猶立也）。是故田者不強，囷倉不盈（強，力也）；官御不厲，心意不精（精，專）；將相不強，功烈不成（烈，業也）；侯王懈情

後出无名世猶身也詩云我馬唯騏六国如絲詩云小雅皇皇者華之篇六轡四馬

如絲言調勻也載馳載驅周爰諮謨以言人之有所務也諮難曰謨言當馳驅

以忠信往謨難事之不自恵已慎之至乃聖人之務也通於物者不可驚以怪通達言怪物不能驚之也

喻於道者不可動以奇喻明非常曰奇察於辭者不可燿以名燿眩

名虛實之名也審於形者不可遯以狀遯欺也狀貌也世俗之人多尊古

而賤今故為道者必託之于神農黃帝而後能入說說言

也言為二聖所作乃能入其說於人人乃用之乱世闇主高遠其所從來因而貴之

為學者蔽於論而尊其所聞相与危坐而稱之正領而誦之

此見是非之分不明誦之喻若影之隨形響之應声功也之不知其理故曰不明也夫无規矩

雖奚仲不能以定方圓无準繩雖魯班不能以定曲直是故

鍾子期死而伯牙絕絃被琴知世莫賞也針呂氏子通稱期名達於音律伯牙楚人

說世无有知音若子期故絶絃破其琴也惠施死而莊子寢說言見世莫可為語

者也惠施宋人仕於梁為惠王相莊子名周宋蒙縣人作者三十三篇為道家之言也夫項託年七歲為孔子師孔子有以聽其言也以年之少爲閭丈人說救敲不給何道之能明也閭道敲橫夫人長者年少為之說事者人為其頭自救不暇何能明道也昔者謝子見於秦惠王惠王說之以問唐姑梁唐姑梁曰謝子山東辨士固權說以取少主謝姓也子通稱也唐姓名姑梁秦大夫言謝子辯士也常發其巧說以取少主之權少主謝子之君一曰謂惠王惠王秦孝公之子也惠王因藏怒而待之後日復見逆而弗聽聽猶說是也非其說異也所以聽者易易草也夫以徵為羽非絃之罪罪在聽也以甘為苦非味之過過在嘗也楚人有烹猴而名其鄰人以為狗羹也而甘之召猶請也後聞其猴也據地而吐之盡寫其食此未始知味者也喻以惠王初說謝子唐姑梁間之因藏怒也邯鄲師有出新曲者託之李奇師樂師古也出猶作也新曲非雅樂也李奇古之名倡也諸人皆爭學之諸衆也後知其非也而皆棄其曲此

未始知音者也知非李奇所作而皆棄之故未始知也鄙人有得玉璞者喜其狀以為寶而藏之鄙人小人以示人人以為石也因而棄之此未始知玉者也故有符於中則貴是而同今古符驗〻者有明也是寶也言中心能明寶是者則貴之古今一也故曰同也无以聽其說則所從來者遠而貴之耳言无中心明驗无以聽人說之是吾但見其言遠古之事便珍貴之耳近世之事有可貴者亦有不貴之也此和氏之所以泣血於荊山之下荊人和氏得美玉之璞於荊山之下獻楚武王武王以為石則其左趾及文王即位復獻之如是乃泣血蠥之為室文王曰先王輕於刖足而重剖石遂為剖之畢如和言因号為和氏之璧也今劍或絕側羸文齧缺卷銋而稱以頃襄之劍則貴之爭帶之絕无側羸无文齧缺卷銋純弊无刃託之為楚頃襄王所服劍故貴人慕而爭帶之一說頃襄王善為劍人名銋鑽犀之綄也琴或撥剌枉橈闊解漏越而稱以楚莊之琴側室爭鼓之撥剌不止枉橈曲弱闊解壞漏越音聲散託之為楚莊王琴則側室之寵人爭鼓之也側室或作廟堂也苗山之鋌羊頭之銷雖水斷龍舟陸剸兕甲莫之服

帶（苗山楚山利金所出羊頭之銷自羊手刀雖有利用无所錯託故无人服帶也）山桐之琴澗梓之腹雖鳴廉隅脩營唐牙（伐山桐以為琴谿澗之梓以為腹言其鳴音声有廉隅脩營音清涼声和調唐猶堂營讀營正急之營也）通人則不然服劒者期於銛利而不期於墨陽莫邪（通人通於事類不然不如衆人貴遠慕声不與得銛利而已墨陽莫邪美劒名也）乘馬者期於千里而不期於華騮綠耳鼓琴者期於鳴廉脩營而不期於濫脅號鍾（濫脅音不和号鍾高声非耳所及也）誦詩書者期於通道略物而不期於洪範商頌（略達物事也頌或作容）聖人見是非若白黑之於目辨（辨别也）清濁之於耳聽（清商也濁宮也）衆人則不然（然如是也）中无主以受之譬若遺腹子之上隴以礼哭泣之而无所歸心（自不識父之顏心不哀也）故夫孿子之相似者唯其母能知之（知獨別也）玉石之相類者唯良工能識之（卞和是也）書傳之微者唯聖人能論之（微妙論叙也）今取新聖人書名之孔

墨則弟子句指而受者必衆矣（託於孔墨之名而或不知其實非孔墨所作也）故美人者非必西施之種通士者不必孔墨之類曉然意有所通於物故作書以喻意以為知者也（喻明也作書者以明古今傳代之事以為知者施也）誠得清明之士執玄鑑於心照物明白不為古今易意（玄水也鑑鏡也皆以自見能自易故能見物言反易也）攄書明指以示之（攄書也指書）雖闔棺亦不恨矣（朝聞道夕死可矣何恨之有乎）昔晉平公令官為鐘二成而示師曠師曠曰鐘音不調（平公晉悼公之子彪師曠識音故知其不調也）平公曰寡人以示工工皆以為調而以為不調何也（而汝言也）師曠曰使後世無知音者則已若有知音者必知鐘之不調故師曠之欲善調鐘也以為後之有知音者也（喻上向作書為知音施也）三代與我同行五伯與我齊智（我謂作書）彼獨有聖知之實我曾无有閭里氣聞窮巷之知者何（曾則也我則无聲名宣聞於閭里窮巷之人无

有知我之賢何故也彼弁身而立節我誕謾而悠忽彼謂三代五伯弁身同行而五伯也立節我謂誕謾倨敖悠〻忽遊蕩輕物今夫毛嬙西施天下之美人若使人銜腐鼠蒙蝟皮衣豹裘帶死蛇則布衣韋帶之人過者莫不左右睥睨而掩鼻言虽有美姿人恐聞其臭故睥睨掩其鼻孟子曰西子之蒙不潔則人皆掩鼻而過之是也嘗試使之施芳澤正娥眉設笄珥衣阿錫曳齊紈笄婦人首飾珥瑱阿細縠錫細布紈素齊所出粉白黛黑佩玉環揄步躰搖動㨗足行雜芝若䕪蒙目視雜佩芝若香草䕪蒙由妙瞽目視也治由笑目流眺治猶笑巧笑詩云巧笑倩兮是也流眺不精䀢詩云美目盼兮是也口曾撓奇牙出䶑酺搖曾則也撓弱也口則弱撓肖若將笑故好齒出詩云齒如瓠犀是也䶑酺頰邊文婦人之媚也則雖王公大人有嚴志頡頏之行者无不憛悇癢心而悅其色矣憛悇貪欲癢心煩悶也憛悇探讀滌尊之探也今以中人之才蒙愚惑之智被污辱之行无本業所修方術所務焉得无有睥面掩鼻之容哉今鼓舞者

鼓舞或作鄭舞鄭者鄭袖楚懷王之幸姬善哥攻舞因名攻舞一說鄭重攻舞也繞身若環車輪倒也曾

撓摩地扶於猗那動容轉曲曾撓摩地鼓車平解故轉周還更曲意更為之便

媚擬神擬象也身若秋藥被風藥白芷香草被風言其弱髮若結旌屈而

復舒騁馳若驚騁馳言其疾也木熙者舉梧檟據句枉熙戲李援也梧桐檟

梓皆大木也句枉曲枝也枉或作掘也蝯自縱好茂葉言舞者若蝯不復戲地好上茂木之枝葉龍

夭矯燕枝拘言鑽盤若蟠龍燕枝拘言其著樹如燕附枝也援豐條舞扶踈援持持大

條以木舞扶踈槃跚龍從鳥集搏援攫肆蔑蒙踊躍言其舞躰如龍附雲如鳥

集山持捷大極其巧蔑蒙踊躍明其疾也且夫觀者莫不為之損心酸足觀者見其微妙

危發皆為之損動中心酸酢其足也彼乃始徐行微笑被衣修擢彼彼舞者更復徐行小笑

被倡衣修擢舞為後曲也夫鼓者非柔縱言非其人生自柔弱屈句委縱也而木熙者非

眇勁眇絕言其非能也有絕眇之殊力也自淹浸漬漸靡使然也淹久浸漬漸於數久

使之柔縱眇勁靡教化使之然也是故生木之長莫見其益有時而修長者

今長之長砥礪䃺監莫見其損有時而薄有時積時言非日數化亦然也藜藿之生蝡蝡然日加數寸不可以爲櫨棟加猶益也櫨屋也楩柟豫章之生也七年而後知故可以爲棺舟知猶覺〻其大也夫事有易成者名小難成者功大君子修美雖未有利福將在後至美善也故詩云日就月將學有緝熙于光明此之謂也已說在上章也

淮南鴻烈解卷第十九

淮南鴻烈解卷第二十

太尉祭酒臣許　慎　記上

泰族訓第二十泰言古今之道万物之指族於一理明其所謂也

天設日月列星辰調陰陽張四時日以暴之夜以息之風以乾之雨露以濡之其生物也莫見其所養而物長其殺物也莫見其所喪而物亡此之謂神明聖人象之故其起福也不見其所由而福起其除禍也不見其所以而禍除遠之則邇延之則踈稽之弗得察之不虛日計无筭歲計有餘夫濕之至也莫見其形而炭已重矣風之至也莫見其象而木已動矣日之行也不見其移騏驥倍日而馳草木為之靡縣烽未轉縣烽邊候見虜奉烽轉相受行道里最疾者而日在其前故天之且風草木未動而鳥已翔矣鳥巢居知風也其且雨也陰

曀未集而魚已噞矣（魚潛居知雨也）以陰陽之氣相動也故寒暑燥濕以類相從声響疾徐以音相應也故易曰鳴鶴在陰其子和之高宗諒闇三年不言四海之内寂然无声一言声然大動天下是以天心呿唫者也故一動其本而百枝皆應若春雨之灌万物也渾然而流沛然而施无地而不澍无物而不生故聖人者懷天心声然能動化天下者也故精誠感於内形氣動於天則景星見黄龍下祥鳳至醴泉出嘉穀生河不滿溢海不溶波故詩云懷柔百神及河嶠岳逆天暴物則日月薄蝕五星失行四時干乘晝冥宵光山崩川涸冬雷夏霜詩曰正月繁霜我心憂傷天之与人有以相通也故国危亡而天文变世惑乱而虹蜺見万物有以相連精祲有以相蕩也（精祲氣之侵入者也）故神明之事不

可以智巧為也不可以筋力致也天地所包陰陽所嘔雨露所濡以生万物瑤碧玉珠翡翠玳瑁文彩明朗潤澤若濡摩而不玩久而不渝奚仲不能旅旅部旅也魯般不能造此之謂大巧宋人有以象為其君為楮葉者象象牙也三年而成莖柯豪芒鋒殺顏澤乱之楮華之中而不可知也列子曰使天地三年而成一葉則万物之有葉者寡矣夫天地之施化也嘔之而生吹之而落豈此契契哉故凡可度者小也可數者少也至大非度之所能及也至衆非數之所能領也故九州不可頃畝也八極不可道里也太山不可丈尺也江海不可斗斛也故大人者与天地合德日月合明与鬼神合靈与四時合信故聖人懷天氣抱天心執中含和不下廟堂而衍四海変習易俗民化而迁善若性諸已能以

神化也詩云神之聽之終和且平夫鬼神視之无形聽之无声然而郊天望山川禱祠而求福雩兑而請雨也兑說卜筮而決事詩曰神之格思不可度思矧可射思此之謂也天致其高地致其厚月照其夜日照其晝陰陽化列星期非有道而物自然故陰陽四時非生万物也雨露時降非養草木也神明接陰陽和而万物生矣故高山深林非為虎豹也大木茂枝非為飛鳥也流源千里淵深百仞非為蛟龍也致其高崇成其廣大山居木棲巢枝穴藏水潛陸行各得其所寧焉夫大生小多生少天之道也故丘阜不能生雲雨滎水不能生魚鱉者小也牛馬之氣蒸生蟣虱蟣虱之氣蒸不能生牛馬故化生於外非生於內也夫蛟龍伏寢於淵而卵剖於陵蛟龍鱉黿屬也乳於陵而伏於淵其卵自孚也螣蛇雄鳴

於上風雎鳴於下風而化成形精之至也故聖人養心莫善於誠至誠而能動化矣今夫道者藏精於内棲神於心静漠活淡訟繆匈中訟容也繆静也邪氣无所留滞四枝節族毛蒸理泄則機樞調利百脉九竅莫不順比其所居神者得其位也豈節樹而毛脩之哉聖主在上位廓然无形寂然无声官府若无事朝廷若无人无隱士无軼民无勞役无寃刑四海之内莫不仰上之德象主之指夷狄之国重譯而至非戶辯而家說之也推其誠心施之天下而已矣詩曰惠此中国以綏四方内順而外寧矣大王亶父処邠狄人攻之杖策而去百姓攜幼扶老負釜甑踰梁山而国乎岐周非令之所能召也秦穆公爲野人食駿馬肉之傷也飲之美酒韓之戰以其死力報非劵之所責也劵契也宓子

治亶父巫馬期往觀化焉見夜漁者得小即釋之非刑之所能禁也孔子為魯司寇道不拾遺市買不豫賈田漁皆讓長（長分別長者得多）而班白不戴負（班白頭有白髮）非法之所能致也夫矢之所以射遠貫牢者弩力也其所以中的剖微者正心也賞善罰暴者政令也其所以能行者精誠也故弩雖強不能獨中令雖明不能獨行必自精氣所以与之施道故攄道以被民而民弗從者誠心弗施也

天地四時非生万物也神明接陰陽和而万物生之聖人之治天下非易民性也拊循其所有而滌蕩之故因則大化則細矣（能循則必大也化而欲作則小矣）禹鑿龍門闢伊闕決江濬河東注之海因水之流也后稷墾草發菑糞土樹穀使五種各得其宜因地之勢也湯武革車三百乘甲卒三千人討

暴亂制夏商因民之欲也故能因則无敵於天下矣夫物有以自然而後人事有治也故良匠不能斲金巧冶不能鑠木金之勢不可斲而木之性不可鑠也埏埴而為器窬木而為舟鑠鐵而為刃鑄金而為鍾因其可也駕馬服牛令雞司夜令狗守門因其然也民有好色之性故有大婚之禮有飲食之性故有大饗之誼有喜樂之性故有鍾鼓筦絃之音有悲哀之性故有衰絰哭踊之節故先王之制法也因民之所好而為之節文者也因其好色而制婚姻之禮故男女有別因其喜音而正雅頌之聲故風俗不流因其寧家室樂妻子教之以順故父子有親因其喜朋友而教之以悌故長幼有序然後修朝聘以明貴賤饗飲習射以明長幼時搜振旅以習用兵也搜簡車馬也出曰治兵入曰振旅也入斈

庠序以脩人倫此皆人之所有於性而聖人之所匠成也
故无其性不可教訓有其性无其養不能遵道繭之性為
絲然非得工女煑以熱湯而抽其統紀則不能成絲卵之
化為雛非慈雌嘔煖覆伏累日積久則不能為雛人之性
有仁义之資非聖王為之法度而教導之則不可使鄉方
故先王之教也因其所喜以勸善因其所惡以禁奸故刑
罰不用而威行如流政令約省而化燿如神故因其性則
天下聽从拂其性則法縣而不用昔者五帝三王之莅政
施教必用參五何謂參五仰取象於天俯取度於地中取
法於人乃立明堂之朝行明堂之令（明堂布政之宫有十二月之政令也）以調
陰陽之氣而和四時之節以辟疾病之菑俯視地理以制
度量察陵陸水澤肥墽高下之宜立事生財以除飢寒

之患中考乎人德以制礼桀行仁義之道以治人倫而除暴乱之禍乃澄列金木水火土之性澄清也故立父子之親而成家别清濁五音六律相生之数以立君臣之义而成国察四時季孟之序以立長幼之礼而成官此之謂參制君臣之義父子之親夫婦之辯長幼之序朋友之際此之謂五乃列衣地而州之分職而治之築城而居之割宅而異之分財而衣食之立大孝而教誨之夙興夜寐而勞力之此治之紀綱已然得其人則举失其人則廢堯治天下政教平德润洽在位七十載乃求所屬天下之統令四岳揚側陋四岳举舜而薦之堯堯乃妻以二女以觀其内二女娥皇女英任以百官以觀其外既入大麓烈風雷雨而不迷林屬於山曰麓堯使舜入林麓之中遭大風雨不迷也乃屬以九子堯有九男贈以昭華之玉昭華玉名而

傳天下焉以爲雖有法度而朱弗能統也（朱堯子也）夫物未嘗有張而不弛成而不毀者也唯聖人能盛而不衰盈而不虧神農之初作琴也以歸神及其淫也反其天心夔之初作樂也（夔堯典樂臣也）皆合六律而調五音以通八風及其衰也以沉湎淫康不顧政治至於滅亡蒼頡之初作書以辯治百官領聖万事愚者得以不忘智者得以志遠至其衰也爲奸刻僞書以解有罪以殺不辜湯之初作囿也以奉宗廟鮮犞之具（生肉爲鮮乾肉爲犞）簡士卒習射御以戒不虞及至其衰也馳騁獵射以奪民時罷民之力堯之舉禹契后稷皋陶政教平奸究息獄訟止而衣食足賢者勸善而不肖者懷其德及至其末朋黨比周各推其与廢公趨私外内相推舉奸人在朝而賢者隱処故易之失也卦書之失也敷

樂之失也淫詩之失也辟礼之失也責春秋之失也刺天地之道極則反盈則損五色雖朗有時而渝茂木豐草有時而落物有隆殺不得自若故聖人事窮而更為法弊而改制非樂変古易常也將以救敗扶衰黜淫濟非以調天地之氣順万物之宜也聖人天覆地載日月照陰陽調四時化万物不同无故无新无疏无親故能法天天不一時地不一利人不一事是以緒業不得不多端趨行不得不殊方五行異氣而皆適調六藝異科而皆同道溫惠柔良者詩之風也淳龐敦厚者書之教也清明條達者易之义也恭儉尊讓者礼之為也寬裕簡易者樂之化也刺幾辯義者春秋之靡也故易之失鬼（易以氣定吉凶故鬼也）樂之失淫（樂變之於鄭声淫也）詩之失愚（詩人怨〻近愚也）書之失拘（書有典謨之制拘以法也）礼之失忮

礼尊尊卑卑尊不下卑敬伎也春秋之失訾春秋貶絶不避王人書人之過相訾言也六者聖人兼用
而財制之失本則乱得本則治其美在調其失在權水火
金木土穀異物而皆任規矩權衡準繩異形而皆施丹青
膠漆不同而皆用各有所適物各有宜輪員輿方轅从衡
横勢施便也驂欲馳服欲步驂騑服車中馬也帶不猒新鉤不猒
故処地宜也关雎興於鳥而君子美之為其雌雄之不乖
居也鹿鳴興於獸君子大之取其見食而相呼也泓之戰
軍敗君獲宋襄公与楚戰於泓楚人敗之襄公獲也而春秋大之取其不鼓不成
列也宋伯姬坐燒而死伯姬宋共公夫人夜失火待傅姆不至不下堂而及火死之也春秋大
之取其不踰礼而行也成功立事豈足多哉方指所言而
取一槩焉爾王喬赤松去塵埃之間離群慝之紛慝惡也及
陰陽之和食天地之精呼而出故吸而入新喋虛輕舉乘

雲遊霧可謂養性矣而未可謂孝子也周公誅管叔蔡叔以平国弭乱可謂忠臣也而未可謂弟也湯放桀武王誅紂以爲天下去残除賊可謂惠君而未可謂忠臣矣樂羊攻中山未能下中山亨其子而食之以示威可謂良將而未可謂慈父也故可乎可而不可乎不可不可乎不可而可乎可舜許由異行而皆聖伊尹伯夷異道而皆仁箕子比干異趨而皆賢故用兵者或輕或重或貪或廉此四者相反而不可一无也輕者欲發重者欲止貪者欲取廉者不利非其有故勇者可令進鬬而不可令持牢重者可令墳固而不可令凌敵貪者可令進取而不可令守職廉者可令守分而不可令進取信者可令持約而不可令應变五者相反聖人兼用而財使之夫天地不包一物陰陽不生一

類海不讓水潦以成其大山不讓土石以成其高夫守一隅而遺万方取一物而弃其餘則其所得者鮮而所治者浅矣治大者道不可以小地廣者制不可以狹位高者事不可以煩民衆者教不可以苛夫事碎難治也法煩難行也求多難贍也寸而度之至丈必差銖而稱之至石必過石秤丈量徑而寡失簡絲數米煩而不察言事當因大法如簡閱絲数米則煩而无功也故大較易為智曲辯難為惠故无益於治而有益於煩者聖人不為无益於用而有益於費者智者弗行也故功不猒約事不猒省求不猒寡功約易成也事省易治也求寡易贍也衆易之於以任人易矣孔子曰小辯破言小利破義小義破道小見不達必簡河以逶蛇故能遠山以陵遲故能高陰陽无為故能和道以優游故能化夫

徹於一事察於一辭審於一投可以曲說而未可廣應也蓼菜成行甂甌有蓴稱薪而爨數米而炊可以治小而未可以治大也員中規方中矩動成獸止成文可以愉舞而不可以陳軍滌盃而食洗爵而飲盥而後饋可以養少而不可以饗眾今夫祭者屠割烹殺剝狗燒豕調平五味者庖也陳簠簋（器方中者為簠圓中者為簋也）列樽俎設籩豆者祝也齊明盛服淵默而不言神之所依者尸也宰祝雖不能尸不越樽俎而代之故張瑟者小絃急而大絃緩立事者賤者勞而貴者逸舜為天子彈五絃之琴歌南風之詩而天下治周公肴臑不收於前鐘鼓不解於懸而四夷服趙政晝決獄夜理書（趙政秦始皇帝）御史冠蓋接於郡縣覆稽趨留戍五嶺以備越築脩城以守胡然奸邪萌生盜賊群居事愈煩

而乱愈生故法者治之具也而非所以為治也而猶弓矢中之具而非所以中也黄帝曰芒芒昧昧因天之威与元同氣故同氣者帝同义者王同力者霸无一焉者亡故人主有伐国之志邑犬群嗥伐国逆天之行則時必有大禍雄雞夜鳴庫兵動而戎馬驚戎馬兵馬也雞夜鳴而兵馬起氣之感動也今日解怨偃兵家老甘卧巷无聚人妖菑不生非法之應也精氣之動也故不言而信不施而仁不怒而威是以天心動化者也施而仁言而信怒而威是以精誠感之者也施而不仁言而不信怒而不威是以外皃為之者也故有道以統之法虽少足以化矣无道以行之法虽衆足以乱矣

治身太上養神其次養形治国太上養化其次正法神清志平百節皆寧養性之本也肥肌膚充腸腹供嗜欲養

生之末也民交讓爭处卑委利爭受寡努力事爭就勞曰化上遷善而不知其所以然此治之上也利賞而勸善畏刑而不爲非法令正於上而百姓服於下此治之末也上世養本而下世事末此太平之所以不起也夫欲治之主不世出而可与興治之臣不万一以万一求不世出此所以千歲不一會也水之性淖以清窮谷之汚生以青苔青苔水垢不治其性也掘其所流而深之茨其所決而高之茨積土填滿也使得循勢而行乘衰而流衰下也雖有腐髊流漸弗能汚也腐髊骨也漸水也其性非異也通之与不通也風俗猶此也誠決其善志防其邪心啓其善道塞其姦路与同出一道則民性可善而風俗可美也所以貴扁鵲者非貴其隨病而調藥貴其厭息脉血知疾之所從生也言人之喘息脉之病可知所以貴聖

人者非貴隨罪而鑒刑也貴其知乱之所由起也若不脩
其風俗而縱之淫辟乃隨之以刑繩之法法虽残賊天下
弗能禁也禹以夏王桀以夏止湯以殷王紂以殷亡非法
度不存也紀綱不張風俗壞也三代之法不亡而世不治
者无三代之智也六律具存而莫能聽者无師曠之耳也
故法虽在必待聖而後治律虽具必待耳而後聽故国之
所以存者非以有法也以有賢人也其所亡者非以无法
也以无聖人也晉獻公欲伐虞宮之奇存焉為之寢不安
席食不甘味而不敢加兵焉賂以宝玉駿馬宮之奇諫而
不聽　而不用越疆而去荀息伐之兵不血刃抱宝牽馬
而　守不待渠壍而固攻不待衝降而拔得賢之与失
　臧武仲以其智存魯而天下莫能亡也璩伯玉以

其仁寧衞而天下莫能危也易曰豐其屋蔀其家窺其戶闃其无人无人者非无衆庶也言无聖人以統理之也民无廉恥不可治也非修礼义廉恥不立民不知礼义法弗能正也非崇善廢醜而向礼义无法不可以爲治也不知礼义不可以行法法能殺不孝者而不能使人爲孔曾之行法能刑窃盗者而不能使人爲伯夷之廉孔子弟子七十養徒三千人皆入孝出悌言爲文章行爲儀表教之所以成也墨子服役百八十人皆可使赴火蹈刃死不還踵化之所致也夫刻肌膚鑱皮革被創流血至難也然越爲之以求榮也越人以箴刺皮爲龍文所以爲尊榮之也聖王在上明好惡以示之經誹譽以尊之親賢而進之賤不肖而退之无被創流血之苦而有高世尊顯之名民孰不从古者法設而不犯刑錯

而不用非可刑而不刑也百工維時庶績咸熙礼义脩而任賢得也故奉天下之高以為三公一国之高以為九卿一縣之高以為二十七大夫一鄉之高以為八十一元士故知過万人者謂之英千人者謂之俊百人者謂之豪十人者謂之傑明於天道察於地理通於人情大足以容衆德足以懷遠信足以一異知足以知變者人之英也德足以教化行足以隱义仁足以得衆明足以照下者人之俊也行足以為儀表知足以決嫌疑廉可以分財信可使守約作事可法出言可道者人之豪也守職而不廢処义而不比見難不苟免見利不苟得者人之傑也英俊豪傑各以小大之材処其位得其宜由本流末以重制輕上唱而民和上動而下隨四海之內一心同歸背貪鄙而向义理

其於化民也若風之搖草木无之而不靡今使愚教知使不肖臨賢雖嚴刑罰民弗從也小不能制大弱不能使強也故聖主者舉賢以立功不肖主舉其所与同文王舉大公望召公奭而王桓公任管仲隰朋而霸此舉賢以立功也夫差用太宰嚭而滅秦任李斯趙高而亡此舉所与同故觀其所舉而治乱可見也察其黨与而賢不肖可論也夫聖人之屈者以求伸也枉者以求直也故雖出邪辟之道行幽昧之塗將欲以直大道成大功猶出林之中不得直道極溺之人不得不濡足也伊尹憂天下之不治調和五味負鼎俎而行（伊尹七十說湯而不用於是負鼎俎調五味僅然後得用）五就桀五就湯將欲以濁為清以危為寧也周公股肱周室輔翼成王管叔蔡叔奉公子祿父而欲為乱周公誅之以定天下緣

不得已也。管子憂周室之卑，諸侯之力征，夷狄伐中国，民不得寧処，故蒙耻辱而不死，将欲以憂夷狄之患，平夷狄之乱也。孔子欲行王道，東西南北七十説而无所偶，故因衛夫人、彌子瑕而欲通其道（衛夫人，衛靈公夫人南子也。彌子瑕，衛之嬖臣），此皆欲平險除穢，由冥冥至炤炤，動於權而統於善者也。夫觀逐者於其反也，而觀行者於其終也。故舜放弟，周公殺兄，猶之為仁也；文公樹米（文公，晋文公也。樹米而欲生之），曾子架羊（架連架所以備知也），猶之為知也。當今之世，醜必託善以自為解，邪必蒙正以自為辟。游不論国，仕不擇官，行不辟汚，曰伊尹之道也；分別争財，親戚兄弟搆怨，骨肉相賊，曰周公之义也；行无廉耻，辱而不死，曰管子之趨也；行貨賂，趣勢門，立私廢公，比周而取容，曰孔子之術也。此使君子小人紛然斁乱，莫知其是非者也故百川並流不注海者不爲川谷趨行踳馳不歸善者不爲君子故善言歸乎可行善行歸乎仁義田子方段干木輕爵祿而重其身不以欲傷生不以利累形李克竭股肱之力領理百官輯穆万民使其君生无廢事死无遺憂此異行而歸於善者田子方段干木李克皆魏文侯臣故皆歸於善張儀蘇秦家无常居身无定君約从衡之事爲傾覆之謀濁乱天下撓滑諸侯使百姓不遑啓居或从或横或合衆弱或輔富強此異行而歸於醜者也故君子之過也猶日月之蝕何害於明小人之可也猶狗之晝吠鴟之夜見何益於善夫知者不妄發擇善而爲之計義而行之故事成而功足賴也身死而名足稱也虽有知能必以仁義爲之本然后可立也知能蹐馳百事並行聖人一以仁義爲之準繩中之者謂

之君子弗中者謂之小人君子虽死亡其名不滅小人虽得勢其罪不除使人左據天下之圖而右刎喉愚者不爲也身貴於天下也死君親之難視死若歸义重於身也天下大利也比之身則小身所重也比之义則輕义所全也詩曰愷悌君子求福不回言以信义爲準繩也欲成霸王之業者必得勝者也能得勝必强者也能强者必用人力者也能用人力者必得人心者也能得人心者必自得者也故心者身之本也身者国之本也未有得已而失人者也未有失已而得人者也故爲治之本務在寧民寧民之本在於足用足用之本在於勿奪時勿奪時之本在於省事省事之本在於節用節用之本在於反性未有能搖其本而靜其末濁其源而清其流者也故知性之情者不務

性之所无以為知命之情者不憂命之所无奈何故不高
宮室者非愛木也不大鐘鼎者非愛金也直行性命之情
而制度可以為万民儀今自悅五色口嚼滋味耳淫五声
七竅交爭以害其性日引邪欲而澆其身夫調身弗能治
奈天下何故自養得其節則養民得其心矣所謂有天下
者非謂其履勢位受傳藉稱尊號也言運天下之力而得
天下之心紂之地左東海右流沙前交阯後幽都師起容關
至浦水士億有餘万然皆倒矢而射傍戟而戰武王左操
黃鉞右執白旄以麾之則瓦解而走遂土崩而下紂有南
面之名而无一人之德此失天下也故桀紂不為王湯武不
為放周処酆鎬之地方不過百里而誓紂牧之野入據殷
国朝成湯之廟表商容之閭封比干之墓解箕子之囚乃

折枹毀鼓偃五兵縱牛馬搢笏而朝天下百姓歌謳而樂之諸侯執禽而朝之得民心也闔閭伐楚五戰入郢燒高府之粟破九龍之鍾（楚爲大龍之簴以縣鍾也）鞭荊平王之墓（荊平王殺子胥之父故鞭其墓以復讎）舍昭王之宮（吳之人楚君舍乎君室大夫舍大夫室也）昭王奔隨百姓父兄攜幼扶老而隨之乃相率而爲致勇之寇皆方面奮臂而爲之鬭當此之時无將卒以行列之各致其死郤吳兵復楚地靈王作章華之臺（靈王楚君）發乾谿之役（靈王伐徐以恐吳次於乾谿）外內搔動百姓罷弊弃疾乘民之怨而立公子比（弃疾皆靈王之兄弟）百姓放臂而去之餓於乾谿食莽飲水（莽草）枕塊而死楚国山川不変土地不易民性不殊昭王則相率而殉之靈王則倍畔而去之得民之与失民也故天子得道守在四夷天子失道守在諸侯諸侯得道守在四鄰諸侯失道

守在四境故湯処亳七十里文王処礼百里皆令行禁止於天下周之衰也戎伐凡伯于楚丘以歸（凡伯周大夫使於魯而戎伐之楚丘）故得道則以百里之地令於諸侯失道則以天下之大畏於冀州故曰无恃其不吾奪也恃吾不可奪行可奪之道而非簒弑之行无益於持天下矣

凡人之所以生者衣与食也今囚之冥室之中虽養之以芻豢衣之以綺繡不能樂也以目之无見耳之无聞穿隙穴見雨零則快然而嘆之況開戶發牖从冥冥見炤炤乎從冥冥猶尚肆然而喜又況出室坐堂見日月光見日月光曠然而樂又況登太山履石封以望八荒視天都若蓋江河若帶又況万物在其閒者乎其為樂豈不大哉且聾者耳形具而无能聞也盲者目形存而无能見也夫言者

所以通己於人也聞者所以通人於己也瘖者不言聾者不聞既瘖且聾人道不通故有瘖聾之病者虽破家求醫不顧其費豈獨形骸有瘖聾哉心志亦有之夫指之拘也莫不事申也心之塞也莫知務通也不明於類也夫觀六藝之廣崇窮道德之淵深達乎无上至乎无下運乎无極翔乎无形廣於四海崇於太山富於江河曠然而通昭然而明天地之間无所繫戾其於以監觀豈不大哉人之所知者淺而物变无窮曩不知而今知之非知益多也問學之所加也夫物常見則識之嘗爲則能之故因其患則造其備犯其難則得其便夫以一出之壽而觀千歲之知今古之論虽未嘗更也其道理素具可不謂有術乎人欲知高下而不能教之用管準則說欲知輕重而无以予

之權衡則喜欲知遠近而不能教之以金目則射快金目深目所以望遠近射準也又況知應无方而不窮哉犯大難而不懾見煩繆而不惑晏然自得其為樂也豈直一說之快哉夫道有形者皆生焉其為親亦戚矣享穀食氣者皆受焉其為君亦惠矣諸有智者皆學焉其為師亦博矣射者數發不中人教之以儀則喜矣又況生儀者乎人莫不知學之有益於己也然而不能者嬉戲害人也人皆多以无用害有用故知不博而日不足以鑿觀池之力耕則田野必辟矣以積土山之高脩隄防則水用必足矣以食狗馬鴻鴈之費養士則名譽必榮矣以弋獵博弈之日誦詩讀書聞識必博矣故不學之与學也猶瘖聾之比於人也

凡學者能明於天下之分通於治乱之本澄心清意以存

之見其終始可謂知略矣天之所爲禽獸草木人之所爲礼節制度構而爲宮室制而爲舟輿是也治之所以爲本者仁義也所以爲末者法度也凡人之所以事生者本也其所以事死者末也本末一躰也其兩愛之一性也先本後末謂之君子以末害本謂之小人君子与小人之性非異也所在先後而已矣草木洪者爲本而殺者爲末禽獸之性大者爲首而小者爲尾末大於本則折尾大於要則不掉矣故食其口而百節肥灌其本而枝葉美天地之性也天地之生物也有本末其養物也有先後人之於治也豈得无終始哉故仁義者治之本也今不知事脩其本而務治其末是釋其根而灌其枝也且法之生也以輔仁義今重法而棄義是貴其冠履而忘其頭足也故仁义者

爲厚基者也不益其厚而張其廣者毀不廣其基而增其高者覆趙政不增其德而累其高故滅知伯不行仁义而務廣地故亡其国語曰不大其棟不能任重重莫若国棟莫若德国主之有民也猶城之有基木之有根根深即本固基美則上寧五帝三王之道天下之綱紀治之儀表也今商鞅之啓塞啓之以利塞之以禁商鞅之術也申子之三符申不害治韓有三符驗之術也韓非之孤憤韓非說孤生之憤志張儀蘇秦之從衡蘇秦合六国為從張儀說為衡皆掇取之權一切之術也非治之大本事之恒常可博内而世傳者也子囊北而全楚北不可以爲庸子囊楚大夫也北遂走庸常也弦高誕而存鄭誕不可以爲常今夫雅頌之声皆發於詞本於情故君臣以睦父子以親故韶夏之樂也声浸乎金石潤乎草木今取怨思之声施之於絃管聞其音者不淫

則悲淫則乱男女之辯悲則感怨思之氣豈所謂樂哉趙王迁流於房陵（秦滅趙王迁之漢中房陵也）思故鄉作為山水之嘔（山水之嘔嘔歌曲）聞者莫不殞涕荆軻西刺秦王（无朝燕人太子丹之客也丹怨秦王故遣軻刺之也）高漸離宋意為擊筑而歌於易水之上（高漸離宋意皆太子丹之客也筑曲二十一弦易水燕之南水也）聞者莫不瞋目裂眦髮植穿冠因以此声為樂而入宗廟豈古之所謂樂哉故弁冕輅輿可服而不可好也（弁冕冠也）大羹之和可食而不可嗜也（大羹不和五味）朱絃漏越（朱絃練絲漏穿越琴瑟兩頭也）一唱而三歎可聽而不可快也故无声者正其可聽者也其无味者正其足味者也吠声清於耳兼味快於口非其貴也故事不本於道德者不可以為儀言不合乎先王者不可以為道音不調乎雅頌者不可以為樂故五子之言（五子謂商鞅申子韓非蘇秦張儀也）所以便說掇取也非天下之通義也

聖王之設政施教也，必察其終始；其縣法立儀，必原其本末，不苟以一事備一物而已矣。見其造而思其功，觀其源而知其流，故博施而不竭，彌久而不垢。夫水出於山而入於海，稼生於田而藏於倉，聖人見其所生，則知其所歸矣。故舜深藏黃金於嶄巖之山，所以塞貪鄙之心也；儀狄為酒，禹飲而甘之，遂疏儀狄而絕嗜酒，所以遏流湎之行也；師延為平公鼓朝歌北鄙之音，衛靈公宿於濮水之上，聞琴音，名師涓而寫之，蓋師延所為紂作朝歌北鄙之音也。師曠曰：「此亡國之樂也。」靈公進新声平公，平公以問師曠，師曠曰：紂子師延作靡靡之楽，紂亡，師延東走，自投濮水而死，得此音必於濮上也。大息而撫之，所以防淫辟之風也。故民知書而德衰，知數而厚衰，知券契而信衰，知械機而空衰也。空，貧也。巧詐藏於胸中，則純白不備，而神德不全矣。琴不鳴，而二十五絃各以其声應；軸不運，而三十輻各以其力疾紘有緩急小大然后成曲車有勞軼動靜而后能致遠使有声者乃无声者也能致千里者乃不動者也故上下異道則治同道則乱位高而道大者從事大而道小者凶故小快害義小慧害道小辯害治苛削傷德大政不險故民易道至治寬裕故下不相賊至中復素故民无匿情商鞅為秦立相坐之法（相坐之法一家有罪三家坐之）而百姓怨矣吴起為楚減爵禄之令（減爵者收減群臣之爵禄）而功臣畔商鞅之立法也吴起之用兵也天下之善者也然商鞅以法亡秦察於刀筆之跡而不知治乱之本也吴起以兵弱楚習於行陳之事而不知廟戰之權也晋獻公之伐驪得其女非不善也然而史蘇嘆之（晋獻公得驪姬使史蘇占之史蘇曰佚以銜骨齒牙為禍也）見其四世之被禍也吴王夫差破齊艾陵勝晋黄地非不捷也（庫之所獲為捷）而子胥憂之見其

必擒於越也小白奔莒[小白齊桓公也]重耳奔曹非不困也而絶叔咎犯隨而輔之知其可與至於霸也句踐捷於會稽脩政不殆謨慮不休知禍之為福也襄子再勝而有憂色[趙襄子再勝謂伐狄勝二邑也]畏福之為禍也故齊桓公亡汶陽之田而霸[魯莊公使曹子劫桓公取汶陽之田桓公不背信諸侯朝之也]知伯兼三晉之地而亡聖人見禍福於重閉之內而慮患於九拂之外者也[九拂九曲是折投拂不見処也]螈蠶一歲再收[螈再也]非不利也然而王法禁之者為其殘桑也離先稻熟而農夫耨之[稻米隨而生者為離与稻相似耨之為其少實]不以小利傷大獲也家老異飯而食殊器而享子婦跣而上堂跪而斟羹非不費也然而不可省者為其害义也得媒而結言聘納而取婦初絻而親迎非不煩也然而不可易者所以防淫也使民居処相司有罪相覔於以挙奸非不掇也然而傷和

睦之心而構仇讎之怨故事有鑿一孔而生百隙樹一物而生万葉者所鑿不足以爲便而所開足以爲敗所樹不足以爲利而所生足以爲濊愚者惑於小利而忘其大害昌羊去蚤蝨而人弗庠者爲其來蛉窮也貍執鼠而不可脫於庭者爲搏雞也故事有利於小而害於大得於此而亡於彼者故行棊者或食兩而路窮（行棊謂大博也）或子蹄而取勝（子蹄子對家奇一棊也）偷利不可以爲行而知術可以爲法故仁知人材之美者也所謂仁者愛人也所謂知者知人也愛人則无虐刑矣知人則无乱政矣治由文理則无悖謬之事矣刑不侵濫則无暴虐之行矣上无煩乱之治下无怨望之心則百殘除而中和作矣此三代之所昌故書曰能哲且惠黎民懷之何憂讙兜何迁有苗（讙兜有苗舜所放佞也）知

伯有五過人之材知伯美鬚長大一材也射御足力也材二材藝畢給三材也功文辯慧四材也強毅果敢五材也而不免於身死人手者不愛人也齊王建有三過人之巧力能引強走先馳馬超能越高而身虜於秦者不知賢也王建任用后勝之計不用淳于越之言也故仁莫大於愛人知莫大於知人二者不立雖察慧捷巧劬祿疾力不免於亂也

淮南鴻烈解卷第二十

淮南鴻列要略閒詁第二十一

太尉祭酒臣許　愼　記上

要略凡鴻列之書二十篇略數其要明其所指序其微妙論其大歸

夫作爲書論者所以紀綱道德經緯人事上考之天下揆之地中通諸理雖未能抽引玄妙之中才繁然足以觀終始矣揔要舉凡而語不剖判純樸靡散大宗純樸太素也太宗事本也則爲人之惽惽然弗能知也故多爲之辭博爲之說又恐人之離本就末也故言道而不言事則無以與世浮沉言事而不言道則無以與化游息故著二十篇有原道有俶眞有天文有地形有時則有冥覽有精神有本經有主術有繆稱有齊俗有道應有氾論有詮言有兵略有說山有說林有人閒有脩務有泰族也

原道者盧牟六合　混沌萬物象太一之容（太一之容北極之氣
合爲一體也）測窈冥之深以翔虛无之軫（軫道畛也）託小以苞大守約
以治廣使人知先後之禍福動靜之利害誠通其志浩然
可以大觀矣欲一言而寤（寤覺）時則尊天而保真欲再言而
通則賤物而貴身欲參言而究則外欲而反情執其大指
以內洽（洽潤）五藏瀸濇肌膚被服法則而與之終身所以應
待萬方覽（覽見）耦（耦通）百變也若轉丸掌中足以自樂也
俶真者窮逐終始之化贏埒有無之精（贏繞市也埒摩煩也）離別萬
物之變合同死生之形使人遺物反已審仁義之間通
同異之理觀至德之統知變化之紀說符玄妙之中通迴
造化之母也（造化之母元氣太一初也）
天文者所以和陰陽之氣理日月之光節開塞之時列星

辰之行知逆順之變避忌諱之殃順時運之應法五神之常使人有以仰天承順而不亂其常者也地形者所以窮南北之脩極東西之廣經山陵之形區川谷之居明萬物之主知生類之衆列山淵之數規遠近之路使人通迴周備不可動以物不可驚以怪者也時則者所以上因天時下盡地力據度行當合諸人則刑十二節一月為一節也人以為法式終而復始歲終十二月從正月始也轉於無極因循倣依以知禍福操舍開塞各有龍忌中国以鬼神之日忌北胡南越皆謂之請龍發號施令以時教期使君人者知所以從事瞻覽冥者所以言至精之通九天也至微之淪無形也純粹之入至清也昭昭之通冥冥也乃始攬物引類覽取撟掇撟取也掇拾也浸想宵類浸微視也宵物似也類衆也物之可以喻意象形者乃

以穿通窘滯決瀆壅塞引人之意繫之無極乃以明物類之感同氣之應陰陽之合形埒之朕所以令人遠觀博見者也

精神者所以原本人之所由生而曉寤其形骸九竅取象於天合同其血氣與雷霆風雨比類其喜怒與晝宵（宵夜）寒暑並明審死生之分別同異之跡節動靜之機以反其性命之宗所以使人愛養其精神撫靜其魂魄不以物易己而堅守虛无之宅者也

本經者所以明大聖之德通維初之道埒略衰世古今之變以褒先聖之隆盛而貶末世之曲政也所以使人黜耳目之聰明靜精神之感動樽流遁之觀（樽止也流遁放散也）節養性之和分帝王之操列小大之差者也

主術者君人之事也所以因作任督責使群臣各尽其能也明攝權操柄以制群下提名[提挈也]責實考之参伍所以使人主秉数持要不妄喜怒也其数直施而正邪外私而立公使百官條通而輻湊名務其業人致其功此主術之明也

繆稱者破碎道德之論差次仁義之分略雜人間之事揔同乎神明之德假象取耦以相譬喻斷短為節以應小具所以曲說攻論應感而不匱者也[匱乏]

齊俗者所以一群生之短脩同九夷之風氣通古今之論貫万物之理財制礼義之宜擘畫人事之終始者也[擘分]

道應者攬掇遂事之蹤追觀往古之跡察禍福利害之反考驗乎老莊之術而以合得失之勢者也

氾論者所以箴縷縩綴之間縩銷殺也攕揳唲齵之郄也攕薛也揳塞也唲齵錯梧也接徑直施施邪以推本樸而兆見得失之變利病之文所以使人不妄沒於勢利不誘惑於事態有符曮晲兼稽時世之變而与化推移者也

詮言者所以譬類人事之指解喻治乱之躰也差擇微言之眇詮以至理之文而補縫過失之闕者也

兵略者所以明戰勝攻取之数形機之勢詐譎之变躰因循之道操持後之論也持後者不敢為主而為客也所以知戰陣分爭之非道不行也知攻取堅守之非德不強也誠明其意進退左右无所擊危乘勢以為資清靜以為常避實就虛若驅羣羊此所以言兵也

說山說林者所以竅窕穿鑿百事之壅遏而通行貫扃

万物之窒塞者也假譬取象異類殊形以領理人之意擗墮結細說捭摶囷（摶圓也囷芼也）而以明事埒事者也（埒兆朕也）

人間者所以觀禍福之变察利害之反鑽脉得失之跡標奉終始之壇也（標末也壇場也）分別百事之微敷陳存亡之機使人知禍之為福亡之為得成之為敗利之為害也誠喻至意則有以傾側偃仰世俗之間而无傷乎讒賊螫毒者也

脩務者所以為人之於道未淹味論未深見其文辭反之以清淨為常恬惔為本則懈墮分李縱欲適情欲以偷自佚而塞於大道也今夫狂者无憂聖人亦无憂聖人无憂和以德也狂者无憂不知禍福也故通而无為也与塞而无為也同其无為則通其所以无為則異故為之浮稱流說其所以能聽所以使李者孳孳以自幾也（幾庶幾也）

泰族者，横八極致高崇上明三光下和水土經古今之道治倫理之序揔万方之指而帰之一本以經緯治道紀綱王事乃原心術理情性以館清平之霊（館舍）澄澈神明之精（澄清也澈澄別清濁也）以与天和相嬰薄（嬰繞抱也）所以覧五帝三王懷天氣抱天心執中含和德形於内以莙凝天地發起隂陽序四時之正流方綏之斯寧推之斯行乃以陶冶万物游化羣生唱而和動而隨四海之内一心同帰故景星見（景星在月之旁則助月之明也）祥風至（風不鳴條也）黃龍下鳳巢列樹麟止郊野德不内形而行其法籍用制度神祇弗應福祥不帰四海弗賓兆民弗化故德形於内治之大本此鴻烈之泰族也（鴻大也烈功也凡二十篇總謂之鴻烈）

凡屬書者所以窺道開塞庶後世使知舉錯取捨之宜適

外与物接而不眩内有以処神養氣宴煬至和而已自樂所受乎天地者也故言道而不明終始則不知所傚依言終始而不明天地四時則不知所避諱言天地四時而不引譬援類則不識精微言至精而不原人之神氣則不知養生之機原人情而不言大聖之德則不知五行之差言帝道而不言君事則不知小大之衰言君事而不爲稱喻則不知動靜之宜言稱喻而不言俗變則不知合同大指已言俗變而不言往事則不知道德之應知道德而不知世曲則无以耦万方知氾論而不知詮言則无以從容通書文而不知兵指則无以應卒已知大略而不知譬諭則无以推明事知公道而不知人間則无以應禍福知人間而不知脩務則无以使学者勸力欲強省其辭覽揔其要弗

曲行區入則不足以窮道德之意故著書二十篇則天地之理究矣人間之事接矣帝王之道備矣其言有小有巨有微有粗栺奏卷異各有為語今專言道則无不在焉然而能得本知末者其唯聖人也今學者无聖人之才而不為詳說則終身顛頓乎混溟之中而不知覺寤乎昭明之術矣今易之乾坤足以窮道通意也八卦可以識吉凶知禍福矣然而伏戲為之六十四變八八變為六十四卦伏犧示其象周室增以六爻周室謂文王也所以原測淑清之道而攟逐万物之祖也夫五音之數不過宮商角徵羽然而五絃之琴不可鼓也必有細大駕和而後可以成曲今畫龍首觀者不知其何獸也具其形則不疑矣今謂之道則多謂之物則少謂之術則博謂之事則淺推之以論則无可言者所以為學者

固欲致之不言而已也夫道論至深故多為之辭以抒其情万物至衆故博為之説以通其意辭雖壇卷連漫絞紛遠緩所以洮汰滌蕩至意（洮汰潤也）使之无凝竭底滯捲握而不散也夫江河之腐胔不可勝數然祭者汲焉大也一杯酒白蠅漬其中匹夫弗嘗者小也誠通乎二十篇之論睹凡得要以通九野（九野八方中央也）徑十門（八方上下也）外天地捭山川（捭屏去也）其於逍遥一世之間宰匠万物之形亦優游矣若然者挾日月而不烑（拔至也烑光也）潤万物而不耗曼兮洮兮足以覧矣藐兮浩浩曠曠兮可以游矣

文王之時紂為天子賦斂无度戮殺无止康梁沉湎宮中成市（康梁耽樂也沉湎淫酒也成市言集者多）作為炮格之刑刳諫者剔孕婦天下同心而苦之文王四世纍善（大王王季文王武王凡四世也）脩德行義處

岐周之間地方不過百里天下二垂歸之文王欲以卑弱制強暴以為天下去殘余賊而成王道故太公之謀生焉（太公為周陳陰符兵謀也）文王業之而不卒武王繼文王之業用太公之謀悉索薄賦（薄少也賦兵也）躬擐甲冑（擐貫著也）以伐无道而討不義誓師牧野以踐天子之位天下未定海内未輯武王欲昭文王之令德使夷狄各以其賄來貢遼遠未能至故治三年之喪殯文王於兩楹之間（殯大斂也兩楹堂柱之間賓主夾之）以俟遠方武王立三年而崩成王在褓繈之中未能用事蔡叔管叔輔公子祿父（祿父紂之兄子周封之以為殷後使管蔡監之也）而欲為亂周公繼文王之業持天子之政以股肱周室輔翼成王懼爭道之不塞臣下之危上也故縱馬華山放牛桃林敗鼓折枹搢笏而朝以寧靜王室鎮撫諸侯成王既壯能從政事周公受封

於魯以此移風易俗孔子脩成康之道述周公之訓以教七十子使服其衣冠脩其篇籍故儒者之斈生焉墨子斈儒者之業受孔子之術以為其礼煩擾而不悅（悅易也）厚葬靡財而貧民服傷生而害事故背周道而用夏政禹之時天下大水禹身執虆臿以為民先剔河而道九岐（剔減去也九岐河水播岐為九以入海也）鑿江而通九路（江水通別為九）辟五湖（使水辟人而相從也）而定東海當此之時燒不暇撌（撌排去也）濡不給扢（扢拭也）死陵者葬陵死澤者葬澤故節財薄葬閒服生焉

齊桓公之時天子卑弱諸侯力征南夷北狄交伐中国中国之不絕如綫（綫細絲也）齊国之地東負海而北鄣河地狹田少而民多智巧桓公憂中国之患苦夷狄之乱欲以存亡繼絕崇天子之位廣文武之業故管子之書生焉

斉景公内好聲色外好狗馬獵射忘歸好色无辯（辯引也）作為路寢之臺族鑄大鍾（族衆也）撞之庭下郊雉皆呴（大鍾聲似雷震雉應而呴鳴也）一朝用三千鍾贛（鍾十斛也贛賜也一朝賜群臣之費三万斛也）梁丘據子家噲導於左右（二人者公臣也導諫也）故晏子之諫生焉

晚世之時六国諸侯谿異谷別水絶山隔各自治其境内守其分地握其權柄擅其政令下无方伯上无天子力征爭權勝者為右恃連与国（恃怙連与之国）約重致剖信符結遠援以守其国家持其社稷故縱横脩短生焉

申子者韓昭釐之佐韓晋別国也地墽民險而介於大国之間晋国之故礼未滅韓国之新法重出先君之令未收後君之令又下新故相反前後相繆百官背乱不知所用故刑名之書生焉

秦国之俗貪狼（狼荒也）強力寡義而趨利可威以刑而不可化以善可勸以賞而不可厲以名被險而帶河四塞以為固地利形便畜積殷富孝公欲以虎狼之勢而吞諸侯故商鞅之法生焉

若劉氏之書（淮南王自謂也）觀天地之象通古今之論權事而立制度形而施宜原道之心合三王之風以儲与扈冶（儲与猶攝業扈冶廣大也）玄眇之中精搖靡覽（楚人謂精進為精搖靡小皆覽之）棄其畛挈（楚人謂澤濁為畛挈也）斟其淑靜以統天下理万物應变化通殊類非循一跡之路守一隅之指拘繫牽連於物而不与世推移也故置之尋常而不塞布之天下而不窕（窕緩也布之天下雖大不窕也）

淮南鴻烈解卷第二十一

ISBN 978-7-5149-2175-5

9 787514 921755 >

定價:198.00元（全二册）